Manfred Behn

DDR-Literatur in der Bundesrepublik Deutschland

Die Rezeption der epischen DDR-Literatur
in der BRD 1961-1975

Verlag Anton Hain · Meisenheim am Glan
1977

CIP-Kurztitelaufnahme der Deutschen Bibliothek

Behn, Manfred
DDR-Literatur in der Bundesrepublik Deutschland:
d. Rezeption d. epischen DDR-Literatur
in d. BRD 1961 - 1975. - XX 1. Aufl. - Meisenheim
am Glan: Hain, 1977.
    (Hochschulschriften: Literaturwiss.; Bd. 34)
    ISBN 3-445-01519-8

© 1977 Verlag Anton Hain Meisenheim GmbH
Alle Rechte vorbehalten
Druck- und Bindearbeiten: Hain-Druck KG, Meisenheim/Glan
Printed in Germany
ISBN 3-445-01519-8

Für GOODIEH

INHALTSVERZEICHNIS

ABKÜRZUNGSVERZEICHNIS

AlTh.	Almanach für Literatur und Theologie
DD.	Diskussion Deutsch
Dt.Stud.	Deutsche Studien
DU.	Deutschunterricht
DVZ.	Deutsche Volkszeitung
DZfPh.	Deutsche Zeitschrift für Philosophie
FAZ.	Frankfurter Allgemeine Zeitung
FH.	Frankfurter Hefte
FR.	Frankfurter Rundschau
G.Qu.	German Quarterly
G.R.	Germanic Review
GWU.	Geschichte in Wissenschaft und Unterricht
KiZ.	(Jarmatz, Klaus (Hrsg.)): Kritik in der Zeit. Der Sozialismus-seine Literatur-ihre Entwicklung.Halle(Saale).(1970).
NDH.	Neue deutsche Hefte
NDL.	Neue deutsche Literatur
NRs.	Neue Rundschau
Schubbe.	Schubbe, Elimar (Hrsg.): Dokumente zur Kunst-, Literatur- und Kulturpolitik der SED.Stuttgart.1972.
SuF.	Sinn und Form
SZ.	Süddeutsche Zeitung
WB.	Weimarer Beiträge
Wirk.Wort.	Wirkendes Wort
ZfG.	Zeitschrift für Geschichtswissenschaft

EINLEITUNG

Spätestens seit 1970 hat die Rezeption der DDR-Literatur in der Bundesrepublik einen wahren Boom von Veröffentlichungen hervorgebracht, der neben der
schon vorher einsetzenden Rezeption dieser Literatur in der Publizistik auch
die literaturwissenschaftliche Diskussion stärker einzubegreifen begann.
Für diesen Prozeß hat Mandelkow[1] zwei entscheidende Vorbedingungen genannt:
Einerseits die Politik des Ausgleichs zwischen der Bundesrepublik und ihren
östlichen Nachbarn, die eine Belebung des Interesses auch breiterer Leserschichten für die Probleme dieser Länder zur Folge hatte[2] und andererseits
einen Paradigmawechsel[3] in der bundesrepublikanischen Literatur sowie in der
Literaturwissenschaft, der eine Abwendung von vormals einseitig favorisier-
ter Literatur der Avantgarde und eine Hinwendung zur realistischen, politisch
engagierten Literatur mit sich brachte.
Da die DDR-Literatur in Hinblick auf ein derartiges Literaturverständnis auf
eine gewisse Kontinuität verweisen konnte, wurde sie von der Literaturwissenschaft, die diesen Wechsel mitvollzog, zum ersten Mal ernstgenommen.
Diese Darstellung knüpft an die von Mandelkow genannten Zusammenhänge an und
nimmt sie als zunächst hinreichende Erklärungsversuche für die Stimulierung
des literaturwissenschaftlichen Interesses. Mit den Hypothesen Mandelkows
läßt sich u.a. auch die erste hier vorgenommene Eingrenzung der Fragestellung begründen: Die Darstellungen der innersozialistischen Konfliktpotentiale,
wie sie im "Bitterfelder Weg" erstmals breit entfaltet wurden, durchbrachen
eine Erwartungshaltung beim Leser in der Bundesrepublik, die der Literatur
des sozialistischen Realismus in der DDR bis zu diesem Zeitpunkt im wesentlichen eine unkritisch-apologetische Funktionsbestimmung zugemessen hatte.
Wenn die Herausbildung dieser gewandelten Rezeption selbstverständlich
nicht schlagartig mit der Konstituierung des Bitterfelder Weges in der DDR
einsetzte, so ist diese Zurückhaltung sicherlich mit den starken politischen
Vorbehalten der Öffentlichkeit in Bezug auf die Entwicklung der DDR (hier
insbesondere gegenüber den Vorgängen um den 13.August 1961) zu erklären.

---

1 Vgl. Mandelkow, Karl Robert: DDR-Literatur und ihre 'bürgerliche' Rezeption
in der BRD. Manuskript eines Vortrages gehalten in Princeton am 8.April
1974, so wie die erweiterte Fassung des Vortrages. die im Manuskript vor-
liegt; zitiert wird im folgenden nach dieser letzten Fassung des Manuskripts
unter dem Kurztitel: Mandelkow. DDR-Literatur II.
2 Vgl.Mandelkow, DDR-Literatur II. S.1f.
3 Ebenda S.2.

Publikationen zur DDR-Literatur, die streng von totalitarismustheoretischen
Vorstellungen ausgingen, hatten deshalb zunächst noch die größte Wirkung.
Die Arbeiten von Lothar von Balluseck[1] und Jürgen Rühle[2] mögen als Beispiele
für die durch die heftige Ost-West-Konfrontation des Kalten Krieges der 50er
Jahre inspirierten Konzepte stehen. Kennzeichnend für die Auseinandersetzung
mit der DDR-Literatur ist die ausschließlich politisch motivierte Argumentation gegen die ideologische Grundhaltung der DDR-Autoren: Von ihnen wird an-
genommen sie beriefen sich stets "auf ein und dasselbe Glaubensprinzip."[3]
und behinderten sich selbst in ihrem schriftstellerischen Fortkommen durch
den "Pferdefuß: die kommunistische Parteilichkeit."[4] Mit dem politischen
Vorbehalt, der bei Balluseck und Rühle eine strenge Scheidung von Kunst und
Politik bzw. noch weitergehend eine Trennung von Kunst und Vernunft zur
Grundlage hat[5], ist den literarischen Werken aus der DDR auch das ästhetische
Urteil gesprochen: die "Verabsolutierung des Politischen"[6], die sich "nach
sowjetischem Muster"[7] richte, reduziere die Aufgabe der Literatur, messe ihr
lediglich eine Propagandafunktion[8] zu. Dem wird ein irrationalistischer Literaturbegriff entgegengehalten, mit dem prinzipiell die Erkenntnisfunktion
von Literatur in Frage gestellt und für die Literatur gefordert wird, sie
müsse "die Tiefe, das Dunkel (spüren lassen), die Realität des Irrealen, die
Regionen außerhalb des Bewußtseins."[9], denn nur so könne "die eigentliche,
die menschliche Problematik der Dichtung"[10] in Erscheinung treten.

---

1 Balluseck, Lothar von: Dichter im Dienst. Der sozialistische Realismus in
  der deutschen Literatur. Wiesbaden (1956). (Sonderauflage für das Bundesministerium für gesamtdeutsche Fragen); im folgenden zit.als Balluseck,
  Dichter.
2 Rühle, Jürgen: Die Schriftsteller und der Kommunismus in Deutschland.Mit
  Beiträgen von Sabine Brandt. Köln, Berlin.(1960).(Sonderausgabe für das
  Bundesministerium für gesamtdeutsche Fragen); im folgenden zit. als
  Rühle, Schriftsteller.
3 Balluseck, Dichter.S.35; die religiöse Terminologie soll die Irrationali-
  tät der weltanschaulichen Grundentscheidung dieser Schriftsteller andeuten; zu Anna Seghers bemerkt Rühle beispielsweise, sie habe sich in den
  "Schoß der neuen Kirche"(Rühle,Schriftsteller.S.86) geflüchtet; vgl.auch
  Balluseck, Dichter.S 73.
4 Rühle, Schriftsteller.S.83.
5 So heißt es bei Balluseck:"Europäische Kunst steht abseits von Vernunft
  und Wissenschaft"(ebenda S.6) und bei Rühle unter Entgegensetzung von
  dichterischer Intuition und wissenschaftlichem Verhalten zusammenfassend:
  "Die Darstellung mag etwas Bedrückendes haben, denn sie zeigt, in welch
  bestürzendem Maße Geister von hohem und oft auch moralischem Rang der
  V e r f ü h r u n g   d e s   D e n k e n s (Hervorhebung vom Verf.) unter-
  lagen." (Rühle, Schriftsteller.S.273).
6 Balluseck, Dichter.S.9.   7 Ebenda S.30.   8 Vgl.ebenda und Rühle S.81
9 Balluseck, Dichter.S.47, vgl.auch ebenda S.74   10 Rühle, Schriftsteller.S.13

Die zutiefst antiaufklärerische Attitüde dieses Literaturbegriffs muß mit einer Literatur in Kollision geraten, die programmatisch auf eine Verbindung von Literatur und Politik zielt.

Die Konkretisierung des Literaturbegriffs bei Rühle und Balluseck in der Darstellung der Autorbiographien (Einzelanalysen von literarischen Werken werden nicht vorgenommen) läßt die politische Motivation noch deutlicher erkennen. Die grundätzlich angenommene Unvereinbarkeit von Kunst und Parteilichkeit veranlaßt diese Rezipienten, die DDR-Schriftsteller als entmündigte Individuen darzustellen, die sich entweder durch die gesellschaftliche Umwelt korrumpieren ließen[1] oder bestenfalls sich der Resignation ergeben hätten[2]; lieferten sie im einen Fall "Erbauungsliteratur"[3], so verstummten sie im anderen Fall oder artikulierten sich in der Sklavensprache:

> Bis zu diesem Ende (dem des sozialistischen Realismus-M.B.) verbleibt die Kunst im Stande der Illegalität, verbergen sich ihre heimlichen Regungen im volksdemokratischen Gewande; der Aufstand des Geistes gegen die Gewalt darf in ihr keinen Ausdruck finden.[4]

Die militant-konservative Absicht der Autoren zeigt sich darin, daß sie vor groben Verzeichnungen der Wirklichkeit nicht zurückschrecken, wenn es darum geht, die Werke von Anna Seghers ("Das siebte Kreuz") und Arnold Zweig ("Das Beil von Wandsbek")[5], die gegen den Faschismus geschrieben wurden, total umzudeuten. So heißt es bei Rühle zu Anna Seghers' Roman: " ... dem aufmerksamen Leser fällt auf, daß der im 'Siebten Kreuz' beschriebene Terror in vielen Partien mehr den bolschewistischen als den nationalsozialistischen Praktiken ähnelt."[6] Die Umdeutung führt nicht nur ins Antitotalitaristische, sondern ins primär Antibolschewistische und wird bis zu einer Entlastung des Faschismus getrieben: "Ein so lückenloses Netz zur Überwachung der Volksgenossen(!), wie es im Roman vorgeführt wird, hat es im Dritten Reich nicht gegeben."[7] Die wirklichkeitsverschleiernde Intention Rühles zeigt sich auch in der Behauptung: "In dem Moment, da sich der Kommunismus als Herrschaftssystem etablierte, das nun selber Unmenschlichkeiten beging, mußte ihm eine solche Literatur lästig werden."[8] Dem Leser in der Bundesrepublik wird nahegelegt,

---

1 Als Beispiel dient Rühle u.a. Erwin Strittmatter; vgl.Rühle, Schriftsteller.S.188.
2 Renn, Zweig, Seghers, Hermlin, Heym gelten Rühle als letzlich Resignierte.
3 Balluseck, Dichter.S.55.
4 Ebenda S.74
5 Vgl. Rühle, Schriftsteller.S.139.
6 Ebenda S.80
7 Ebenda.
8 Ebenda.

der Roman der Seghers sei in der DDR folgerichtig nicht mehr, aus politischer
Opportunität, aufgelegt oder anderen Einschränkungen unterworfen worden.
Daß dem nicht so ist, ist der wissenschaftlichen Auseinandersetzung mit der
DDR-Literatur in der Bundesrepublik heute bekannt
Wenn die Argumentation dieser Rezipienten später in dieser Konzentration
nur noch in der streng konservativen Kritik bei Hans-Dietrich Sander[1], bei
einigen Autoren der Zeitschriften "Deutsche Studien" und "SBZ-Archiv" bzw.
"Deutschland-Archiv" ungebrochen überdauert, so ist dies u.a. einer Literaturkritik und Literaturwissenschaft zu danken, die ihren Gegenstand wissenschaftlich zu analysieren beginnt. Eben diese Literaturwissenschaft steht
im Mittelpunkt der vorliegenden Auseinandersetzung.

Dabei muß in Kauf genommen werden, daß das Entstehen einiger wesentlicher
Theoreme der literaturwissenschaftlichen Rezeption, die ihre Tradition Veröffentlichungen der Politikwissenschaften sowie publizistischen Veröffentlichungen der Tages- und Wochenpresse verdanken, nicht nachgezeichnet werden kann. Die Aussparung politologischer Literatur läßt sich sowohl arbeits-
technisch, aber auch unter weniger pragmatischen Gesichtspunkten mit der
völlig mangelhaften, wenig durchsystematisierten Bearbeitung dieses Themen-
komplexes in der politologischen Diskussion begründen. Diese Diskussion
hätte unbedingt den Wandel von der Totalitarismustheorie zur Konvergenztheo-
rie mitzureflektieren.[2]

Aber auch für den engeren Bereich der literaturwissenschaftlichen Rezeption
fehlt es an Übersichtsdarstellungen, die sich der methodologischen Grundlegung der eigenen Arbeit sowie der Ergebnisse anderer literaturwissenschaftlicher Arbeiten vergewissern. Lediglich Anderle[3](1965) und Jörg Bernhard

1 Vgl. zu Sander, Hans-Dietrich: Geschichte der schönen Literatur in der
DDR.Freiburg.(1972). die Kritik von Kähler, Hermann: Der kalte Krieg der
Kritiker. Zur antikommunistischen Kritik an der DDR-Literatur.Berlin.
1972.S.114ff. Dieser Kritik, die die Affinitäten Sanders zum Nationalsozialismus darlegt, wären lediglich weitere Belege hinzuzufügen.
2 Vgl. als Versuch in dieser Richtung den Aufsatz von Heitzer, Heinz: Bürgerliche DDR-Forschung in der BRD.In:ZfG 23.Jg.(1975)H.2.S.152-166.
3 Anderle, Hans-Peter: Mitteldeutsche Erzähler. Eine Studie mit Proben und
Porträts.Köln.(1965).; im folgenden zit. als Anderle, Mitteldeutsche
Erzähler.

Bilke[1] (1969) haben in sehr knappen Literaturberichten erste Versuche unternommen, diese Rezeption darzulegen. Diese Berichte müssen heute als völlig veraltet und für den Fall Bilkes als äußerst unreflektierter Gehversuch gewertet werden, die für die Forschung ohne Belang sind.[2] Nun könnte diese desolate Lage in Bezug auf diesen Aspekt der Forschung eventuell damit erklärt werden, daß die Auseinandersetzung der Literaturwissenschaft mit der DDR-Literatur so alt noch nicht ist - die Akkumulation von literarischen Fakten und die Anfertigung von Einzelanalysen stünde nach dieser Argumentation zunächst auf der Tagesordnung. Eine Annahme aber, die die Ansammlung von Details über die DDR-Literatur vor eine Theorie der Rezeption stellte, geriete in eine Lage, die von Autoren wie Hans Mayer[3], Hildegard Brenner[4], Arnold[5] und Mandelkow[6] - wenn auch von unterschiedlichen Prämissen her - als unreflektiertes Verhalten einem Gegenstande gegenüber gekennzeichnet wurde, der eben diese Reflexion auf die spezifischen Rezeptionserwartungen einer heterogenen Öffentlichkeit in der Bundesrepublik herausfordert.

---

1 Bilke, Jörg Bernhard: DDR-Literatur: Tradition und Rezeption in Westdeutschland. Ein Literaturbericht.In: DU 21.Jg.(1969).H.5.Beilage S.1-12.; im folgenden zit. als Bilke, DDR-Literatur. Auf die Auseinandersetzung der DDR-Literaturwissenschaft mit der Rezeption in der Bundesrepublik kann nur am Rande eingegangen werden. Die Intention, diese Rezeption gesondert in einem Exkurs darzulegen, mußte auf Grund der Materialfülle in diesem Zusammenhang aufgegeben werden. Ausführliche Darstellungen zu diesem Fragenkomplex liegen von Ruth und Hermann Kähler vor (Kähler, Ruth:Varianten ohne Perspektive.Zwei Jahrzehnte Bonner Kulturpolitik gegen die DDR. Berlin.1972.; im folgenden zit. als Kähler, Varianten.; Kähler, Hermann:Der Kalte Krieg der Kritiker. Zur antikommunistischen Kritik an der DDR-Literatur. Berlin.1972.). Ruth Kähler setzt sich nur sehr genau mit der Rezeption der DDR-Literatur in der Bundesrepublik auseinander, Hermann Kählers Arbeit ist primär eine ideologiekritische Untersuchung zur literaturwissenschaftlichen Rezeption, die sich ausweitende Rezeption immer als Varianten einer grundsätzlich gleichbleibenden bürgerlichen Ideologie versteht. Eine Auseinandersetzung mit den literaturtheoretischen Prämissen unterbleibt.
2 Vgl. zu Anderle Punkt 2.1.3.3 und zu Bilke Punkt 2.2.2.2 dieser Arbeit.
3 Mayer, Hans: Zur deutschen Literatur der Zeit. Zusammenhänge, Schriftsteller, Bücher.(Reinbek).(1967).;im folgenden zit. als Mayer, Zur deutschen Literatur.
4 Brenner, Hildegard: Nachrichten aus Deutschland.Lyrik-Prosa-Dramatik. Eine Anthologie der neueren DDR-Literatur.(Reinbek).(1967).; im folgenden zit. als Brenner, Nachrichten.
5 Arnold, Heinz-Ludwig: DDR-Literatur und BRD-Kritik.In: Akzente.19.Jg. (1972).S.75-81.; im folgenden zit. als Arnold, DDR-Literatur. Zur Position Hans Mayers und Hildegard Brenners vgl.S.46ff. dieser Arbeit.
6 Mandelkow, DDR-Literatur II.

Heinz Ludwig Arnold hat 1972 in seinem Aufsatz "DDR-Literatur und BRD-Kritik" drei Varianten von Verhaltensweisen gegenüber der DDR-Literatur benannt, die insgesamt als nichtadäquate Rezeption zu bezeichnen seien:
- die Ignorierung dieser Literatur
- der Vorwurf an die politische Entscheidung der Autoren, die als Legitimation einer nur-politischen Kritik dienen soll
- die Form der 'Umarmungskritik', die einige Autoren aus dem Ensemble der DDR-Autoren wegen ihrer kritischen Auseinandersetzung mit gesellschaftlichen Entwicklungen in der DDR dem eigenen politischen Lager zuschlägt.[1]

Daß dabei sehr häufig die politische Entscheidung der Autoren, eben weil sie ein Votum zugunsten der sozialistischen Entwicklung ist, für die konservative Kritik schon als Ablehnungsgrund hinreicht, wenn einzelne Werke nicht gar ins Antitotalitaristische umgedeutet werden[2], wird von Arnold als ebenso unzureichend angesehen wie ein Verfahren, daß von den Entstehungsbedingungen abstrahiert und "nur'literarisch'"[3] argumentiert:

> Kommt in einem Falle die gesellschaftliche Bedingtheit einer in besonderem Maße gesellschaftlich gemeinten Literatur erst gar nicht zur Sprache, reicht im anderen Falle bereits die so geartete Bedingtheit aus, um sie abzulehnen.[4]

Arnold plädiert dagegen für eine Literaturkritik, die die eigene Position permanent in Frage stellt und den Bedingungsrahmen der DDR-Literatur in die Interpretation miteinbezieht.[5] Mit dieser Aufforderung wird zwar keine Lösung für das aufgeworfene Problem angeboten - Arnold siedelt den eigenen Literaturbegriff nur sehr grob zwischen der Position Kurt Hagers und einem l'art pour l'art - Standpunkt an[6] - jedoch wird noch einmal die Dringlichkeit einer Lösung dieses Problems auf die Ebene der methodologischen Diskussion gehoben.

Eine umfassende Auseinandersetzung mit dieser Frage versucht 1974/75 Mandelkow in seinem Aufsatz "DDR-Literatur und ihre bürgerliche Rezeption in der BRD". Gegen eine konvergenztheoretische Deutung, die versucht ist, gerade die neuere Literatur der DDR als Mobilisierung von Widerstandskräften gegen eine etablierte, durchrationalisierte, unter dem Vorzeichen einer wis-

---

1 Vgl.Arnold, DDR-Literatur.S.75.
2 Vgl.ebenda S.77.
3 Ebenda S.78.
4 Ebenda S.78f.
5 Vgl.ebenda.
6 Vgl.ebenda S.79f.

senschaftlich-technischen Revolution stehenden Gesellschaftsordnung zu deuten[1] sowie gegen eine Kritik, die diese Literatur lediglich als eine deutet, die allgemeinmenschliche Probleme behandelt, und "das typische DDR-Element nur als ein(en) prickelnde(n) Zusatz"[2] goutiert, versucht Mandelkow methodologische Überlegungen zu setzen, die das Verhältnis von Schriftstellern und Partei als nichtantagonistisch-widersprüchliches definieren[3].

Da aber die Problemstellungen nicht quasi-objektiv gelöst werden können, steht nach Mandelkow zunächst die Diskussion des grundsätzlichen hermeneutischen Problems auf der Tagesordnung, dem sich die Rezeption in der BRD stellen muß:

> Die rezeptionstheoretische Grundvoraussetzung der DDR-Literatur kann, informationstheoretisch formuliert, so umschrieben werden: die Literatur ist eine des geschlossenen Regelkreises, geschrieben von Bürgern der DDR für Bürger der DDR. Dieser ... Satz hat weitreichende Konsequenzen, er ist die Basis jeder weiteren erkenntnistheoretischen Überlegung ... Er bedeutet zunächst einmal, daß bürgerliches Publikum und bürgerliche Literaturwissenschaft grundsätzlich nicht primärer Adressat dieser Literatur sind. Das schließt nicht aus, daß bürgerliche Leser mitintendierte Rezeptionsziele dieser Literatur sein können und - vor allem unter strategischen Gesichtspunkten - auch sein sollen. Sie sind es allerdings nur um den Preis ihrer gnoseologischen Entmündigung dieser Literatur gegenüber.[4]

Die methodologische Vorüberlegung, die den grundsätzlichen, wenn auch nicht immer durchgehaltenen Zweifel, den DDR-Kritiker in Bezug auf die erkenntnistheoretische Kompetenz bundesrepublikanischer Literaturwissenschaft dem Gegenstand DDR-Literatur gegenüber anmelden[5], in die Reflexion miteinbezieht, will und kann sich aber mit dieser Feststellung nicht bescheiden. Das Regelkreismodell aufzubrechen bzw. erkenntnistheoretisch weiterzuentwickeln bleibt die Aufgabe der Rezipienten in der BRD, jetzt aber nicht mehr unter großzügiger Ignorierung der Produktionsbedingungen dieser Literatur:

> Eine wissenschaftliche Darstellung des Wesens und der Geschichte (der DDR-Literatur -M.B.) ist nur möglich und sinnvoll im Kontext der sie umgreifenden allgemeinen Kulturtheorie und Kulturpolitik. Das gilt auch

---

1 Vgl.Mandelkow, DDR-Literatur II.S.26.
2 Ebenda S.4
3 Vgl.ebenda S.7.
4 Ebenda S.6.; vgl.auch ebenda S.5.
5 Vgl. dazu beispielsweise die Kritik von Max Walter Schulz an Christa Wolfs 'Nachdenken über Christa T.' auf dem VI.Schriftstellerkongreß. Schulz hatte seine Ablehnung unter Berufung auf den gleichzeitig als nicht kompetent gewerteten Marcel Reich-Ranicki widerspruchsvoll genug begründet. Vgl.Punkt 3.2.2 dieser Arbeit.

und gerade für diejenigen Autoren, die der offiziellen Kulturpolitik reserviert oder kritisch gegenüberstehen."[1] Die Aufnahme des Produktionsprimats in den Zusammenhang von Produktion-Distribution-Rezeption der Literatur setzt für eine adäquate Rezeption das umfassende Studium der gesellschaftlichen und individuellen Produktionsbedingungen voraus. Von dieser Basis her kann der Grad von Realisierung und Nichtrealisierung von gesellschaftlichen Anforderungen an den einzelnen Schriftsteller reflektiert und ihren jeweiligen Ursachen nachgefragt werden, nämlich "bewußtseinsändernd auf ihre Leser einzuwirken, und zwar derart, daß diese Einwirkung in konkrete Praxis umschlägt!"[2], in ihren Modifikationen und widerstreitenden Auslegungen aufgesucht werden könnte.

Aber auch eine derartige Beschreibung bliebe noch kontemplativ, indem sie einen sich stark differenzierenden Literaturprozeß kommentierend vor sich ablaufen ließe. Zu fragen wäre also nach der Funktion der DDR-Literatur für den Leser in der BRD. Auch für diesen Komplex versucht Mandelkow eine erste Antwort anzudeuten:

> Nur im Modus der Provokation durch die Alternative, die die DDR-Literatur (gegenüber einer konvergenztheoretischen Deutung - M.B.) ... anbietet, sollte man sich ihr nähern, und nur in der reflektierten Mobilisierung von Gegenargumenten gegen diese Alternative sollte bürgerliche Literaturwissenschaft sich einer Auseinandersetzung stellen, die meines Erachtens nicht mehr vom Standort selbstgewisser Überlegenheit und unbefragter Maßstäbe geführt werden kann.[3]

Die Herausforderung zur Selbstverständigung über die eigenen Literaturtraditionen anhand einer sich als radikale Alternative begreifenden Literatur benennt ein reflektiertes Erkenntnisinteresse, dem sich eine Rezeption der DDR-Literatur in der BRD stellen müßte ; es bleibt allerdings zu fragen, ob die Funktion der DDR-Literatur in dieser ersten allgemeinen Funktionsbestimmung sich erschöpfen sollte.

Zusammenfassend lassen sich - im Anschluß an Arnold und Mandelkow - vier Thesen festhalten:

(a) die konvergenztheoretische Deutung erfaßt nicht die Spezifik der sich als sozialistisch verstehenden DDR-Literatur, die auf verändernde Praxis in der eigenen sozialistischen Umwelt zielt;

(b) Kulturtheorie und Kulturpolitik der DDR müssen in die Reflexion der Literatur eingehen;

(c) primärer Adressat dieser Literatur ist die DDR-Bevölkerung; die Rezeption in der Bundesrepublik muß dieses Primat anerkennen;

1 Mandelkow, DDR-Literatur II.S.7.
2 Ebenda S.8   3 Ebenda S.26

(d) die Rezeption in der Bundesrepublik hat nach der Funktion der DDR-Literatur für die eigene Praxis zu fragen.

Für die vorliegende Darstellung hat eine Beachtung dieser Thesen zur Folge, daß sie zunächst die Positionen der Rezeption der epischen Literatur von 1961-1975 auf ihre methodologischen Überlegungen hin befragt (Teil 2). (Aus rezeptionstheoretischen Gründen erfolgt eine Beschränkung auf die epische Literatur, da der Verf. in Bezug auf die Lyrik nicht über hinreichende Kenntnisse der Primärliteratur verfügt und eine Aufarbeitung der Rezeption der Dramatik nur unter Berücksichtigung der Brecht-Rezeption möglich wäre; die Materialfülle verbietet ein derartiges Unternehmen im Rahmen dieser Arbeit.). Die monographische Darstellung bezieht in chronologischer Reihenfolge die wesentlichen literaturwissenschaftlichen Positionen zur DDR-Literatur ein. Die Betrachtung konzentriert sich auf die Methode der Rezipienten, ihren Literaturbegriff sowie die daraus folgenden Bewertungen einzelner kulturpolitischer Etappen der DDR-Literatur.

Ziel wird es dabei sein, die von den Rezipienten selbst postulierten methodischen Hinweise auf ihre Realisierung in der Praxis der Interpretation hin zu befragen. Im Teil 3 dieser Arbeit wird der Versuch unternommen, die Wertungsmaßstäbe des Verf. durchschaubar zu machen. Hier erfolgt eine Auseinandersetzung mit zwei wesentlichen Theoremen der BRD-Rezeption.

Diese Theoreme, die auf der literarhistorischen Ebene ein Ende des Bitterfelder Weges nach 1964 und von einer grundsätzlichen gesellschaftstheoretischen Ebene her das Wiederaufleben einer grundsätzlichen Antinomie von Individuum und Gesellschaft annehmen, sollen näher betrachtet werden.

Der exemplarische Rückgriff auf eine Konfrontation von programmatischen Äußerungen der DDR-Kulturpolitik zum Bitterfelder Weg mit ihrer Aufnahme in der Rezeption der BRD sowie der Rückgriff auf die kontroverse Rezeption von Christa Wolfs 'Nachdenken über Christa T.' in BRD und DDR dient dieser Untersuchung. Auf diese Weise kann der allgemeine politologische Zweifel am Genügen einer konvergenztheoretischen Erklärung der DDR-Entwicklung auf der literaturpolitischen und auf der gesellschaftstheoretischen Ebene neu diskutiert werden. Die doppelte Beschränkung auf die p r o g r a m - m a t i s c h e n Prämissen der n e u e r e n DDR-Literatur läßt sich wiederum mit mangelhafter Aufarbeitung der Theorie der DDR-Literatur in der BRD begründen.

Die Schlußbemerkungen werden sich dementsprechend mit einem Abriß über erste Beobachtungen zur Rezeption der epischen DDR-Literatur in der BRD und mit einigen Hinweisen auf die Voraussetzungen einer Theorie der Rezeption bescheiden müssen. Die wünschenswerte eigene Interpretation, die theoretische Erkenntnisse berücksichtigte, muß hinter diese Aufgabe zunächst zurücktreten.

2. CHRONOLOGIE DER LITERATURWISSENSCHAFTLICHEN DISKUSSION UM DIE DDR-LITERATUR (1961-1975)

2.1 Die Herausbildung der literaturwissenschaftlichen Diskussion (1961-1967)

Die nur sehr zögernde Anerkennung der DDR-Literatur als einer eigenständigen Literatur zeitigte zunächst nach 1961 verschiedene Formen nichtadäquater Interpretationsansätze, die im folgenden als 'Varianten literaturwissenschaftlichen Ungenügens' bezeichnet werden. Daneben entstanden einige wenige Arbeiten, die sich um ein methodisch reflektiertes Verfahren bemühten.

2.1.1 Varianten literaturwissenschaftlichen Ungenügens I

2.1.1.1 Nonkonformismus als Wertungsmaßstab (Jens)

Walter Jens[1] kann als Repräsentant einer liberalen Kritik gelten, der der Zugang zur DDR-Literatur versperrt bleibt. Jens bemüht sich aber trotzdem um eine reflektierte Begründung seiner Haltung.
Grundlage für diese ablehnende Haltung sind einerseits die Absage an eine von der DDR-Literatur behauptete strenge Klassenspaltung in der Bundesrepublik (Anna Seghers' 'Entscheidung' dient Jens hier als negatives Beispiel[2]), andererseits die von Jens nicht akzeptierte, seiner Ansicht nach vorschnelle Überwindung der Trennung von Schriftstellern und Volk in der DDR. Dem hält er eine Konzeption entgegen, die in Deutschland (nach den Erfahrungen des Faschismus, nach der Isolation der Intelligenz von der Arbeiterschaft) auf eine notwendig gewordene vorübergehende gesellschaftliche Isolierung des Schriftstellers zielt, denn "gerade diese Stellung inmitten der Pole, die Bindungslosigkeit eben läßt ihn - eine ungeheure, einzigartige Chance (!) - so frei sein wie niemals zuvor."[3] Der nächste Vorwurf an die Adresse der DDR-Schriftsteller gilt einer mangelhaften Erfassung der zutiefst widersprüchlichen Wirklichkeit zugunsten einer utopischen Darstel-

---

1 Jens, Walter: Literatur und Politik.(Pfullingen).(1963).,im folgenden
2 Vgl.ebenda S.7u.11.   3 Vgl.ebenda S.8   /zit.als Jens, Literatur.

lungsweise, denn "die östliche Dichtung (konstruiert) Figuren, deren Selbstverständnis sich ausschließlich aus momentanem Begreifen und utopischer Hoffnung ergibt: sie waren, die sie sind, sie werfen keinen Schatten, haben
keine Tiefe und Vergangenheit."[1]

Diese Wendung gegen die vorherrschende DDR-Literatur versteht sich weder als
Absage an sozialistische Literatur schlechthin noch als platte Bejahung der
BRD-Gegenwartsliteratur: Seghers, Brecht und Scholochow gelten Jens als Beispiele einer Literatur, die realistisch genannt werden kann, diese fehle allerdings in der BRD: "(sie) haben auch das Dunkel im Licht nicht geleugnet,
sondern das Pathos durch Zweifel und bange Erwägung gedämpft (und immer,
wenn sie es taten, wurden ihre Gestalten ebenbildlich und wahr); wo aber ist,
umgekehrt das helle Licht im Dunkel der westlichen Kunst?"[2] Das Unbehagen an
einer in der Negativität verharrenden Literatur der BRD, die Kritik an einer
vorherrschend positiven Literatur der DDR, die beide nicht geeignet sind
die Totalität der Wirklichkeit zu erfassen,[3] bezeichnen den Standort eines
Kritikers, der auf eine Synthese dieser Literaturen unter Aussparung ihrer
Schwächen zielt. Die Nichtidentifikation mit den jeweils herrschenden Literaturen aber wird auf jeweils unterschiedlichen Ebenen durchbrochen: Jens
akzeptiert einerseits die gesellschaftspolitische Grundorientierung des
BRD-Schriftstellers, andererseits, von einer literarischen Ebene her, die
Ergebnisse sozialistisch-realistischer Kunst. Er kann dies nur so lange tun,
wie er von den unterschiedlichen gesellschaftspolitischen Prämissen und ihren spezifischen literarischen Traditionen abstrahiert, solange verschleiern-
de Metaphorik das jeweils konkrete politische Anliegen der Autoren überdeckt.

2.1.1.2   Eklektizismus als methodisches Prinzip (Reich-Ranicki)

Marcel Reich-Ranicki hat mit seinen publizistischen Arbeiten zur Literatur
der DDR in den frühen 60er Jahren einen entscheidenden Platz in der BRD-
Kritik für sich reklamieren können; insbesondere sein umfangreiches Werk
'Deutsche Literatur in West und Ost.Prosa seit 1945'[4] muß an dieser Stelle
genannt werden. Reich-Ranickis Monopolstellung - was Umfang der Veröffent-

---

1 Jens, Literatur.S.26.
2 Ebenda S.27.
3 Vgl. ebenda S.28
4 Reich-Ranicki, Marcel: Deutsche Literatur in West und Ost. Prosa seit
  1945.München.(1963)., im folgenden zit. als Reich-Ranicki, Deutsche
  Literatur.

lichungen[1] und Einflußmöglichkeiten angeht - läßt es gerechtfertigt erscheinen, etwas ausführlicher auf seine methodologischen Vorüberlegungen, seinen Literaturbegriff und die von ihm ausgewählte Primärliteratur einzugehen. Reich-Ranicki definiert als grundsätzliche Aufgabe der Literaturkritik:

> Der Kritiker soll sichten und ordnen, klären und werten, polemisieren und postulieren... Er hört nicht auf die Frage zu stellen: Woher kommen wir, wo sind wir, wohin wollen wir? Zwei Ziele schweben ihm vor: bessere Bücher und bessere Leser.[2]

Der Kritiker meldet ausdrücklich den Anspruch an, auf ein fundiertes Kategoriensystem für die literarische Wertung zurückzugreifen; gleichzeitig wird die Aufgabe formuliert, literaturfördernd wirken zu wollen.[3] Die pädagogischen Ziele der Lesererziehung und Autorenkritik sollen durch das Mittel der "Provokation"[4] erreicht werden. Provokation zielt auf "Erhellung"[5]; es ist aber nicht das Ziel des Kritikers, Urteile zu sprechen, sondern lediglich "Plädoyers"[6] zu halten. Auf der Reflexionsebene werden diese Begriffe nicht näher expliziert. Erst die Konkretisierung an den behandelten Texten kann daher Aufschluß über die Intention bei der Einführung dieser Begriffe geben.

Der zuvor postulierte Anspruch, über ein literaturkritisches Wertungssystem zu verfügen, wird allerdings relativiert und letztlich aufgegeben:

> Wenn ich mich (über Maßstäbe - M.B.) nicht näher äußere, dann vor allem deswegen, weil ich befürchte, der Leser könnte von mir erwarten, daß ich mich tatsächlich und immer an diese Grundsätze und Maßstäbe halte. Das

---

1 Reich-Ranicki, Marcel: Deutsche Literatur heute.(Gütersloh).,im folgenden zit. als Reich-Ranicki, Deutsche Literatur heute.; Ders.: Literarisches Leben in Deutschland. Kommentare und Pamphlete. München.(1965)., im folgenden zit. als Reich-Ranicki, Literarisches Leben.; Ders.: Über Ruhestörer. Juden in der Deutschen Literatur.(München).(1973).; Ders.: Zur Literatur der DDR.(München).(1974)., im folgenden zit. als Reich-Ranicki, Zur Literatur.; Ders.(Hrsg.): Erfundene Wahrheit. Deutsche Geschichte seit 1945.München.(1965)., im folgenden zit. als Reich-Ranicki, Erfundene Wahrheit. Da bei Reich-Ranicki sich methodische Konstanz und ein durchgehaltenes Prinzip der literarischen Wertung nachweisen lassen, konnte gelegentlich auf die späteren Arbeiten zurückgegriffen werden.
2 Reich-Ranicki, Deutsche Literatur.S.11.
3 An anderer Stelle heißt es: "Er (der Kritiker-M.B.) spricht im Namen der Literatur und der Epoche."(Reich-Ranicki, Deutsche Literatur heute.S.8).
4 "Gerade auch die offenkundige Einseitigkeit und der heftige Protest, die spontane Überspitzung und schließlich die bewußte Provokation können der Vermittlung im Bereich des Literarischen mitunter die besten Dienste leisten."(Reich-Ranicki, Deutsche Literatur heute.S.8; vgl. entsprechend auch Reich-Ranicki, Literarisches Leben.S.9f.).
5 Reich-Ranicki, Deutsche Literatur heute.S.7.   6 Vgl. ebenda S.8.

will ich nicht, das darf ich nicht."[1] Der Verzicht auf Bewertungsmaßstäbe
wird mit der Regellosigkeit der je neuen Werke begründet. Das Kunstwerk
muß immer die bis dahin gültigen Maßstäbe durchbrechen.[2] Die Isolierung der
Werke von ihrem literarhistorischen Kontext wird total, wenn jedem einzelnen Werk eine Eigengesetzlichkeit zugemessen wird.[3] Von diesem Ausgangspunkt ist es nicht mehr weit bis zur These vom Eigenleben des literarischen
Werkes:"(Es) kann sich etwas ganz anderes ausdrücken, als der Autor ursprünglich beabsichtigte."[4] Mit dem Auseinanderreißen von Produktion und Rezeption
aber ergibt sich die Gefahr, daß einer Theorie von der Beliebigkeit möglicher Wirkungen [5] Vorschub geleistet wird. Das Verhältnis Autor-Werk-Wirk-
lichkeit wird irrelevant. Der postulierte Verzicht auf Bewertungskriterien
muß hinterfragt werden. Es bleibt zu untersuchen, ob nicht ein gewisses
Grundarsenal von Wertungskriterien für die DDR-Literatur festzustellen ist.
Zunächst sind Reich-Ranickis Aussagen heranzuziehen, die die allgemeinen
methodologischen Überlegungen für die Kritik der DDR-Literatur konkretisieren sollen:

(a) da eine Kenntnis der DDR-Literatur nicht oder kaum vorausgesetzt werden
    kann, muß der Anteil an Informationen in der Rezension besonders hoch
    sein,[6] und

(b) es muß in Rechnung gestellt werden, daß zunächst als völlig gleichartig
    erscheinende Phänomene in der BRD- und in der DDR-Literatur auf unter-
    schiedliche Voraussetzungen zurückzuführen sind:"Geistige und und künst-
    lerische Phänomene in der Welt zwischen Elbe und Oder können ... nur
    aus den dort tatsächlich bestehenden gesellschaftlichen, politischen
    und kulturellen Verhältnissen heraus verstanden werden."[7]

Insbesondere unter (b) werden Gesichtspunkte benannt, die die Einzelinterpretationen Reich-Ranickis einzulösen hätten. Die Überprüfung aber zeigt:

---

1 Reich-Ranicki, Marcel; Deutsche Literatur.S.13. Es versteht sich, daß
  Reich-Ranicki von dieser Position her gegen die Literaturkritik der DDR,
  die sich um eine gesellschaftstheoretische Fundierung der Literaturkritik
  zumindest bemüht, polemisieren muß: sie befleißige sich der "einseitig
  soziologischen Deutung ihrer Werke und der ideologischen Beckmesserei"
  (S.465) und untersuche "fast ausschließlich die ideologischen und gesellschaftlichen Aspekte dieser Literatur."(S.466). Statt nun eine Weiterentwicklung dieser Ansätze zu fordern, scheint Reich-Ranicki die Möglichkeit
  außergesellschaftlicher Kategoriensysteme anzunehmen.
2 Vgl.Reich-Ranicki, Deutsche Literatur.S.13.
3 Vgl.Reich-Ranicki,Deutsche Literatur heute.S.10.
4 Reich-Ranicki, Literarisches Leben.S.11f.; vgl. auch ebenda S.14.
5 An anderer Stelle heißt es auch deutlich:"Daher kann es auf die Fragen,
  die eine Geschichte stellt, ebensoviele Antworten geben, wie sie Leser
  findet."(Reich-Ranicki, Erfundene Wahrheit.S.512.).
6 Vgl. Reich-Ranicki, Deutsche Literatur.S.13.
7 Reich-Ranicki, Literarisches Leben.S.105.

die Maßstäbe lassen die unterschiedlichen gesellschaftlichen Verhältnisse
unberücksichtigt. Dies gilt sowohl für die gesellschaftspolitischen Grundan-
nahmen als auch für die im engeren Sinne ästhetischen Wertungen. Ausgangspunkt für Reich-Ranickis gesellschaftspolitische Wertungen bleibt unter ausdrücklicher Berufung auf Rühle[1] die Totalitarismustheorie: Anna Seghers'
'Das siebte Kreuz', Zweigs 'Beil von Wandsbek' sowie Brechts 'Maßnahme'werden zur Illustrierung dieser These herangezogen.[2]
Gegen die Autorintention werden diese Werke nicht zu Anklagen gegen den Faschismus, sondern zu Kunstwerken, die die Diktatur schlechthin angreifen.
Da Reich-Ranicki grundsätzlich von der Unterdrückung der Kunst in der DDR,
der Kulturfeindschaft der SED ausgeht,[3] wird es zur Aufgabe des Dichters,
will er seine künstlerischen Existenzgrundlagen verteidigen, sich gegen die
bestehende Gesellschaftsordnung zu richten. Die angenommene Unzufriedenheit
der Autoren mit der DDR wird zu einem entscheidenden Wertungskriterium.[4]
Die Unzufriedenheit darf dabei nicht lediglich kleinere Mängel betreffen,
sie hat ins Prinzipielle hineinzureichen, d.h. die DDR-Gesellschaft muß ins-

---

1 Vgl. Reich-Ranicki, Literarisches Leben.S.S.116.
2 Vgl. ebenda S.13: "Dank der künstlerischen Kraft der beiden Verfasser
  (Zweig und Seghers-M.B.) wird in diesen Romanen die Problematik des Menschen in jedem totalitären Land sichtbar."Vgl.auch ebenda S.37 sowie Reich-
  Ranicki, Zur Literatur.S.66. Reich-Ranicki hat an der Totalitarismustheorie später ungebrochen festgehalten, wenn sie auch leicht variiert wird;
  so heißt es 1967 anläßlich einer Besprechung von Fühmanns 'König Ödipus':
  "Ich halte die in der Bundesrepublik außerordentlich beliebten Vergleiche
  des Kommunismus mit dem Nationalsozialismus für ebenso bequem wie unseriös:
  Sie fließen nur jenen rasch aus der Feder, die von einem der Phänomene-
  und meist ist es der Kommunismus-nichts verstehen. So gewaltig jedoch die
  Unterschiede zwischen diesen beiden Welten sind, so sehr ähneln sich die
  Methoden, die alle totalitären Staaten anwenden, und die Praktiken, die
  im Alltag ihrer Bürger spürbar werden. Daher ergeben sich für die Leser
  in kommunistischen Ländern, sobald Motive aus den Jahren des 'Dritten
  Reiches' behandelt werden, fast immer-ob es nun beabsichtigt war oder
  nicht-verblüffende und für die Regimes natürlich höchst unwillkommene Analogien und Assoziationen."(Reich-Ranicki, Zur Literatur.S.78.). Die Auseinandersetzung Fühmanns mit seiner eigenen faschistischen Vergangenheit
  kann so ins Antitotalitäre umgedeutet werden. An anderer Stelle heißt es
  zu Strittmatter (vgl.damit die Äußerungen zu Fühmann 1963), er sei ein
  "meist langweilige(r) und damit simple(r) Blut-und-Boden-Dichter."(Reich-
  Ranicki, Literarisches Leben.S.259.).
3 Vgl. dazu Reich-Ranicki, Literarisches Leben.S.11 sowie S.1o7.
4 Vgl. Reich-Ranicki, Deutsche Literatur heute.S.198. Dazu bemerkt Rothe
  später:"...dieser Kritiker(hält) Werke aus der DDR in dem Maße für künstlerisch von Belang oder auch nur für 'interessant' ... in dem sich die
  Autoren tatsächlich oder nach Reich-Ranickis Meinung von der Parteilinie
  entfernen."(Rothe, Friedrich: Sozialistischer Realismus in der DDR-Litera-
  tur.In:Poesie und Politik...Stuttgart, Berlin, Köln, Mainz.(1973).S.186.

gesamt in Frage gestellt werden. Da aber die Herrschaftsform der DDR als totalitäre Diktatur eingeschätzt wird, kann es legitimerweise eine taktische Identifikation mit der gesellschaftlichen Umgebung geben - aus Existenzbedrohung.[1]

Die als methodisches Postulat erhobene Forderung, Literatur und Gesellschaft in einem engen Zusammenhang zu betrachten, um dem Wesen der zunächst gleichartig erscheinenden Phänomene näherzukommen, wird von Reich-Ranicki nicht eingelöst: die kulturpolitischen Maßnahmen werden als private Racheakte gescheiterter Schriftsteller gegen ihre literarisch bedeutenderen Kollegen[2] gedeutet. Diese Versubjektivierung führt zu widersprüchlichen Aussagen über die kulturpolitische Entwicklung in der DDR: auf der einen Seite steht der Zweifel am Weiterexistieren einer literarischen Öffentlichkeit in der DDR: "... es gab immer zumindest Reste eines literarischen Bewußtseins (in totalitären Staaten-M.B.), einer literarischen Tradition und auch, trotz des Terrors, einer literarischen Öffentlichkeit. Gibt es das in der DDR überhaupt nicht mehr?"[3], auf der anderen Seite erscheint unvermittelt eine - auf Basis seiner Wertung - optimistische Erwartung an die literarische Entwicklung: "Es scheint möglich, daß die verständigen und liberalen Kräfte innerhalb der Partei demnächst an Boden gewinnen werden."[4] Dominierend aber bleibt der Pessimismus und die gleichzeitige Ablehnung der ästhetischen Konzeption der DDR-Literatur.

Die ästhetische Ablehnung erfolgt in der Konfrontation mit der Literatur der Bundesrepublik, die als ästhetisch weiterentwickelt definiert wird[5],und durch die Reduktion des Begriffsinstrumentariums des sozialistischen Realismus. Mit dem ersten Gesichtspunkt wird endgültig der Anspruch aufgegeben, die unterschiedlichen gesellschaftlichen Grundlagen als Wertungskriterium heranzuziehen; insbesondere der Adressatenbezug bleibt außerhalb der Betrachtung. Die stärkste Ablehnung erfahren Bredel, Marchwitza sowie insgesamt Versuche, den Produktionsbereich in die Darstellung einzubeziehen.

---

1 Vgl.Reich-Ranicki, Literarisches Leben.S.114.
2 Genannt werden in diesem Zusammenhang Kurella und Gotsche (Reich-Ranicki, Literarisches Leben.S.11.).
3 Reich-Ranicki, Literarisches Leben.S.238.
4 Ebenda S.161.
5 "Wie wir es auch drehen und wenden wollen: Nossack, Koeppen, Frisch, Enzensberger, Weiss und Grass sind ungleich bedeutender als Bruno Apitz und Erwin Strittmatter, Dieter Noll und Erik Neutsch."(Reich-Ranicki, Literarisches Leben.S.261.).

Der Bitterfelder Weg bleibt folgerichtig ausgespart.[1] Die Darstellung der
Arbeiterklasse wird mit Primitivismus gleichgesetzt[2], bei Strittmatter "intellektuelle Armseligkeit"[3]konstatiert, bei Marchwitza in Zweifel gezogen,
ob er "je eigene Ansichten"[4] gehabt habe.
Die gleichzeitige Reduktion des Begriffs "Sozialistischer Realismus" erfolgt
in zweierlei Hinsicht: zum einen wird der Begriff nur auf Literatur ange-
wandt, die unmittelbar den Produktionsbereich darstellt: über Strittmatters
'Wundertäter' heißt es: "... der 'Wundertäter' (spielt) nicht im proletari-
schen, sondern vorwiegend im kleinbürgerlichen Milieu. Auch haben wir es
mit einem sozialkritischen und überhaupt nicht mit einem sozialistischen
Roman zu tun."[5], zum anderen wird eine Weiterentwicklung schriftstellerischer Techniken im Rahmen des sozialistischen Realismus für unmöglich gehalten.[6] In die Definition des sozialistischen Realismus geht damit das
Klischee: Darstellung des Produktionsbereichs - positiver Held ein.
Wenn aber eine Setzung dieser Art erfolgt, so bliebe zu fragen, wodurch
sich die insgesamt von Reich-Ranicki als unbedeutend eingeschätzte Literatur[7] dennoch weiterentwickeln konnte. Die Erklärung dieses Phänomens liegt
nach Reich-Ranicki in der Übernahme schriftstellerischer Techniken der modernen bürgerlichen Literatur.[8] In der Auswahl der schriftstellerischen
Techniken entscheidet sich für den Autor, ob er zum Revolutionär oder zum
Konservativen wird: Zweig "ist nicht revolutionär, sondern konservativ und
nicht ein Künstler des Experiments, sondern der Tradition."[9]
Heißenbüttel, Pareigis u.a. haben darauf hingewiesen, daß auch diese Bewertung nicht zur Konstanten jeglicher literaturkritischen Bewertung wird,[10]
die experimentelle Literatur der Bundesrepublik erfährt ebenfalls eine Ab-

---

1 Auf diese Schwächen sowie auf das Ausklammern der Traditionsbezüge zum
  BPRS weist Schonauer hin.(Vgl.Schonauer, Franz: Marcel Reich-Ranicki...
  In: NDH.11.Jg.(1964).H.98.S.158-163.).
2 Vgl. Reich-Ranicki, Deutsche Literatur heute.S.87.; vgl. zu einer ähnlichen Argumentation Wiegenstein, Roland H-: Zur Situation der Schriftsteller in der DDR. In: NRs.77.Jg.(1966).H.2.S.330-334.
3 Ebenda S.196.
4 Reich-Ranicki, Literarisches Leben.S.236.
5 Reich-Ranicki, Deutsche Literatur heute.S.199.
6 Reich-Ranicki, Literarisches Leben.S.158.
7 Vgl. ebenda S.115 und S.163.
8 Vgl. dazu z.B. die Kant-Rezension in Reich-Ranicki, Zur Literatur.S.83ff.
9 Reich-Ranicki, Deutsche Literatur heute.S.17.
10 Pareigis, Analyse.S.10ff.; Heißenbüttel, Helmut: Sorgen mit einem Kriti-
   ker.In: Der Monat.16.Jg.(1964).H.184.; Heißenbüttel: Die Rolle des Kritikers. In: Der Monat.20.Jg.(1968).H.236.S.80-83., im folgenden zit. als
   Heißenbüttel, Sorgen.

lehnung[1]; die Forderung nach Einbeziehung literarischer Experimente ist nur als partielle, nur gegen die DDR-Literatur gerichtete, zu interpretieren, nicht als prinzipielle Forderung für die gesamte Gegenwartsliteratur. Pareigis hat unter Heranziehung der Reich-Ranickischen Äußerungen zur bundesrepublikanischen Literatur nachweisen können, daß auch hier die politisch engagierte Literatur dem Verdikt verfällt.[2]

Reich-Ranickis zunächst nur-ästhetische ist also letztlich politische Kritik, die unter prinzipieller Entgegensetzung von Parteilichkeit und Kunst in einer nicht näher definierten Moral[3] ihren Bezugspunkt findet. Der permanente Wechsel der Standpunkte[4] findet an einem traditionalistischen Literaturkonzept seine Grenze, dem "reportagehafte E l e m e n t e sowie publizistische Darlegungen"[5] in Texten der schönen Literatur zum Greuel werden. Reich-Ranickis Literaturbegriff weist zumindest die Konstante auf, daß epische Kunst und marxistische Ideologie inkompatibel seien.[6]

Es entsteht folgerichtig eine begriffliche Lücke, da Reich-Ranicki die Autoren, die nicht dem vorgestellten Schema vom sozialistischen Realismus entsprechen (also nach seiner Auffassung keine sozialistische Literatur produzieren), doch gleichzeitig nicht der bürgerlichen Literatur zuordnet. Die Lösung bleibt Reich-Ranicki schuldig.

Stattdessen wird die Literatur der DDR in eine Literatur umgedeutet, die lediglich psychologisch interessante Fälle hervorgebracht habe[7]. Die Grundmuster der Kritik seien kurz angedeutet:

Arnold Zweig wird als konservativer Autor gewertet, der sich von seinem psychologisierenden Ansatz[8] nie habe frei machen können; seine späteren

---

1 Vgl. Pareigis, Analyse.S.10ff. Heißenbüttel hat das Reich-Ranickische Auswahlprinzip sehr scharf kritisiert (Heißenbüttel, Sorgen.S.76), ihm den Hang zum "Traditionalismus" vorgeworfen (ebenda S.76). Er spricht den Verdacht aus, Reich-Ranicki habe lediglich mit "Instinkt für das Arrivierte"(ebend S.83) ausgewählt, um das eigene Buch ins Gespräch zu bringen. Später - anläßlich einer Besprechung von Reich-Ranickis 'Literatur der kleinen Schritte'(ein Aufsatz, in dem wiederum von neueren Entwicklungen kaum Kenntnis genommen wird, in dem sich die Abwehr des Formexperiments verstärkt), kann Heißenbüttel erleichtert einen geringer werdenden Einfluß des Kritikers Reich-Ranicki feststellen:"Der Titel wendet sich gegen ihn selber: er muß kurztreten."(Heißenbüttel, Rolle.S.82).
2 Vgl. dazu Pareigis, Analyse.S.9.
3 Vgl. die Einwände von Pareigis ebenda sowie auch Heißenbüttel, Rolle.S.81.
4 Als Beispiele können die Passagen in Reich-Ranicki, Deutsche Literatur heute.S.36 herangezogen werden.
5 Reich-Ranicki, Deutsche Literatur.S.457 (Hervorhebung von M.B.).
6 Vgl. Reich-Ranicki, Deutsche Literatur heute.S.85.
7 Vgl. Pareigis, Analyse.S.11ff.   8 Vgl.Reich-Ranicki,Dtsch.Lit.S.305ff.

Lebensjahre habe er in einer Außenseiterrolle verbracht.

Anna Seghers, der der Kommunismus zum Religionsersatz wurde,[1] habe die Höhe ihres Frühwerks nie wieder erreicht. Die neueren Romane arbeiteten mit Klischees, seien opportunistisch und verstellen den Blick auf die Wirklichkeit, die Darstellung der DDR bleibe ausgespart.[2]

H e r m l i n produziere nicht mehr als Kunstgewerbe mit hohem Anspruch und verstumme zusehends.[3]

F ü h m a n n suche in der neuen Ideologie einen Ersatz für die NS-Gemeinschaft.[4]

B r e d e l könne als aufrichtig, naiv und anpasserisch gelten, seine schriftstellerischen Qualitäten verfielen immer mehr.[5]

U h s e stelle einen desillusionierten Träumer dar.[6]

C l a u d i u s weise ähnliche Tendenzen wie Bredel auf, allerdings werde ihm die letzte Hoffnung durch die Literaturkritik genommen.[7]

Natürlich kann mit dieser Zusammenstellung nicht eine Wiedergabe der vielleicht im einzelnen diskutierenswerten Thesen verbunden werden, jedoch dürfte die Abwertung der Autoren insbesondere in ihrer DDR-Entwicklungsphase, die Spekulation über ihr Seelenleben[8], die unhistorische Zitation[9] früherer Äußerungen gegen ihre jetzige Existenz, die zahlreichen Suggestivfragen[10], die den Leser kaum anregen, sondern eher verwirren, den Blick für die reale Entwicklung der DDR-Literatur nicht unbeträchtlich verstellen.[11]

---

1 Vgl.Reich-Ranicki, Deutsche Literatur.S.354ff. 2 Vgl. ebenda S.380ff.
3 Vgl. ebenda S.409f. 4 Vgl. ebenda S.422ff. 5 Vgl. ebenda S.442.
6 Vgl. ebenda S.443ff. 7 Vgl. ebenda S.449ff. 8 Vgl.Pareigis, Anal.S.11
9 Vgl. ebenda S.14. 10 Vgl. ebenda S.15.
11 Die methodologischen Grundlagen Reich-Ranickis verschieben sich auch nicht in einer seiner letzten Veröffentlichung zur DDR-Literatur. Neben die schon früher formulierten Erkenntnisziele tritt nunmehr unter Berufung auf Hans Mayer auch das Interesse, festzustellen, ob von e i n e r deutschen Literatur noch zu sprechen wäre (Vgl. Reich-Ranicki, Zur Literatur.S.9).; die Analyse jedes einzelnen Werkes erst könnte hier, nach Reich-Ranicki, verbindliche Aussagen ermöglichen. Damit wird der These Fritz J.Raddatz', der grundsätzlich von der Existenz zweier deutscher Literaturen ausgeht, widersprochen. Neben obskuren Bemerkungen, wie, daß es darum gehe, "die Schriftsteller und Bücher aus der DDR zu behandeln, wie sie es verdienen-nämlich sie beim Wort zu nehmen, um sie möglichst genau erkennbar zu machen und sie möglichst gerecht beurteilen zu können"(Reich-Ranicki, Zur Literatur.S.9), finden sich allerdings auch Hinweise, die bedenkenswert erscheinen, wenn verbindliche Aussagen über die literarische Öffentlichkeit in der DDR gemacht werden sollen. Reich-Ranicki fordert die Berücksichtigung von DDR-Bestsellerlisten (Vgl. Reich-Ranicki, Zur Literatur.S.21). An seinem Klischeebegriff vom sozialistischen Realismus hält Reich-Ranicki fest (Vgl. ebenda S.56,78,86); weiterhin werden westliche Moderne und Traditionalismus entgegengesetzt.

2.1.2   <u>Versuche literaturwissenschaftlicher Fundierung in der Rezeption</u>

2.1.2.1   Ausweitung des Gegenstands und Vertiefung methodologischer
Überlegungen ('alternative')

Die drei Sonderhefte der 'alternative' zur DDR-Literatur, die in den Jahren
1963/64 erschienen,[1] bedeuteten einen echten Zugewinn für die Forschung, wie
eine genauere Analyse auf dem Hintergrund der bis zu diesem Zeitpunkt erreichten Forschungsergebnisse zeigen wird.

'alternative 33/34' stellt Primärtexte vor, die eine deutliche Hinwendung
zu Autoren erkennen lassen, die der literaturtheoretischen Diskussion in der
Bundesrepublik bisher vorenthalten wurden. Insbesondere die an der damals
beginnenden Lyrik-Debatte beteiligten Autoren sowie Vertreter der epischen
Literatur, die mit dem Bitterfelder Weg in enge Verbindung gebracht werden
müssen, treten in den Mittelpunkt des Interesses. Die Herausgeber der 'alternative' gingen zu Recht davon aus, daß die hier vorgestellten Autoren bisher
von der 'Weimarer Generation' verdrängt worden waren. Die Aufgabe, Informationen über die neuere Literatur weiterzugeben, verband die 'alternative'
mit dem Anspruch, Vorurteile abzubauen. Die Beteiligung an Dichterlesungen
in der DDR habe nämlich erwiesen, "daß manches gesagt und ausgesprochen
wird, von dem wir denken, es dürfe nicht gesagt oder ausgesprochen werden."[2]
Mit der Veröffentlichung gerade dieser Primärliteratur deutet sich das auch
später eingehaltene Auswahlprinzip der 'alternative' an: neben Texten zur
Lyrik[3], Auseinandersetzungen mit der bundesrepublikanischen Rezeption[4], Veröffentlichungen literaturwissenschaftlicher und publizistischer Arbeiten
aus der DDR[5], tritt als Interessenschwerpunkt nunmehr der Bitterfelder Weg

1 Es sind dies alternative.6.Jg.(1963).H.33/34; alternative.7.Jg.(1964).H.35.;
alternative.7.Jg.(1964).H.38/39.
2 alternative.6.Jg.(1963).H.33/34.S.150.
3 Brenner, Hildegard: Am 'Hundeblauen Himmel'. In: alternative.7.Jg.(1964).
H.35.S.6f.;Dies.: Notizen zu Werk und Person - C.Reinig.In: alternative-
ebenda S.20-22.; Törne, Volker v.: Volker Braun: Provokationen für A.P...
In: alternative.7.Jg.(1964).H.38/39.S.144.
4 Törne, Volker v.: Wider das Feldgeschrei.In: alternative.7.Jg.(1964).H.35.
S.1f., im folgenden zit. als Törne, Feldgeschrei.; G(ente),H(ans) P(eter):
Werke von Schriftstellern, die in Westdeutschland verlegt und gegenwärtig
im Handel sind.In: alternative.7.Jg.(1964).H.35.S.24ff.
5 Jentzsch, Bernd: Nelkensträuße für Poeten. In: alternative.7.Jg.(1964).
H.35.S.3f.; Berger,Friedemann:Zur 'Deckung des Lyrikerbedarfs'.In:alterna-
tive.7.Jg.(1964).H.35.S.4f.; Kahlau, Heinz:'Vielleicht mißverstehe ich
Heißenbüttel...'In:alternative.7.Jg.(1964).H.35.S.8.; Bunge, Hans: Im politischen Drehpunkt. In:alternative.7.Jg.(1964).H.35.S.13-15., im folgenden
zit. als Bunge, Drehpunkt.; Schlenstedt, Dieter:Epimetheus-Prometheus.Po-
sitionen in der Lyrik.In:alternative.7.Jg.(1964).H.38/39.S.113-121.

hervor[1]. An methodologischen Gesichtspunkten ergeben sich aus der Diskussion der 'alternative 35' folgende Thesen:

(a) Die bundesrepublikanische Kritik hat die reale Differenziertheit der DDR-Literatur in Rechnung zu stellen. Es wird in diesem Zusammenhang auf die Mittelmäßigkeit zahlreicher literarischer Produkte, die in der Bundesrepublik entstehen, hingewiesen:"Aber das, was sie produzieren (die DDR-Autoren-M.B.), ist gewiß nicht vorgestriger als das, was die Mehrzahl ihrer Kollegen in diesem Lande bei großbürgerlichen Redaktionen und Lektoraten abliefern."[2]

(b) Nicht implizite oder explizite politische Einwendungen haben im Mittelpunkt der Auseinandersetzungen zu stehen, sondern die literaturwissenschaftliche Analyse.[3]

Auf Grundlage der These (a) wird die Einbeziehung von literaturwissenschaftlichen Arbeiten aus der DDR möglich.[4] Nicht die ideologische Abgrenzung steht im Vordergrund, sondern der Dialog[5] mit einem ernstzunehmenden Partner.

---

1 S(trutz), J(ürgen): 'Alex 64' und 'Prenzlauer Berg'. In:alternative.7.Jg. (1964).H.35.S.7.; Reitschert, Gerhard:Die neuen Mythen. In:alternative. ebenda S.11-13., im folgenden zit. als Reitschert,Mythen.; Kersten,Heinz: 'Ole Bienkopp'-ein politischer Roman. In: ebenda S.16/17., im folgenden zit. als Kersten, Ole Bienkopp.; Gutnajr, Eva:Niemandsland.In:ebenda S.23/24, im folgenden zit. als Gutnajr, Niemandsland.; Prévost, Claude: Romans'à L'Ouest et à L'Est, mais romans allemands.In:alternative.7.Jg. (1964).H.38/39.S.101-106., im folgenden zit. als Prévost, Romans.; Stutz, Jürgen:Auf dem Weg nach Bitterfeld.Schriftsteller'aus den eigenen Reihen'. In:ebenda S.122-125., im folgenden zit. als Strutz,Weg.; Gente, Hans-Peter:Versuch über 'Bitterfeld'.In:ebenda S.126-131., im folgenden zit. als Gente, Versuch.; Neurieg, Karl:Bitterfelder Seitenwege.In: ebenda S.131-134., im folgenden zit. als Neurieg, Seitenwege.; Eggestein, Ulrich:Brigitte Reimann:Die Geschwister...In: ebenda S.146/147. Auf die Einschätzung des 'Bitterfelder Weges' durch die 'alternative' wird in Teil 3 dieser Arbeit eingegangen.

2 Törne, Feldgeschrei.S.2.

3 Vgl.ebenda.

4 Vgl. in diesem Zusammenhang die Rezension Bunges zu Christa Wolfs 'Der geteilte Himmel'. In Abgrenzung zu Johnsons 'Mutmaßungen über Jacob' schlägt er zwar Johnson die bessere Beherrschung technischer Mittel zu, nimmt aber eine inhaltliche Differenzierung vor, die die unterschiedlichen Erzählerstandpunkte in die Analyse einbezieht: Distanz zum Erzählten bei Johnson und Identifikation mit der Hauptfigur Rita bei Christa Wolf werden konstatiert. Interessant ist die Deutung der literaturkritischen Debatte, die der 'Geteilte Himmel' in der DDR auslöste:"Die Tatsache, daß ein solches Buch in der DDR wegen seiner Tendenz s c h o n ausgezeichnet (...) und gleichzeitig n o c h angegriffen wird, ist nicht nur für die Literatur oder für die Kritik bedeutsam: sie markiert vor allem einen politischen Drehpunkt. Unter diesem Gesichtspunkt kann Christa Wolf ein noch so feinsinniges ästhetisches Urteil-daß ihre Erzählung nicht in die große Literatur eingehen wird-gefaßt beiseite legen:das Buch hat eine große politische Bedeutung."(Bunge,Drehpunkt.S.15).

5 Vgl. hierzu Reitschert, Mythen.S.13.

ner. Die von Reitschert und Kersten[1] unternommenen Interpretationsversuche
lassen es sich angelegen sein, das Postulat von der Notwendigkeit einer
literaturwissenschaftlichen Auseinandersetzung einzulösen, und zwar anhand
von Christa Wolfs 'Geteiltem Himmel'(Reitschert) und Strittmatters 'Ole
Bienkopp'(Kersten). Beide Interpreten kritisieren die nach ihrer Meinung
nicht tief genug gehende Kritik der Romane an bürokratischen Erscheinungen
in der DDR. Während Christa Wolf der Vorwurf gemacht wird, einen konfor-
mistischen Roman geschrieben zu haben, da Versöhnung vorgeführt werde, wo
real Tragik vorherrsche,[2] richtet sich die Kritik Kerstens an Strittmatter
darauf, daß dieser keine prinzipielle Kritik an der SED übe bzw. von ihm
nur eine Kritik der unteren Parteiebenen geleistet werde.[3] Das Verdienst
Strittmatters wird von Kersten darin gesehen, einen Durchbruch über das
bisherige Schema des positiven Helden hinaus erreicht zu haben, indem in
seinem Roman ein Selbsthelfer(Bienkopp) positiv gewertet wird.[4]

Die Bemühungen, eine literaturwissenschaftliche Einzelanalyse zu leisten,
führen bei Kersten[5] in erster Linie zur Erörterung kulturpolitischer Probleme, bei Reitschert allerdings nicht - neben ersten Überlegungen zum
Einsatz von literarischen Mitteln - über eine gewisse Apodiktik im Grundsätzlichen hinaus: die Anforderung, die gesamte gesellschaftliche Ordnung
der DDR in Frage zu stellen, die von Christa Wolf nicht eingelöst wird,
steht unvermittelt neben der These von der "ungemein raffinierte(n) Schriftstellerin"[6], die es verstanden habe, ihre Kritik sehr geschickt zu verpa-
cken.

(c) Die Funktion von Literaturdebatten in der literarischen Öffentlichkeit der DDR müsse berücksichtigt werden[7]; diese Forderung wird allerdings für die Interpretation nicht fruchtbar gemacht.

---

1 Vgl.Anmerkung 1 der Vorseite.
2 Vgl. Reitschert, Mythen.S.12.
3 Vgl. Kersten, Ole Bienkopp.S.17.
4 Vgl. ebenda.
5 Kersten hat etwa zur gleichen Zeit eine Situationsanalyse zur DDR-Literatur im 'Monat veröffentlicht, die allerdings im wesentlichen auf die Entwicklung der Lyrik eingeht. Vgl. aber auch die Interpretation zum 'Geteilten Himmel':"Daß die Entscheidung der Heldin für die DDR einem Trotzdem entspringt, daß sie an dem damit verbundenen Abschied von ihrer Liebe
fast zerbricht, macht Christa Wolfs Erzählung realistisch."(Kersten, Heinz:
Poesie unter 'geteiltem Himmel'. In: Der Monat.16.Jg.(1964).H.184.S.83-
92, hier S.86.).
6 Reitschert, Mythen.S.12.
7 Vgl.den Beitrag von Kersten, Ole Bienkopp.S.16.

(d) Die Literatur trage in hohem Maße dazu bei, erstarrte Denkschemata zu
zerstören.[1] Mit dieser These wird die Annahme verbunden, daß Informationen, die anderweitig nicht gewonnen werden könnten (Bewußtseinsstand
der DDR-Bevölkerung) der DDR-Literatur zu entnehmen wären.[2]

Mit dem 3.Sonderheft der 'alternative' zur DDR-Literatur wird das Bemühen
um einen Dialog mit der DDR-Literaturwissenschaft sowie mit DDR-Schriftstellern[3]fortgesetzt. Gleichzeitig schält sich noch stärker als bisher ein vor-
rangiges Interesse für den Bitterfelder Weg heraus. Beiträge von Strutz,
Gente, Neurieg und Eggestein[4] bezeugen diese Schwerpunktsetzung.

Unter methodologischen Gesichtspunkten sind die Beiträge von Gente und Prévost[5] hervorzuheben. Zum ersten Mal taucht bei Gente programmatisch der Anspruch auf, die DDR-Literatur von einer marxistischen Position her einer
Kritik zu unterziehen. Gegen ein Autonomieverständnis von Kunst, das nach
Gente in der BRD vorherrscht, setzt er das eigene Selbstverständnis: "Wir
nehmen 'Bitterfeld' ernst; wir interpretieren dieses Konzept immanent-kri-
tisch in seinen marxistischen Prämissen."[6] Gente versucht diesen Anspruch
einzulösen, indem er den Bitterfelder Weg in den Kontext der DDR-internen
kulturpolitischen Auseinandersetzungen stellt und von daher die unterschiedlichen Funktionsbestimmungen der Literatur in den beiden deutschen Staaten
vornimmt. In Abgrenzung zu Marcuse mißt Gente der Literatur die Funktion
zu, unter den neuen gesellschaftlichen Verhältnissen ebenso wie die Wissenschaft zu einer Produktivkraft zu werden.[7] Diese Funktion könne sie aber
nur dann wahrnehmen, wenn sie nicht zu versöhnen suche, was real nicht ver-
söhnt sei. Die Widersprüchlichkeit der tatsächlichen gesellschaftlichen

---

1 Vgl. den Beitrag von Gutnajr, Niemandsland.S.23.
2 Dieser These folgt im weiteren u.a. Hildegard Brenner;vgl S.47ff.
3 Wiedergegeben wird ein Gespräch zwischen Hans-Werner Richter, Heinz von
  Cramer, Johnson, Grass und Max Walter Schulz, Kant, Wiens. Vgl.alterna-
  tive.7.Jg.(1964).H.38/39.S.97-100. Es werden das Problem der Sprachent-
  fremdung, das Problem Verständlichkeit-Volkstümlichkeit sowie Zensurpro-
  bleme angesprochen.
4 Vgl. Eggestein, Brigitte Reimann.S.9.
5 Prévosts Beitrag sei hier kurz referiert. Für den Literaturbetrieb in der
  BRD hält er als Charakteristika fest: Trivialliteratur und reaktionäre
  Literatur stehen im Mittelpunkt des Interesses, moderne Klassiker (z.B.
  Thomas Mann) werden verfälscht, realistische Schriftsteller finden kaum
  Beachtung (Heinrich Mann, Brecht). Prévost beklagt das Fehlen marxistischer Interpretationsansätze, was nicht zuletzt aus einer falschen Bewältigung der Vergangenheit herrühre; gewisse Ansätzen zum gesellschaftlichen Roman seien allerdings in der BRD zu verzeichnen(Böll). Dagegen
  habe sich in der DDR eine Lesegesellschaft herausgebildet. Diese leide
  zwar unter verengenden Einschätzungen durch die offizielle Literaturkritik, verengte Vorstellungen werden aber allmählich überwunden(Jakobs,
6 Gente, Versuch.S.126.   7 Vgl. ebenda S.130.   /Wolf, Reimann).

Entwicklung müßte demnach auch die Kunst kennzeichnen:

... die Literatur hätte Zeugnis abzulegen von den lösbaren und den nicht-
lösbaren Widersprüchen, die die geschichtliche Phase vor dem realisierten
Kommunismus durchziehen. Sie wäre Dokument der Aneignung sowie der Entfremdung von einer Wirklichkeit, die nicht mehr aus der privaten Aneignung gesellschaftlicher Produkte resultiert (die Welt Kafkas), die indessen weiterhin Repression notwendig macht, diese reale Repression aber als Repression bewußt machen kann, während und weil sie darangeht, diese Stück um
Stück abzuschaffen. Eine derartige Literatur ist qualitativ verschieden
von der westlicher Länder; sie hat gleichwohl k r i t i s c h e n Charakter.[1]

Wenn auch die Abgrenzung zur bürgerlichen Literatur allzu schematisch erscheint (hie Autonomie=funktionsbürgerliche Kunst, da gesellschaftsbezogene
sozialistische Kunst), so führt Gentes Bemühen um ein Verständnis der Literatur unter neuen Produktionsbedingungen weit über die bisherigen Ansatzpunkte
hinaus, die doch vorrangig versuchten, die bürgerliche Literatur als Norm
der DDR-Literatur entgegenzuhalten.[2]

2.1.2.2 Apologie des Gegenstandes der DDR-Literatur und Kritik der Rezep-
tion in der Bundesrepublik ('kürbiskern')

Das Bemühen um einen Dialog mit DDR-Literaturwissenschaft und -Autoren wird
in der Zeitschrift 'kürbiskern' im Rahmen einer Serie von Briefwechseln zwischen linken Schriftstellern der BRD und DDR-Autoren fortgesetzt.
Zunächst tauschten sich Hitzer und Bräunig[3] über Probleme der Arbeiterliteratur in BRD und DDR aus: Hitzer sieht dabei Bräunig als eine Art von Fachmann
an[4], dessen Erfahrungen für die Gestaltung des Produktionsbereichs in der Li-

---

1 Gente, Versuch.S.130, Hervorhebung von H.P.G.
2 Das literaturwissenschaftliche Problembewußtsein, das sich hier artikuliert,
stößt leider über Jahre hinweg nicht auf Gegenliebe:"Nun, nachdem die neue
Funktion von Literatur bezeichnet, nachdem die ä s t e t i s c h e Problematik des neuen Wahrheitsgehalts diskutiert wurde, ist eine Interpretation der literarischen Phänomene erst sinnvoll. Da diese hier nicht geleistet werden kann, seien einige poetologische Fragen gestellt: Die 'Mittel der Publizistik' erhalten konstitutive Bedeutung für das literarische
Kunstwerk. Material der Literatur sind Tatsache und Dokument; durch Montage
werden sie organisiert. Reportage und Lehrstück werden wichtige Literatur-
gattungen. Doch welchen Sinn erhalten noch vorhandene fiktive Elemente?
Welche Funktion haben Werke von Autoren, die entweder als Epigonen der bürgerlichen Literatur früherer Zeiten verpflichtet sind oder Sozialisten
sind? - und ein letztes: Zeichnen sich vielleicht Möglichkeiten eines
neuen klassischen Epos ab? die bisherigen Versuche, sämtlich mißlungen und
ideologisch im marschen Sinne, beweisen immerhin, daß das goldene Zeitalter noch nicht angebrochen ist."(Ebenda S.131, Hervorhebung von H.P.G.).
3 Hitzer, Friedrich/Bräunig, Werner: Briefwechsel, die neueste Literatur be-
treffemd. In: kürbiskern.1.Jg.(1965).H.1.S.117-134., im folgenden zit. als
4 Vgl. ebenda S.125.   /Hitzer/Bräunig, Briefwechsel.

teratur der BRD nutzbar zu machen wären. Hitzer geht von folgenden Prämissen

aus:

(a) bisherige Treffen von Schriftstellern der BRD und der DDR führten fast ausschließlich zu Sprachentfremdungsdiskussionen und blieben weitgehend unproduktiv;[1]

(b) die vorherrschende BRD-Kritik ging nicht von der real existierenden gesellschaftspolitischen Spaltung Deutschlands aus;[2]

(c) in die Bewertungskriterien wurden nicht die oft entgegengesetzten Konzeptionen innerhalb der Literatur der BRD einbezogen.[3]

Hitzer formuliert dagegen sein Interesse am Austausch von Erfahrungen mit DDR-Schriftstellern als Vertreter einer entstehenden zweiten Kultur in der BRD: "Warum sollten die Diskutanten aus den beiden deutschen Staaten nicht versuchen, ihr ä s t h e t i s c h e s   U r t e i l im Zusammenhang von Produktionsverhältnis und Konsumtionsverhältnis der gelesenen Texte zu erarbeiten?"[4] lautet die sein Erkenntnisinteresse leitende Frage. Somit wird die Auseinandersetzung mit der DDR-Literatur auf das engste mit einer möglichen Funktionsbestimmung für die Literatur in der BRD verbunden: es soll also vom Erfahrungsreichtum der DDR-Autoren für die Darstellung des Produktionsbereiches in der Literatur der BRD gelernt werden.

Gleichzeitig aber sieht Hitzer in einem Erfahrungsaustausch Möglichkeiten, die eigenen Vorbehalte gegenüber nicht akzeptablen Schwächen der DDR-Literatur vorzubringen:

In der Literatur der DDR ist das Genre der Arbeiterromane massenweise produziert worden und hat wohl unter Verwendung der Form des allwissenden Erzählers ideologischer Orientierung den Grad des Klischees erreicht, der es westdeutschen Rezensenten erleichtert, das Kind mit dem Bade auszuschütten und diese Gattung Literatur allenfalls im Bereich der Information gelten zu lassen, zugleich aber auch zu ignorieren, daß es in der BRD etwas Ähnliches geben muß.[5]

---

1 Die DDR-Teilnehmer dieser Gespräche bleiben nicht unkritisiert:"Schwere Monologe westdeutscher Teilnehmer scheinen die Schwierigkeiten bei der Verständigung in der Tat zu rechtfertigen.(Worauf sich der eine oder andere ostdeutsche Vertreter offenbar genötigt sieht, mit dem Stolz der Einfachheit die Verständigung restlos zu blockieren)."(Hitzer/Bräunig,Briefwechsel.S.117.

2 Vgl. ebenda S.119.

3 Diese These richtet sich gegen Hans Mayer. Hitzers Kriterien scheinen aber nicht hinreichend, wenn er zur Unterscheidung der verschiedenen Wirkungsmöglichkeiten der Literaturen die Begriffe E-Literatur(Ernste Literatur) für die anspruchsvolle BRD-Literatur, die aber ohne Massenwirkung bleibt, und U-Literatur(Unterhaltungsliteratur) für die breit rezipierte DDR-Literatur einführt. Damit wird das schwierige Wertungsproblem auf das Kriterium der Massenwirksamkeit reduziert und letztlich als ästhetisches Problem umgangen. (Vgl.ebenda S.118.

4 Ebenda S.119, Hervorhebung von F.H.   5 Ebenda S.125.

Nach Hitzer wäre es danach erstens wünschenswert, auch in der bundesrepublikanischen Literatur die Produktionssphäre zu berücksichtigen und zweitens
den allwissenden Erzähler in seiner verdinglichten Form auch in der DDR-Literatur seinen Platz verlieren zu lassen. Bei prinzipieller Lernbereitschaft
und unter Akzeptierung des kulturpolitischen Anliegens der DDR werden also
in diesem Fall die eigenen Rezeptionserwartungen ins Spiel gebracht.

Hatten sich Hitzer/Bräunig in ihrem Briefwechsel auf literarische Produktions-
probleme konzentriert, so finden Karsunke und Rainer Kirsch[1] ihren Anknüp-
fungspunkt bei der Rezeption von Hermann Kants 'Die Aula'.

Die Irritation der Kritik in der BRD entwickelte sich nach Karsunke an
Kants selbstbewußter Rückschau auf DDR-interne Entwicklungsprobleme:

> Das Verhältnis dieses Autors zu seinem Staat macht ... viel Kopfzerbre-
> chen: in die wohlfeile Alternative von Liebedienerei oder innerer Emi-
> gration bzw. Opposition läßt er sich billig nicht einordnen, einige Kri-
> tiker waren ob soviel kommunistischer Bosheit schier irritiert.[2]

Karsunke verweist darauf, daß diese Überraschung der BRD-Kritik nur dadurch
zustande kommen konnte, daß die Entwicklung der DDR-Literatur bisher nicht
aus ihren gesellschaftlichen Voraussetzungen begriffen wurde. Symptomatisch
für diese zu kurz greifende Rezeption sei die Bewertung des Individuums
Kant: "Kant - man ist sich einig - ist 'begabt', wenig Gedanken werden auf
die gesellschaftlichen Voraussetzungen verwandt, die die volle Ausbildung
der Begabung ermöglichten, und von denen das Buch handelt."[3] Reich-Ranicki
hatte die erzählerische Souveränität aus der Perspektive schulterklopfender
Fortgeschrittenheit bewertet, Karsunke nimmt dagegen die Gesamtkonzeption
Kants ernst: der Einsatz der erzähltechnischen Mittel wird begriffen als
Bemühen um die Aufhellung der eigenen Vergangenheit:

> ... m.E. s i e h t er sie (die Vergangenheit-M.B.) h i s t o r i s c h,
> auch die Fehler, die dadurch nicht weniger falsch werden, aber durch ih-
> re Einordnung jenen Grad mythischer Absolutheit verlieren, den ihnen
> s o w o h l polemische Verzerrung w i e apologetische Verschleierung
> verleihen.[4]

---

1 Kirsch, Rainer/Karsunke, Yaak: Briefwechsel, die neueste Literatur betreffend. In: kürbiskern.2.Jg.(1966).H.3.S.108-116., im folgenden zit.
als Kirsch/Karsunke, Briefwechsel.
2 Ebenda S.114.   3 Ebenda S.108.
4 Ebenda S.114, Hervorhebungen von M.B. Die Formel von der "Einordnung in
den gesellschaftlichen Ablauf" die sehr häufig verwendet wird, um alles
Vergangene als historisch notwendig gleichsam zu entschuldigen, ist hier
von Karsunke nicht gemeint; er betont vielmehr, daß Kant gerade darauf
abzielt, eigene Schuld, und damit die individuelle Verantwortung für die
historische Entwicklung, aufzuarbeiten.

Der Einsatz der erzähltechnischen Mittel wird gleichzeitig von Karsunke
nicht als bloße Übernahme westlicher Schreibweisen, sondern als Umfunktio-
nierung im Brechtschen Sinne begriffen: der entscheidende Faktor für einen
möglichen Einsatz der Mittel bleibt die Konfrontation mit der Realität.[1]
Die Tabuierung bestimmter Genres und Erzählmittel, die Kirsch in seinem
Brief schon als unrealistisches Verhalten der DDR-Literaturkritik abgelehnt
hatte,[2] habe sich, so Karsunke, in der DDR allerdings als Begünstigung
eines neuen Formalismus erwiesen. Karsunke knüpft ebenso wie Kirsch auf
der Seite Brechts an die Lukàcs-Brecht-Debatte an und verwertet deren Ergebnisse für die Bewertung der neueren DDR-Literatur.

Der Informationswert der 'Aula' wird ohne die bei anderen Rezensenten vorgenommene Entgegensetzung: Information contra bedeutsame Literatur insbesondere für die pädagogische Aufgabe der Zerstörung von Vorurteilen hoch
eingeschätzt:

> ... zum Verständnis der DDR wird die westdeutsche Ausgabe der 'Aula'
> wesentlich mehr beitragen können, obwohl sie in fast jedem Leser auf je-
> nes einseitige Bild treffen wird, das unsere Presse in jahrzehntelanger
> Arbeit erzeugt hat. Im Extremfall ist das die 'Bild'-Formel vom 'KZ-Zone',
> 'Spiegel'-Leser wissen mehr, aber auch nicht genug: die Fakten über die
> DDR werden, wo nicht verzerrt, so doch oft ins Unverständliche isoliert
> wiedergegeben. Dieses lückenhafte Bild aber gilt es zu korrigieren und
> zu ergänzen, eine pädagogische Aufgabe durchaus; wichtig nur, daß der
> erwähnte 'Schuß Pädagogik' richtig verstanden wird.[3]

Karsunkes Erwartungshaltung impliziert zwei Thesen: zum einen kann der Roman 'Die Aula' als authentisches Belegmaterial zumindest über Bewußtseins-
entwicklungen in der DDR genommen werden, und zum anderen kann Authentizi-
tät, die in diesem Fall durch poetische Gerechtigkeit, nicht aber durch
tendenziöse Pädagogik erzielt wird, zur Zerstörung von Vorurteilsstrukturen
führen.[4] Für die methodische Entschlüsselung des Verhältnisses von politischer und literarischer Wirklichkeit, die eine derartige These immer schon

---

1 Karsunkes Kritik erstreckt sich auf drei Problemkomplexe des Romans:
  (a) grundsätzlich auf die Harmonisierungstendenzen auf der Gegenwartsebe-
     ne des Romans (vgl.Kirsch/Karsunke, Breifwechsel.S.115.);
  (b) auf die Darstellung der Bundesrepublik, die aufgrund der unzureichen-
     den Primärerfahrung Kants mit der Wirklichkeit eben dieser Bundesre-
     publik zum Schematismus neige (vgl. ebenda S.115f.);
  (c) auf die unzureichende Darstellung der Sexualität (vgl. ebenda S.114f.)
2 Vgl. ebenda S.110.
3 Ebenda S.113.
4 Die Rezeption der 'Aula' in der F a c h w i s s e n s c h a f t zeugt
  eher von einer Veränderung der Vorurteile als von einer grundsätzlichen
  Destruktion dieser Vorurteile.

voraussetzt, bleibt Karsunke allerdings eine Antwort schuldig.[1]

2.1.3 Varianten literaturwissenschaftlichen Ungenügens II

2.1.3.1 Die These vom 'Realismus wider Willen'(Emrich)

Gegenüber dem Ansatzpunkt Reich-Ranickis, der sein eklektisches Verfahren
mit der Vieldeutigkeit literarischer Werke begründet hatte, verschiebt sich
das methodische Vorgehen in der ersten größeren Arbeit eines renommierten

---

1 Der Abdruck von Briefwechseln zwischen BRD- und DDR-Schriftstellern ist
im 'kürbiskern' nicht fortgeführt worden. In: kürbiskern.4.Jg.(1968)H.1
findet sich lediglich ein 'Briefwechsel in memoriam Johannes Bobrowski'
zwischen Yaak Karsunke und Bernd Jentzsch, der in diesem Zusammenhang
übergangen werden kann, da er Probleme des lyrischen Werkes von Bobrowski
und die literarischen Traditionsbeziehungen der Briefschreiber zum Gegenstand hat. Dagegen sei hier auf einen Aufsatz verwiesen, der spezielle
Probleme der Rezeption der SED-Kulturpolitik bei Intellektuellen thematisiert, die grundsätzlich mit einer sozialistischen Gesellschaftsordnung
sympathisieren: Mader, Jacob: Intelligenz und Kulturpolitik. In: kürbis-
kern.2.Jg.(1966).H.2.S.4-24). Aus Anlaß des 'Hallo Nachbarn'-Konflikts
bei der ARD (die kulturkritische Sendung wurde auf Betreiben der CDU ein-
gestellt) behandelt Mader Probleme des Eingreifens von politischen Instanzen in der BRD und der DDR in kulturelle Entwicklungen. Maders zentrales
Anliegen ist dabei die Frage, ob offene Diskussionen und Auseinandersetzungen um Fehlentwicklungen der DDR eher schaden oder nicht vielmehr im Falle
ihrer offenen Austragung die DDR für die linke Intelligenz anziehender
machen würde. Maders Grundempfehlung läßt sich wie folgt zusammenfassen:
differenzierte Einschätzung der SED (in Bezug auf die BRD und die DDR)
würden den sozialistischen Staat für westdeutsche Intellektuelle attrakti-
ver machen.(Vgl.ebenda S.24). Der Rückzug aus gesellschaftlicher Verantwortung sei den Intellektuellen bisher immer dadurch erleichtert worden,
daß administrative Maßnahmen der SED den Blick auf mögliche Alternativen
verstellten, so daß die These von konservativer Kulturpolitik hüben und
drüben sich breitmachen konnte.(Vgl. Mader, Intelligenz.S.19.). Als Beispiele für ein Fehlverhalten der SED nennt Mader das 11.Plenum der Zk der
SED 1965, das er als Eingreifen der Partei in eine autonome Körperschaft,
den Schriftstellerverband, deutet (vgl.Mader, Intelligenz.S.10.), sowie
den Vorwurf an Biermann, er falle den progressiven Kräften in der BRD in
den Rücken (vgl.ebenda S.13.). Diesen Vorwurf weist Mader mit dem Hinweis
auf die positive Aufnahme einer Biermann-Tournee in der BRD zurück. Mader
kritisiert sowohl den "moralische(n) Rigorismus" Havemanns als auch den
"disziplinäre(n) Rigorismus" Kurellas (vgl. ebenda S.22.). Seinen eigenen
Standort identifiziert er mit demjenigen Adam Schaffs:"Auf die Fragen des
notwendigen Zweifels werden weder schwammige revisionistische Antworten
gegeben, noch alte dogmatische Formeln heruntergeklappert."(Ebenda S.23.).
Aus liberaler Sicht haben Jürgen Habermas und Hans Werner Richter das
gleiche Problem, die p o l i t i s c h e Kritik an Schriftstellern in
BRD und DDR erörtert: vgl. dazu: Habermas, Jürgen: Parteirügen an Schriftsteller - hüben und drüben. In: Merkur.17.Jg.(1963).H.2.S.210-212; Richter,
Hans-Werner: Zum politischen Engagement deutscher Schriftsteller. In: NRs.
78.Jg.(1967).H.2.S.290-298.

rich, der seine Beschäftigung mit der DDR-Literatur mit dem Interesse an einer Wiedervereinigung Deutschlands begründete, ins Dilemma: "Daß allerdings eine solche Kunst unter dem Regime der SED entstehen konnte, das ist ein Rätsel, zu dem mir jede Beantwortungsmöglichkeit fehlt."[1]

2.1.3.2 Die These von der Nichtkonstituierung einer eigenen DDR-Literatur (Peddersen)

Das erste literaturwissenschaftliche Handbuch, das der Literatur der DDR einen eigenen Artikel widmete, war das 1965 von Hermann Kunisch herausgegebene 'Handbuch der deutschen Gegenwartsliteratur'. Der Beitrag Peddersens 'Die literarische Situation in der DDR'[2] figurierte neben einem weiteren, der sich ausschließlich mit der BRD-Literatur auseinandersetzte:'Neue Strömungen in der d e u t s c h e n Literatur der Nachkriegszeit'[3]. Die damit implizierte Annahme, die Literatur der Bundesrepublik stelle die eigentliche Tradition der deutschen Literatur dar, hat diesem Buch den Vorwurf eingetragen, einen "Alleinvertretungsanspruch der BRD gegenüber der DDR"[4] zu reklamieren. Dieser Vorwurf besteht nicht ganz zu Unrecht, wie eine genauere Analyse des Peddersen-Artikels zeigt. Peddersen stellt zunächst einige Zahlen zur Literaturwissenschaft in der DDR zur Verfügung, die als "eindrucksvolle Bilanz"[5] gewertet werden. Nichtsdestoweniger kommt er aber zu dem Schluß:

> Wenn inzwischen auch genügend Anzeichen für das Entstehen einer zweiten deutschen Literatur sprechen, so erscheint ein Urteil darüber dennoch verfrüht, zumal auch die theoretischen Positionen dieser neuen Literatur nach wie vor ungeklärt sind (die Arbeiten zur Literatur-Ästhetik gehen über eine Marx-Engels-Exegese nicht hinaus).[6]

Der offensichtliche Widerspruch zwischen der Annahme einer sich entwickelnden Literaturgesellschaft und der These über eine noch nicht vorhandene eigenständige zweite deutsche Literatur wird von Peddersen selbst nicht aufgelöst, so daß die Analyse an die im Text implizierten Thesen verwiesen ist, um den Widerspruch zumindest immanent aufzulösen. Dabei wird klar, daß Peddersen zu seiner zweiten These aufgrund von Annahmen kommt, die gleichzeitig seine

---

1 Emrich, Was geschieht.S.84.
2 Peddersen, Jan: Die literarische Situation in der DDR.In: Hermann Kunisch (Hrsg.): Handbuch der deutschen Gegenwartsliteratur.(München).(1965).S.746-758., im folgenden zit. als Peddersen, Situation.
3 Horst, Karl August: Neue Strömungen in der deutschen Literatur der Nachkriegszeit.In: Ebenda S.731-745., Hervorhebung von M.B.
4 Kähler, Kalter Krieg.S.60.
5 Peddersen, Situation.S.746.
6 Ebenda.

Bewertungskriterien durchscheinen lassen: das literarische Leben der DDR wird als "reaktionsschwach, farblos, retrospektiv, ... nicht ... darauf bedacht, die verschiedenen Geschmacksrichtungen eines literarischen Marktes zu befriedigen."[1], gekennzeichnet. Die von Peddersen angenommene Stagnation der DDR-Literatur wird mit den permanenten Eingriffen der SED in den literarischen Entwicklungsprozeß erklärt,[2] das traditionalistischen Literaturkonzeptionen verhaftet bleibe. Peddersens Kritik büßt vor allem an Wert ein, weil sich nicht unbedeutende Widersprüche in den Argumentationsgang einschleichen. War zu Beginn noch eine Stagnation der DDR-Literatur festgestellt worden, so heißt es nun anläßlich der Erwähnung von Christa Wolfs 'Geteiltem Himmel' und Jakobs' 'Beschreibung eines Sommers': "Erst die jüngste Generation bringt einen relativ unbekümmerten Ton in die Prosa."[3] War Anna Seghers' 'Die Entscheidung' "als der letzte gewaltsame und mißlungene Versuch einer der zeitgenössischen Thematik verpflichteten und vielfach ausgewiesenen Erzählergeneration angesehen"[4] worden, so wird Strittmatters 'Ole Bienkopp', in dem ja ebenfalls eine zeitgenössische Problematik behandelt wird, nicht unter diesem Aspekt kritisiert, sondern als gelungene Revidierung des sozialistischen Realismus gefeiert: "... Ole Bienkopp ... erreicht eine kritische Dimension, die die Auffassung vom sozialistischen Realismus revidiert."[5] Peddersens Gesamtprognosen in Bezug auf eine Stagnation der DDR-Literatur und seine grundsätzliche Skepsis gegenüber dem Entstehen einer zweiten deutschen Literatur lassen sich also nur dann aufrecht erhalten, wenn einerseits alle dem eigenen Bild vom sozialistischen Realismus widersprechenden Werke als Revision des sozialistischen Realismus gedeutet werden und andererseits jede dem eigenen Literaturbegriff nicht subsumierbare Literatur als Nicht-Literatur gedeutet wird.[6] Auf diese Weise muß sich notwendig ergeben, daß eine zweite deutsche Literatur nicht entstehen kann. Nach dem Muster der self-fulfilling prophecy fallen auf der einen Seite die Werke der Nicht-Literatur, auf der anderen Seite die 'nicht mehr sozialistischen Werke' aus dem Rahmen einer möglichen zweiten deutschen Literatur.

---

1 Peddersen, Situation.S.746.
3 Ebenda S.754
5 Ebenda S.753f.
2 Vgl. ebenda S.731ff.
4 Ebenda S.752
6 Vgl. ebenda. Peddersens Ausführungen zum Bitterfelder Weg, dessen Romane nicht als literarische Produkte gewertet werden: "Es zeigt sich aber, daß auf diese Weise (in Verfolgung des Bitterfelder Weges-M.B.) bestenfalls literarischer Rohstoff zutage gefördert wird."

2.1.3.3 Generationsprinzip als literarhistorisches Gliederungsprinzip (Anderle)

Ausdrücklich grenzt sich Hans Peter Anderle in seiner 1965 erschienenen Anthologie 'Mitteldeutsche Erzähler'[1] von vorangegangenen Veröffentlichungen zur DDR-Literatur ab.

In einem kurzen Literaturbericht konstatiert Anderle eine unzureichende Berücksichtigung der DDR-Literatur in neueren Literaturgeschichten, eine bewußte Fehlinformation durch politisch motivierte Interessen (Balluseck, Brokerhoff), eine nicht ausreichende Berücksichtigung der neueren DDR-Literatur, die zudem unter stark emotionalen Abwertungen gestanden habe (Rühle, Reich-Ranicki), unzureichende Tatsachen-Information.[2] An diesen letzteren Punkt knüpfen sowohl Hasselblatt (im Vorwort) und Anderle an: "... nichts anderes als eine Informations- und Gesprächsgrundlage"[3] soll mit der Anthologie geschaffen werden. Gegen ein vorherrschend ablehnendes Bewußtsein gegenüber der DDR-Literatur weist Anderle auf drei Aspekte hin, die die Einbeziehung dieser Literatur in die literaturwissenschaftlichen Debatten legitimieren sollen:

(a) die Bewertungskriterien, die von DDR-Autoren und -Kritik angestrebt werden, müssen nicht für die BRD-Kritik verbindlich werden. Anderle schlägt für die Analyse die Trennung von politischem Standort der Autoren und vorliegenden Werken vor bzw. unterstellt eine mögliche Trennung von Standortgebundenheit und literarischer Realisierung i m E i n z e l - f a l l :"Auch sollte die politische Haltung der mitteldeutschen Autoren, mit denen wir uns befassen, für die Bewertung ihres Werkes nur insofern relevant sein, als sie sich in eben diesem Werk niederschlägt."[4] Die These impliziert, daß die literarischen Realisierungen nicht primär aus der Auseinandersetzung der Autoren mit ihrer Wirklichkeit entspringen, sondern aus anderen Zusammenhängen; aus welchen, bleibt offen.

---

1 Anderle, Mitteldeutsche Erzähler. Anderle ist später mit zwei weiteren Veröffentlichungen zur DDR-Literatur hervorgetreten: Anderle, Hans Peter: Der Zensurapparat im Kopf. In: Die Grenzen der literarischen Freiheit. 22 Beiträge über Zensur in In- und Ausland. Hrsg. von Dieter E.Zimmer.(Hamburg).(1966).S.150-158. Hier behandelt Anderle Probleme der äußeren und inneren Zensur in der DDR, Fragen des Urheberrechts und Probleme literaturpolitischer Debatten, die von ihm nicht als Demokratisierung der literarischen Öffentlichkeit, sondern als Legitimation für administrative Eingriffe gedeutet werden.(Anderle, Hans Peter: Stephan Hermlin. In: Benno von Wiese Hrsg.: Deutsche Dichter der Gegenwart. Ihr Leben und Werk.(Berlin). (1973),S.384-394 gibt im wesentlichen die Thesen von 1965 wieder).

2 Vgl. Anderle, Mitteldeutsche Erzähler.S.19-22.

3 Ebenda S.22f.; vgl. auch S.9: "Hier(gegen vorwaltende Emotionen-M.B.) kann nur die sachliche Beschäftigung mit dem literarischen Tatbestand im anderen Deutschland abhelfen, deren Voraussetzungen allerdings erst geschaffen werden müssen."

4 Ebenda S.10.

(b) die Gemeinsamkeit der Probleme (Traditionen, Krise der gegenwärtigen Literatur, Verbindung von Interessengruppen und Literaturpolitik) kann den "in Pluraldeutschland so oft zum obersten erhobenen Ost-West Gegensatz zugunsten einer freieren Zusammenschau"1 in den Hintergrund drängen. Hier bleibt Anderle nähere Erläuterungen schuldig und gerät in starke Widersprüche, wenn er

(c) als das Bestimmende der Entwicklung von BRD- und DDR-Literatur ihr Auseinanderstreben feststellt. Auch darin wird aufgrund von Wiedervereinigungshoffnungen - zumindest die Literatur betreffend - ein Ansatzpunkt für die Forschung gesehen. Diese Widersprüchlichkeit versucht Anderle dadurch aufzulösen, daß er in beiden Literaturen Tendenzen einer Hinwendung zur Individualsphäre erblickt[2], diese allerdings nur als Tendenzen, so daß der letztlich auf Gemeinsamkeit zielende Entwicklungsweg in seinem konkreten augenblicklichen Entwicklungsstand betrachtet werden müsse.

Mit diesem dritten Ansatzpunkt wird denn auch die entscheidende Funktion des Informationsunternehmens deutlich: es geht um ein realistischeres Bild der gegenwärtigen DDR-Literatur, das die Ansatzpunkte für eine zukünftige gemeinsame Entwicklung verdeutlichen soll.

Mit einem kurzen Überblick über die Entwicklung der literarischen Produktion in der DDR will Anderle die Grundlagen für die Auseinandersetzung schaffen. Er unterscheidet drei Phasen der kulturpolitischen Entwicklung, die in leicht abgewandelter Form bis heute Grundlage bundesrepublikanischer Einschätzungen geblieben sind:

1.Phase: bis 1956 Versuch, den sozialistischen Realismus als kulturpolitische Leitlinie durchzusetzen; Scheitern dieses Versuchs;

2.Phase: Bitterfelder Weg, der die Schaffung einer Literaturgesellschaft ermöglichen sollte;

3.Phase: stärkeres Autonomwerden der künstlerischen Individualität.[3]

Anderle ist sich der Unzulänglichkeit seines Periodisierungsversuches bewußt, wenn er bemerkt: "Es gehört zu den Besonderheiten der mitteldeutschen Entwicklung, daß diese Prozesse stärker als anderswo miteinander verwoben sind, mithin also weder exakt noch durchgängig wiedergegeben werden können."[4] Anstatt nun die Unzulänglichkeit des eigenen Periodisierungsversuchs in der mangelnden Erfassung der realen Wirklichkeit zu suchen, wird das Problem in den Bereich der Definitionen verlagert. Anderle schließt sich in der Definition des sozialistischen Realismus der verengenden Interpretation Interpretation Reich-Ranickis an und versucht die neuauftauchenden Phänomene der DDR-Literatur und den Begriff "Spiegelung eines mannigfachen Staats-

---

1 Anderle, Mitteldeutsche Erzähler.S.10.
2 Vgl. dazu ebenda S.11.
3 Vgl. ebenda S.12f.
4 Ebenda S.13.

interesses"[1] zu subsumieren. Dadurch wird der Periodisierungsversuch in seiner möglichen erkenntnisleitenden Funktion hinfällig, denn dem eher schwammigen Definitionsversuch wären sicherlich alle Phasen der DDR-Literaturentwicklung zuzuschlagen. Es erstaunt deshalb nicht, wenn Anderle in einem zweiten Anlauf einen revidierten Systematisierungsentwurf vorlegt, nämlich:

1.Phase "die Periode der ersten Nachkriegsjahre;

2.Phase die Zeit des 'Tauwetter' und

3.Phase die noch andauernde Entwicklung aus der jüngsten Vergangenheit."[2]

Das Raster erweist sich als unzulänglich, wenn der Phase 1 sowohl die antifaschistischen Romane, die Unterhaltungs- und "Aufbauprosa"(gemeint sind hier z.B. Marchwitza und Claudius), als auch Werke des Bitterfelder Weges (Fühmann:'Kabelkran und Blauer Peter') zugerechnet werden, unter 2 sowohl antifaschistische Kriegserzählungen in der Hemingway-Nachfolge und der Bitterfelder Roman 'Beschreibung eines Sommers' von Karl-Heinz Jakobs und unter 3 die Bitterfelder Bewegung und die neuere Entwicklung zusammengefaßt werden.[3] Anderle gibt folgerichtig für den autorenbezogenen Darstellungsteil, der jeweils einen oder mehrere Texte mit biographischen Notizen und kurzen Bemerkungen zum Werk sowie Hinweise auf Sekundärliteratur enthält, seine Periodisierungsüberlegungen preis und orientiert sich am Generationenprinzip. Drei Generationen werden unterschieden:

(a) die ältere Generation: Welk, Zweig, Renn, Marchwitza, Seghers, Weiskopf, Apitz, Bredel;

(b) die mittlere Generation: Uhse, Claudius, Strittmatter, Heym, Hermlin, Bobrowski;

(c) die junge Generation: Fühmann, Noll, Jakobs, Nachbar, Neutsch, Reimann, Bieler.

Wurden zunächst übergreifende kulturpolitische, zumindest aber innerliterarische Traditionsbeziehungen als Determinanten der Entwicklung angesehen, so heißt es jetzt: "Eine natürliche Gliederung bot sich durch die Generationenfolge an, die das mitteldeutsche Literaturgeschehen g e p r ä g t hat."[4] Anderle ist dieser Widerspruch zu seinem bisherigen Gliederungsschema nur teilweise bewußt, wenn er einerseits darauf hinweist, daß gemeinsame Anliegen die Autoren verbinden (z.B. bei der jüngeren Generation die Überwindung des "Bitterfelder Trauma(s)"[5]), andererseits aber ein Unbehagen verspürt,

---

1 Anderle, Mitteldeutsche Erzähler.S.13.
2 Vgl. ebenda S.14-19.
3 Vgl. ebenda S.15f.
4 Ebenda S.23, Hervorhebung von M.B.
5 Ebenda S.24.

wenn er beispielsweise Fühmann der jüngeren Generation zuschlägt. Inhaltliche Kriterien und schematisiertes Generationenkonzept bleiben in einem unaufgelösten Widerspruch.

2.1.3.4 Die These vom Traditionsbruch der DDR-Literatur I (Raddatz)

Fritz J.Raddatz[1] geht in seiner Konzeption ausdrücklich davon aus, daß sich nach dem zweiten Weltkrieg zwei deutsche Literaturen entwickelt haben. Die von ihm aufgeworfenen Fragen nach Tradition und Traditionsbruch der DDR-Literatur thematisieren das Verhältnis von DDR- und BPRS- und Exilliteratur. Raddatz' Grundtheses besteht darin, anzunehmen, daß diese Traditionen später in der DDR keine Berücksichtigung mehr fanden: "Nichts davon erwachte nach 1945 wieder zum Leben."[2] Bei diesem Vorwurf geht es Raddatz nicht um die Tradierung einzelner Werke, sondern um das Wirklichkeitsverhältnis der Autoren. Die aus dem Exil zurückgekehrten Autoren "hatten ihre Sprache verloren.(...) Nur wenige merkten gleich, daß etwas wie Mehltau sich auf sie legte."[3] und "Der Irrtum, das sei Sozialismus, was man nach der Heimkehr vorfand, währte bei einem länger, beim anderen kürzer, mag bei einigen sogar immer noch andauern."[4] Damit sind drei Aussagen gemacht, die in Raddatz' Bewertungskriterien eingehen:

(a) die Vielfalt der ästhetischen Ausdrucksformen, insbesondere die sprachliche Differenzierung stagniert bzw. verödet;

(b) die Produktivität der Autoren wird insgesamt gehemmt;

(c) die Desillusionierung der Autoren über die DDR-Wirklichkeit geht mehr oder weniger schnell vonstatten.

Punkt (c) deutet darauf hin, daß nicht den Individuen, sondern den gesellschaftlichen Verhältnissen die Schuld an dieser Entwicklung gegeben wird; die Übermacht der Verhältnisse zwingt die Individuen in R e s i g n a + t i o n oder I l l u s i o n. Damit sind zwei Grundmuster schriftstellerischen Verhaltens in der DDR gewonnen, deren Berücksichtigung nach Auffassung Raddatz' die Frage nach Tradition und Traditionsbruch einer Aufklärung zuführen könnte. Die Resignation wird als verständliche Verhaltensweise angesehen. Sie findet Raddatz bisher nur in der Lyrik vor. Anläßlich des

---

1 Raddatz, Fritz J.: Tradition und Traditionsbruch in der Literatur der DDR. In: Merkur.19.Jg.(1965).H.7.S.666-681., im folgenden zit. als Raddatz, Tradition.
2 Ebenda S.667.
3 Ebenda S.666.
4 Ebenda.

Gedichts 'Unterschiede' von Kunert[1] bemerkt Raddatz:

> Tradition und Traditionsbruch in der Literatur der DDR lassen sich deutlich an diesem Fünfzeiler exemplifizieren. Es ist das Sprachgewand Brechts, aber es ist eine neue Trauer und eine ganz andere, neue Hoffnung, die vermittelt wird.[2]

In der Prosa herrscht dagegen der Optimismus (Illusion) als schriftstellerische Haltung vor: herangezogen werden Seghers, Zweig, Noll, Reimann, Wolf und Strittmatter als Beispiele. Dieser Prosa wird Versagen vor der Wirklichkeit[3] und "Realitätsschwund"[4] vorgeworfen; dabei stimmt Raddatz bedenklich, daß diese Literatur sich schon eine eigene Tradition (Zweig-Noll) geschaffen hat. Der optimistisierenden Tradition werden im wesentlichen drei Vorwürfe gemacht: sie habe erstens versäumt die neuere Literatur des Westens zu rezipieren, zweitens finde die Eigenständigkeit der Literatur keine Berücksichtigung und drittens werde Allwissenheit des Autors beansprucht, wo Offenheit und Zweifel angemessen wären.[5] Werden diese Anforderungen auch nur partiell eingelöst, so steigen die Werke in der Bewertungsskala höher: Christa Wolfs 'Der geteilte Himmel' erfährt die höchste Bewertung: "Die Z e r f a s e r u n g   d e s   e i g e n e n   I c h, des anderen, der möglichen Gemeinschaft - das hat Christa Wolf durchaus begriffen"[6]. Die Metaphorik deutet auf Hoffnungslosigkeit - fehlender Optimismus führt zur Identifikation des Interpreten mit dem Dargestellten. Die Hoffnung auf eine nichtoptimistische Literatur bleibt bei Raddatz latent. In der Frage nach Tradition und Traditionsbruch der DDR-Literatur haben sich nach Raddatz zwei Linien herausgebildet: auf der einen Seite die aus dem BPRS und der Weimarer Generation: diese Autoren enden im Verstummen (Brecht), fliehen in andere Darstellungsbereiche (Seghers) oder in ein wirklichkeitsfremdes Pathos und ins Klischee (Seghers und Zweig) - der Tradionsbruch ist hier komplett; auf der anderen Seite steht die jüngere Generation - sie kommt entweder beim illusionären Klischee an, das die Gegenwart nicht mit der Vergangenheit zu verbinden vermag (Traditionslosigkeit) oder knüpft partiell

---

1 Das Gedicht lautet: Unterschiede
   Betrübt höre ich einen Namen aufrufen:
   Nicht den meinigen
   Aufatmend
   Höre ich einen Namen aufrufen:
   Nicht den meinigen.
2 Raddatz, Tradition.S.666.   3 Vgl. ebenda.
4 Ebenda S.676.   5 Vgl. ebenda S.675.
6 Ebenda S.677, Hervorhebung von M.B.

an die bürgerliche Moderne an (Christa Wolf und die Lyrik). Hier liegt für Raddatz die Hoffnung auf eine neue Tradition begründet.

Raddatz, der Zufall und Notwendigkeit in seinem Literaturbegriff zerreißen läßt, wenn er als Darstellungsinhalte der Literatur das "Unerwartete, Unwahrscheinliche, Überraschende - kurz die Realität"[1] begreift und die Dialektik von Zufall und Notwendigkeit zugunsten des bloßen Zufalls auflöst, macht zum höchsten Bewertungskriterium das Heranreichen an die bürgerliche Moderne. Die Vermittlung von Kenntnissen über die DDR-Literatur[2], von Nachrichten über das Bewußtsein der DDR-Bevölkerung[3] und die Darstellung des für die DDR Prototypischen der besprochenen Romane[4], die Raddatz mit seiner Darlegung erreichen wollte, treten hinter dieses primäre Wertungskriterium zurück.

2.1.3.5   Die These vom Traditionsbruch der DDR-Literatur II
           (Schonauer)

Schonauer hatte schon 1964 anläßlich seiner Kritik an Marcel Reich-Ranickis 'Deutsche Literatur in West und Ost' die mangelnde Berücksichtigung der neueren DDR-Literatur, insbesondere aber des Bitterfelder Weges, angemahnt.[5] In Befolgung dieser Kritik konzentriert sich Schonauers Interesse auf eben diese Entwicklungsetappe.[6]

Schonauer versucht, die ökonomischen und kulturpolitischen Hintergründe des Bitterfelder Weges einzubeziehen und die Traditionsbeziehungen zum BPRS herauszustellen. Die Konfrontation von BPRS (Arbeiterkorrespondentenbewegung) und Bitterfelder Weg (Bewegung schreibender Arbeiter) erscheint für den hier zu diskutierenden Zusammenhang wichtig. Die Bewertung der Arbeiterkorrespondentenbewegung und der Bewegung schreibender Arbeiter determiniert letztlich die Einzelbewertungen der Werke von Fühmann, Reimann, Jakobs, Wolf, Neutsch und Strittmatter, wenn Schonauer feststellt:

---

1 Raddatz, Tradition.S.675.
2 Vgl. ebenda S.677.
3 Vgl. ebenda S.668.
4 Vgl. ebenda S.669.
5 Vgl. Schonauer, Reich-Ranicki.
6 Zwei kürzere Aufsätze können in diesem Zusammenhang herangezogen werden: Schonauer, Franz: DDR auf dem Bitterfelder Weg.In: NDH.13.Jg.(1966).H.109. S.91-117., im folgenden zit. als Schonauer, DDR sowie Schonauer, Franz: Hermann Kant: Die Aula.In: NRs.77.Jg.(1966).S.308-312., im folgenden zit. als Schonauer, Kant.

Die Aufforderung 'Greif zur Feder, Kumpel!' ist mithin nicht ganz neu.
(Neu ist nur die apologisierende Funktion dieser Literatur, das heißt
die t o t a l e U m k e h r u n g ihres ursprünglichen agitatori-
schen Zwecks).[1]

Wie schon bei Jens wird hier die Funktion der Literatur darin gesehen, jegliche Gesellschaftsordnung grundsätzlich in Frage zu stellen. Die strenge
Entgegensetzung von Apologetik und Agitation (=Kritik) in der Zusammenschau
von Bitterfelder Weg und BPRS erfolgt nach dem Schema: Verkehrung eines ursprünglich revolutionären Anliegens (BPRS) in ein staatskonformes Illustrieren[2]des je schon Erreichten. Diese Argumentation bildet aber lediglich die
Bewertungsgrundlage für den Bitterfelder Weg, weitergehend wird auch die
literaturpolitische Orientierung des BPRS einer total ablehnenden Kritik
unterzogen.[3] Die Kritik erfolgt demnach in zwei Schritten: mit einem ersten
Schritt wird der BPRS auf-, mit einem zweiten Schritt abgewertet. Die Folie
BPRS verdeckt also nur auf den ersten Blick eine grundsätzliche Kritik an
sozialistischer Kulturpolitik schlechthin. Schonauer lehnt sowohl die Bewegung schreibender Arbeiter wie auch die 'großen' Romane, Erzählungen, Reportagen des Bitterfelder Weges ab. Fühmanns 'Kabelkran und blauer Peter' wird
als anspruchslose, aber nicht ungeschickt geschriebene Reportage gewertet,[4]
Brigitte Reimanns 'Ankunft im Alltag' als Kitsch abgetan,[5] Neutschs 'Spur
der Steine' nur in der Horrath-Handlung positiv bewertet,[6] Strittmatters
'Ole Bienkopp' muß sich den Vorwurf einer "Idyllisierung"gefallen lassen.[7]
Lediglich Wolf und Jakobs vermögen nach Schonauer die Normen der Kleinbürgerlichkeit zu durchbrechen, "diskutables literarisches Niveau"[8] zu erreichen. Jakobs' Roman erfährt aufgrund der von ihm gestalteten Konfliktkonstellation und der Verwendung moderner Ausdrucksmittel[9] eine höhere Bewertung
als Christa Wolfs 'Der geteilte Himmel'. Die Erzählung Christa Wolfs wird
als ideologisch integrierbar und den 13.August 1961 legitimierende verstanden.[10]

Zwei Bewertungskoordinaten treffen sich bei Schonauer:

(a) die Konfrontation mit der von der DDR-Literatur in Anspruch genommenen
Tradition führt zur Abwertung der Gegenwartsliteratur und

---

1 Schonauer, DDR.S.99., Hervorhebung von M.B.
2 Vgl. auch die Rezension zu Anna Seghers' 'Vertrauen'. In: NDH.17.Jg.(1970).
H.126.S.130-133.
3 Vgl. Schonauer, DDR.S.98ff.   4 Vgl. ebenda S.110.
5 Vgl. ebenda S.111.   6 Vgl. ebenda S.113.
7 Ebenda S.116.   8 Vgl. ebenda S.111.
9 Vgl. ebenda; vgl. damit auch die positive Bewertung von Hermann Kants
Schreibweise (Schonauer, Kant.S.311.).
10 Vgl. ebenda S.113.

(b) der Vergleich mit den Normen bürgerlich-avancierter Schreibweise zeitigt den Vorwurf latenter nichtrevolutionärer Kleinbürgerlichkeit und eines damit verbundenen Provinzialismus.

2.1.4 Einbeziehung der DDR-Diskussion als Interpretationshilfe (Conrady)

Ausgangspunkt für Conradys 1966 erschienene Situationsanalyse 'Zur Lage der deutschen Literatur in der DDR'[1] ist die Beobachtung, daß trotz zunehmender Zurkenntnisnahme dieser Literatur "die allgemeine Unkenntnis erschreckend groß ist." Conrady begreift im Gegensatz zu Raddatz die Analyse der DDR-Literatur als Beitrag zur Abrundung des Bildes von d e r deutschen Gegenwartsliteratur: "Auch dort schreibt Deutschland. Auch dort entsteht deutsche Gegenwartsliteratur, und ihre Tradition gehört in unsere Literaturgeschichte."[2] Conrady widerspricht der gang und gäben Manier, allein aus dem Einsatz von modernen Erzählmitteln[3] oder der Kritik an gesellschaftlichen Erscheinungen in der DDR-Literatur[4] Erwartungen auf eine grundlegende Revision der politischen Grundhaltung der DDR-Autoren zu richten, indem er Diskussionsbeiträge aus Literaturzeitschriften (NDL, SuF, WB) heranzieht, die dem westlichen Leser die Prämissen dieser Literatur verdeutlichen sollen. Als Kennzeichen der DDR-Literatur werden ihre politisch-pädagogische Funktion[5], die Verbindlichkeit ihrer Wirklichkeitsauffassung, die sich auf die marxistisch-leninistische Ideologie stützt,[6] die Perspektivierung aller dargestellten Lebenserscheinungen in Vergangenheit, Gegenwart und Zukunft[7] genannt.

Conrady konkretisiert diese Aussagen, wenn er für die gegenwärtige DDR-Literatur(des Bitterfelder Weges) einen spezifischen Gegenstand, nämlich die Darstellung nichtantagonistischer Konflikte[8] sowie die Wahl von "differenzierte(n) Erzählmitteln"[9] festhält. Der Rekurs auf grundlegende Aussagen der literaturtheoretischen Debatten in der DDR ermöglicht es Conrady, in der Konfrontation von Grundprinzipien des sozialistischen Realismus und ihrem gegenwärtigen Diskussionsstand, die Gefahr zu vermeiden, eine Entgegen-

---

1 Conrady, Karl-Otto: Zur Lage der deutschen Literatur in der DDR.In:GWU. 17.Jg.(1966).S.737-748., im folgenden zit. als Conrady, Zur Lage.
2 Ebenda S.748.   3 Vgl. ebenda S.741.
4 Vgl. ebenda S.744.
5 Vgl. ebenda S.742. Es erscheint begrifflich unzulänglich, wenn Conrady schreibt: "Aus einer aggressiv-kritisierenden (Literatur in der Weimarer Republik und im Exil-M.B.) mußte eine politisch-pädagogische werden." (Ebenda S.744).
6 Vgl. ebenda S.740.   7 Vgl. ebenda S.741.
8 Vgl. ebenda S.744.
9 Ebenda S.738.

setzung von ahistorischen Normen des sozialistischen Realismus und ihnen widersprechenden Werken zu konstruieren. Conrady verdeutlicht, daß schon die Ebene der theoretischen Diskussion in repräsentativen DDR-Literaturzeitschriften eine Differenzierung des Begriffsinstrumentariums erbringt. Conrady ordnet diese Auffassung des sozialistischen Realismus, die sich immer stärker auf die Tradition Brechts berufe,[1] der dritten kulturpolitischen Phase nach denen der Jahre 1945-1949 und 1949-1957/58 zu.[2] Diese von der zweiten Phase, die Conrady als "Phase künstlerischen Elends"[3] tituliert, positiv abgehobene dritte Phase bleibt allerdings nach Auffassung Conradys weiterhin im Widerspruch zwischen Reglementierung (11.Plenum des ZK der SED und Eigendynamik der künstlerischen Entwicklung befangen.[4]

2.1.5 Methodische Reflexion als Voraussetzung der Interpretation

Im Verlaufe dieser Darstellung konnten bisher nur unter Freilegung der impliziten Voraussetzungen die Beurteilungskriterien der Rezipienten einsehbar gemacht werden. Dagegen werden in den 1967 erschienenen Arbeiten zur DDR-Literatur von Hildegard Brenner[5] und Hans Mayer[6] die methodologischen Voraussetzungen ausdrücklich zum Gegenstand der Reflexion.

---

1 Vgl. ebenda S.740. 2 Vgl. ebenda S.742ff.
3 Ebenda S.739. 4 Vgl. ebenda S.745.
5 Brenner, Nachrichten. Brenners theoretischer Beitrag ist bisher in völlig unzureichendem Maße in die wissenschaftliche Diskussion um die DDR-Literatur eingegangen: sowohl Bilke und Brandt als auch Ruth und Hermann Kähler kommen zu ablehnenden Ergebnissen. Bilke, der wohl die Problemstellung Brenners als relevant bezeichnet, nämlich die Feststellung, daß die Literatur aus einer ganz anderen Wirklichkeit hervorgeht und deshalb spezifische Verstehensschwierigkeiten provoziert(vgl, Bilke, Jörg Bernhard: Auf den Spuren der Wirklichkeit.DDR-Literatur: Traditionen, Tendenzen, Möglichkeiten.In:DU.21.Jg.(1969).H.5.S.24-60., im folgenden zit. als Bilke, Spuren.), lehnt die Brennerschen Prämissen mit einer politischen Denunziation andererseits ab. Brenners Warnung, die Literatur als bloße Belegliteratur zu begreifen, wird verkürzt wiedergegeben. Brenner behauptet nicht, die "Texte gestatteten keine Rückschlüsse auf die DDR-Wirklichkeit"(Bilke, Spuren.S.54); sie fordert lediglich eine Reflexion auf die unterschiedlichen Grundlagen der Literatur und ihre Vermittlungen; damit wird nicht einer Enthaltsamkeit im politischen und literaturwissenschaftlichen Urteil gefordert. Bilke vermutet aber, "daß das Ostberliner Kulturministerium, mit dessen Erlaubnis die Texte redigiert wurden, entscheidend an der Abfassung des Vorworts mitwirkte."(Ebenda). Das Bemühen um theoretisch fundierte Kritik wird als ideologischer Verrat gewertet. Bilkes Polemik geht offensichtlich auf eine Rezension von Sabine Brandt zurück. (Vgl.Brandt, Sabine:Eingetrübtes Schaubild.In:Der Monat.19.Jg.(1967).H.224.S.65-67). Kähler, Kalter Krieg erwähnt die Anthologie Brenners nicht; Kähler, Varianten lehnt Brenners Beitrag pauschal wegen der zu ihrer eigenen Auffassung konträren Einschätzung der Nationenfrage (vgl. ebenda S.125) und der Entgegensetzung von Partei und Individuum (vgl. ebenda S.143) ab.
6 Mayer, Zur deutschen Literatur.

2.1.5.1   Kritik der tautologischen Kritik (Brenner)

In Hildegard Brenners Vorwort zu ihrer umfassenden Anthologie mit Texten
der DDR-Literatur wird das hermeneutisch noch ungelöste Rezeptionsproblem
wie folgt umschrieben:

> Offensichtlich gibt es nicht nur Schwierigkeiten beim Schreiben der Wahr-
> heit. Die Schwierigkeiten beim Lesen, beim Aufnehmen der Texte, der Ent-
> deckung ihrer Wahrheiten sind keineswegs geringer. Wird doch von den Le-
> sern dieser Anthologie nicht weniger verlangt, als in einem Akt des Ver-
> stehens die Binnengrenzen zu überschreiten, die die beiden deutschen Lan-
> desteile trennt.1

Die unterschiedlichen sozialen Voraussetzungen von DDR-Produktion und bundesrepublikanischer Rezeption verlangen einen Verstehensakt, der immer erneut die Reflexion auf die Andersartigkeit der rezipierten Literatur einbeziehen muß. Nach Brenner gewannen vorangegangene Arbeiten ihre Bewertungskriterien aus einem antithetischen Vorgehen (Bewertungsmaßstab: bürgerlich-
nichtbürgerlich)[2]; ein derartiges methodisches Verfahren kann die schon vor-
geformten Urteile immer wieder in einem Zirkel bestätigen: vom Vorurteil
zur Andersartigkeit, von der Andersartigkeit zum bestätigten Vorurteil.[3]
Insbesondere die Selektion einzelner 'Aussagen' aus dem Textzusammenhang
hat - nach Brenner - immer wieder zu dem Mißverständnis geführt, diese Aussagen könnten als authentische, naturalistische Wiedergabe von Wirklichkeit begriffen werden: "Er (der diesem Verfahren unterliegende Leser-M.B.)
unterstellt, daß in dieser Kopie die Wahrheit der Reproduktion auf der
Hand liege."[4] Die Selektion aber erfolgt nicht als wertfreie, sondern dient
sehr häufig der obengenannten Bestätigung der Vorurteilsstruktur.
Auch Brenner mißt der Literatur einen Nachrichten- und Informationswert
(Titel!) zu, allerdings unter dem Postulat, daß die in den Texten dargestell-
te Wirklichkeit nicht als unmittelbare, sondern als vermittelte begriffen
werden muß.[5] Anhand von Strittmatters 'Ole Bienkopp' weist Brenner darauf
hin, daß es in diesem Roman nicht um den Gesamtablauf der Kollektivierungs-
maßnahmen geht,[6] sondern um die Spannung zwischen bisher Realisiertem und
kommunistischen Anspruch, der im Scheitern Bienkopps metaphorisch verdeutlicht werden soll.[7] Die Vermittlungen aber im einzelnen zu untersuchen, wä-

---

1 Brenner, Nachrichten.S.6.
2 Vgl. ebenda S.7   3 Vgl. ebenda S.7f.
4 Ebenda S.8   5 Vgl. ebenda.
6 Vgl. ebenda.S.9.   7 Vgl. ebenda S.13.

re gerade die Aufgabe der Literaturwissenschaft, die bisher fundierte Text-
untersuchungen schuldig geblieben sei.[1]

Voraussetzung für das Verstehen der DDR-Literatur wäre aber immer die Berücksichtigung der Tatsache, daß sie aus einer anderen sozialen Wirklichkeit hervorgeht und in der DDR eine explizit politische Aufgabe wahrzuneh-
men hat:

> Indem sie (die Literatur-M.B.) die Gegenwart offenhält in Richtung auf
> eine Zukunft, die den Kommunismus als repressionslose Gesellschaft im-
> plizigrt, wirkt sie als geistige Produktivkraft mit bei seiner Herstel-
> lung.[2]

Diese sozial aktivierende Funktion wird bei Brenner allerdings nicht in Bezug auf den Leser in der BRD diskutiert.

Überhaupt liegt das Verdienst Brenners primär darin, Aufklärung über die
intendierte und reale Funktion der Literatur f ü r d i e D D R und
gleichzeitig Auskünfte über die Besonderheiten dieser Literatur zu geben.
Die ursprünglich erkenntnisleitenden Gesichtspunkte gehen unter den Beobachtungen verloren.

Nichtsdestoweniger seien diese Beobachtungen hier mitgeteilt, da sie über
den 1967 erreichten Forschungsstand nicht unwesentlich hinausgehen. Brenner
verdeutlicht die prinzipielle Unterschiedlichkeit von DDR- und BRD-Literatur an ihrem anders gearteten Verhältnis zur Produktionssphäre: dem Fehlen
der Arbeitswelt in der BRD-Literatur steht eine Literatur entgegen, die in
den 60er Jahren um den nichtantagonistischen Konflikt Individuum - Gesellschaft sich bekümmert,[3] die die tatsächliche Prosa der Arbeitswelt[4] in ihrer ganzen Widersprüchlichkeit zeigt,[5] die gegen Verdinglichkeit und Büro-
kratisierung Stellung bezieht,[6] an der Möglichkeit einer Überwindung der
Entfremdung,[7] verstanden als Aufhebung des Widerspruchs von Öffentlichkeits-
und Privatsphäre, festhält. Diese Literatur begreift durch ihre Perspektivierung[8] die Entwicklung der Wirklichkeit als Prozeß[9] und argumentiert von

---

1 Vgl. Brenner, Nachrichten.S.9.
2 Ebenda S.14.
3 Vgl. ebenda S.12.
4 Verdeutlicht an Bräunigs 'Rummelplatz-Fragment'; vgl. ebenda S.11f.
5 Vgl. ebenda S.12.
6 Vgl. ebenda S.13.
7 Vgl. ebenda.
8 Vgl. ebenda S.10.
9 Der 'Prozeß'-Begriff wird dabei allerdings etwas zu wörtlich genommen,
  wenn nur Dramen, in denen ein Gerichtsprozeß eine Rolle spielt, als Beleg
  herangezogen werden.(Vgl. Brenner, Nachrichten.S.10).

einem überlegenen Geschichtsbewußtsein her[1], das auf die rationale Kontrolle
der Arbeit hinzielt.[2]

Die Kompilation von Beobachtungen wird allerdings den realen Entwicklungsbe-
dingungen der DDR-Literatur nicht in jeder Hinsicht gerecht: hier wäre die
Kritik der SED an der Prosaisierung der Arbeitswelt in Bräunigs 'Rummelplatz-
Fragment', die Entfremdungsdiskussion, die Einschätzung des Verhältnisses von
Epik und Dramatik anhand einer Konfrontation der von Brenner favorisierten
Müller- und Hacks-Stücke einerseits und den in der DDR stärker beachteten,
von Brenner aber in den gleichen Kontext gestellten, Bitterfelder Romane an-
dererseits zu diskutieren gewesen.

Daß eine gesicherte Begrifflichkeit bei Brenner fehlt, zeigt der letzte Teil
der Arbeit, in dem es heißt, "daß diese Ästhetik (der neuen DDR-Literatur-
M.B.) sich in den Kategorien des sozialistischen Realismus nicht erschöpft."[3]

2.1.5.2   Kriterienbildung als Voraussetzung der Kritik (Mayer)

Wie Brenner grenzt sich auch der 1964 in die BRD übergewechselte Hans Mayer[4]
von der bisherigen Rezeption ab: nicht die Konstatierung der Andersartigkeit
der DDR-Literatur, die die Andersartigkeit aus der Konfrontation mit den Normen bürgerlicher Literatur gewinnt, kann als wissenschaftlich hinreichend begriffen werden:

> Eine Analyse ... der literarischen Vorgänge in der DDR, die so verfährt,
> bleibt selbst im Bereich bürgerlicher Ideologie und kann bestenfalls dort
> Befremden und 'Unerfreuliches' konstatieren, wo alles darauf ankäme, den
> Ursachen solchen Befremdens im subjektiven und solcher Fremdheit im objek-
> tiven Bereich nachzuspüren.[5]

Mayers wissenschaftliches Vorverständnis, das gleichzeitig die Bewertungskriterien für die Literatur liefern soll, ist als marxistisches zu denken: wie
schon die Erscheinungen der bürgerlichen Gesellschaft wäre auch der Überbau
einer sozialistischen Gesellschaft "dem Säurebad der marxistischen Dialektik"[6]
auszusetzen, "die nur als "Permanenz der Kritik möglich"[7] ist. Mit diesem Ansatzpunkt gewinnt Mayer die Möglichkeit, auch als Außenstehender die DDR-Literaturgesellschaft zu bewerten. Sie soll an den selbst postulierten Idealen
gemessen werden. Die Postulate, auf die Mayer verweist, hatte Marx in der

---

1 Heiner Müller wird als Beispiel herangezogen; vgl. Brenner, Nachrichten.
  S.11f.
2 Vgl. ebenda S.12.   3 Ebenda S.14.
4 Vgl. zu diesen Vorgängen das Gespräch, das Hans Mayer 1964 mit Francois
  Bondy führte (Literatur und Kommunismus. In: Der Monat.19.Jg.(1964).H.185.
5 Mayer, Zur deutschen Literatur.S.376.   /S.49 - 56).
6 Ebenda S.377.   7 Ebenda S.375.

ren Widersprüchen,[1] so sind "Die Schriftsteller der DDR dagegen gezwungen, das dialektische Band zwischen Wirklichkeit und Möglichkeit zu zerschneiden."[2] Die These von der Absage an die Dialektik bietet den Ausgangspunkt für die Differenzierung der DDR-Literatur. Mayer unterscheidet zwei Möglichkeiten schriftstellerischer Praxis in der DDR:

(a) eine Harmonisierung, Legendisierung, Tendenz zur Märchenhaftigkeit, die ein Übereinstimmen von Individuum-Gesellschaft-Natur als schon Realisiertes behauptet (als Beispiele dienen u.a. Preißler und Becher[3] in der Lyrik, Kurella in der Literaturwissenschaft);

(b) die Entgegensetzung von schlechter Gegenwart und erhoffter Zukunft (Hacks, Biermann, Kunert, Müller) als Aufforderung, das Gegenwärtige in seiner schlechten Nichtigkeit zu durchschauen.

Die Literatur (a) stelle die offiziell erwünschte, (b) die nur geduldete oder inkriminierte dar. Die Konflikte zwischen Partei und Schriftstellern wären immer als die zwischen Forderung der Partei an die Literatur (a) und Realisierung (b) zu begreifen. Positiv wird die Literatur (b) nur dann bewertet, wenn es ihr gelingt, "die Antagonismen der Gesellschaft unbeschönigt zu benennen, aber dennoch nicht die Veränderbarkeit zu leugnen."[4] Das Entstehen einer solchen Literatur läßt sich allerdings bisher nur in der Lyrik (und partiell in der Dramatik) beobachten; die epische Literatur läßt nach Auffassung Mayers nicht auf eine sozialistische Erneuerung hoffen.[5] Vielmehr steht bei Mayer die Erwartung, es werde in der epischen Literatur "von neuem der stalinistische Personenkult"[6] gefordert. Als Beleg dient der Verweis auf den Beginn der Diskussion um die Planer- und Leiter-Literatur in der DDR.[7] Da diese Literaturforderung als herrschende eingeschätzt wird, sind Mayers Erwartungen an die Weiterentwicklung der von ihm als realistisch bezeichneten Abteilung der DDR-Literatur gering.

Mayers Literaturbegriff wäre nun wie folgt einzugrenzen: unter Abgrenzung von Theodor W. Adornos Forderung, die Literatur müsse auf die Ausmalung der Utopie verzichten und in der Negation verharren[8], differenziert Mayer: "Die negative Dialektik bei Biermann und den Seinen bedeutet keine Absage an das

---

1 Vgl. Mayer, Zur deutschen Literatur.S.381.
2 Ebenda   3 Vgl. ebenda S.380f.
4 Ebenda S.393.
5 Mit Christa Wolfs 'Nachdenken über Christa T.' differenziert sich diese Einschätzung; vgl. dazu Mayer, Hans: Christa Wolf: Nachdenken über Christa T. In: NRs.81.Jg.(1970).H.1.S.180-186., im folgenden zit. als Mayer, Christa Wolf. Vgl. dazu Teil 3 dieser Arbeit.
6 Mayer, Zur deutschen Literatur.S.391.
7 Vgl. ebenda.
8 Vgl. ebenda S.392f.

Prinzip Hoffnung, nur an die Hoffnungsschwindelei."[1] Die Utopie darf also vom marxistischen Standpunkt her erhalten bleiben, wenn sie auf die Beja- hung der Gesellschaft a priori und ohne Abstriche verzichtet, das Prinzip Hoffnung muß durchschimmern.[2] Diese Aufforderung gilt allerdings nur für die DDR-Autoren. Für die BRD-Autoren kann dagegen an der Forderung Adornos festgehalten werden:

> Der totale Ideologieverdacht, das Trauma deutscher Schriftsteller seit
> 1945, half ihnen bei der Kreation von Büchern, die der marxistischen
> Forderung nach 'realistischer' Literatur um so mehr entsprachen als sie
> kritisch und ohne Beschönigung vorgingen. Das macht: sie sprechen von
> unwürdigen Zuständen und nehmen auch sich selbst als Teilnehmer und Mit-
> läufer nicht aus.[3]

Die radikale Kritik an der Gesellschaftsordnung der BRD darf auf Utopie ver- zichten. Damit aber wären zwei Literaturen im Entstehen begriffen, die unter jeweils anderen gesellschaftlichen Verhältnissen dem marxistischen Anspruch gerecht würden. Im Widerspruch dazu werden aber diese Richtungen als cha- rakteristische Bestrebungen der jeweiligen Literaturen einander völlig ent- gegengesetzt, eben gerade wegen ihres unterschiedlichen Verhältnisses zu Wirklichkeit und Utopie. Mayer scheint diesen Widerspruch immer wieder durch den Verweis auf die unterschiedlichen gesellschaftlichen Voraussetzun- gen der Literaturen umgehen zu wollen; es bliebe aber zu hinterfragen, ob die kritische Literatur in der BRD, die Mayer heranzieht, marxistisch ge- nannt werden kann. Diesen Werken wird die Kraft der permanenten Kritik zu- gemessen, auch wenn sie von den Autoren nicht intendiert ist. Die Mayer- sche Rezeption mag den Werken die Kraft der Destruktion von verdinglichtem Wirklichkeitsverständnis zumessen, jedoch kann diese Rezeption nur als in- dividuelle, nicht als gesellschaftlich-allgemeine gedeutet werden. Es wäre zu fragen, ob nicht die Negativität der Perspektive gerade die Aufklärung verhindert und ob denn überhaupt in dieser Literatur auf die Emanzipation des Proletariats als Klasse gezielt wird.

Mayers Deutung der BRD-Literatur ist denn auch von der Kritik in Zweifel gezogen worden:

> Mayers Äußerungen sind eher beredt als triftig. Sie lassen gelegentlich
> einen Eifer erkennen, der, man verzeihe die Analogie, Konvertiten eigen-
> tümlich ist; eine Beflissenheit, die es sich versagt, Schlechtes schlecht
> und Gutes gut zu nennen, sondern alles für wichtig und bedeutsam nimmt.[4]

---

1 Mayer, Zur deutschen Literatur.S.393.
2 Vgl. ebenda.   3 Ebenda.S.381.
4 Schonauer, Franz: Hans Mayer: Zur deutschen Literatur der Zeit.In: NDH.
  14.Jg.(1967).H.116.S.191.

Eine Kritik allerdings, die Mayers positive Bewertung der BRD-Literatur al-
lein mit der Übersiedlung Mayers in die BRD erklären möchte, erscheint problematisch, zumal Mayers Wertungskriterien aus einer längeren eigenen Tradition erwachsen sind, die schon immer unter Entgegensetzung von schlechter
Gegenwartsliteratur der DDR und dem Vorwurf an diese Literatur, wichtige
Strömungen der bürgerlichen Moderne nicht rezipiert zu haben, verlief.[1]
Der Hinweis auf die Rezeption der BRD-Literatur bei Mayer ist insofern von
Belang als damit die ursprünglich von Mayer eingebrachten Bewertungskriterien als nur partielle gedeutet werden können. Die Kriterien finden ihre An-
wendung nur auf die Literatur der DDR, während bei der Darstellung der BRD-
Literatur die Frage nach der Emanzipation des Proletariats ausgespart bleibt.
Der Perspektivwechsel Mayers, der eine völlig unterschiedliche Bewertung
für DDR-Literatur und Literatur der BRD zur Folge hat, läßt die Stringenz
marxistischer Analyse, die als grundsätzliches methodisches Postulat gefordert wurde, in der Einzelanalyse außer Acht.

Zusammenfassung I: Die um wissenschaftliche Wertungskriterien bemühte Rezeption der DDR-Literatur konstituierte sich Kontext einer wenig fruchtbaren
Auseinandersetzung.
Versuche, die DDR-Literatur aus dem Horizont nonkonformistischer Haltung zu
kritisieren (Jens, Schonauer), gerieten ebenso widersprüchlich wie die Versuche einer Kritik, die sich programmatisch den besonderen Implikationen der
DDR-Literatur stellen wollte, dies aber vor dem Hintergrund eines wenig
durchreflektierten Literaturkonzepts unließ (Reich-Ranicki). Im weiteren erwies sich die totale Abtrennung von wohl-erkannter intentionaler Zielsetzung der DDR-Literatur und gegenläufiger Rezeption als Verfahren, das in diesem Falle mit einer stark selektiven Lektüre erkauft werden mußte (Emrich).
Die Diskussion um die Existenz einer zweiten deutschen Literatur zeitigte
unterschiedliche Ergebnisse: politisch motivierte Wertungen führten unter

---

1 Vgl. dazu beispielsweise Hans Mayers ursprünglich als Rundfunkvortrag kon-
zipierten Aufsatz 'Zur Gegenwartslage unserer Literatur! Wiederabgedruckt
In Mayer, Hans: Zur deutschen Literatur. S.365-373., der nach seiner Veröffentlichung im 'Sonntag' (Zeitschrift des Kulturbundes der DDR) heftige
ideologische Angriffe führender Kulturpolitiker der DDR zur Folge hatte;
vgl. als Beispiel: Abusch, Alexander: Humanismus und Realismus in der Literatur. Aufsätze. Leipzig.(1969[2]). , darin: A.A.: Zur Geschichte und Gegenwart unserer sozialistischen Literatur.(1957).
Vgl. zu den Anmerkungen Mayers zur sozialistischen Literatur auch: Hans
Mayer: Ansichten. Zur Literatur der Zeit. Reinbek.1967.S.226-241.

Zurhilfenahme normierter Literaturauffassungen zur tendenziellen Leugnung
der Existenz einer zweiten deutschen Literatur (Peddersen) oder zur Skepsis
in Bezug auf die Überlebenschancen einer zweiten deutschen Literatur (Reich-
Ranicki, Raddatz).

Nach anfänglicher programmatischer Nichtbeachtung der Literatur des Bitterfelder Weges (Reich-Ranicki), wandte sich die Rezeption auch dieser Phase
der literarischen Entwicklungen in der DDR zu (alternative, kürbiskern, Schonauer, Conrady, Brenner) und fand hier ihren Interessenschwerpunkt. Die Literatur des sogenannten Aufbauromans blieb noch unbeachtet.

Erste methodologische Überlegungen zur Rezeptionsproblematik führten zunächst zu der Forderung, kulturpolitische und literaturwissenschaftliche
Ergebnisse aus der DDR-Diskussion einzubeziehen (alternative, kürbiskern,
Brenner, Mayer, Conrady), weitergehend aber dann zur Aufforderung, zu einer
grundsätzlichen methodologischen Reflexion voranzuschreiten, der die anderen gesellschaftspolitischen Grundlagen der DDR-Literatur zum ernsthaften
hermeneutischen Problem wurden (alternative, kürbiskern, Brenner, Mayer).

Die These, die Rezeption müsse sich von marxistischen Positionen her der
DDR-Literatur nähern, um so dem Selbstverständnis der DDR-Literatur gerecht
zu werden (alternative, kürbiskern, Mayer), bzw. sich zumindest der eigenen
Vorurteilsstruktur bewußt werden (Brenner) wurde programmatisch vertreten,
konnte aber nicht in der Einzelanalyse eingelöst werden.

Gerade aber die Herausforderung zur methodologischen Reflexion durchbrach
eine vorherrschende Rezeptionshaltung, die das eigene Vorverstandnis als
unbefragte Norm gelten lassen wollte.

2.2 Stagnation der literaturwissen-
schaftlichen Diskussion (1968/1969)

Die literaturwissenschaftliche Diskussion der DDR-Literatur stagnierte in
den Jahren 1968/69 und brachte nur einige wenige Arbeiten hervor (von Literaturwissenschaftlern und Didaktikern), die eine mangelhafte Aufnahme der
DDR-Literatur in Schulbücher und Lehrpläne als Legitimation der eigenen Hinwendung zu diesem Gegenstand ins Spiel brachten. Der Anschluß an die methodologischen Überlegungen der vorausgegangenen Rezeption unterblieb; stattdessen wandten sich die Rezipienten ausführlichen Einzelanalysen zu, die
nicht immer der Spezifik der DDR-Literatur gerecht zu werden vermochten.
Die Analysen von Hölsken , Walwei-Wiegelmann , Zimmermann und Heydebrand
stehen für diese, sich auf einzelne Werke spezialisierende, ihren Blick-

winkel verengende Rezeption.[1] Die Arbeiten von Brokerhoff, Bilke und Drewitz,[2] die sich als Überblicksdarstellungen in stärkerem Maße der literarhistorischen Entwicklung der DDR-Literatur zu stellen versuchten, gelangten
im wesentlichen über eine Reproduktion schon bekannter konservativer Thesen
nicht hinaus (Brokerhoff, Bilke) oder unternahmen es, ältere konvergenztheoretische Überlegungen leicht zu modifizieren(Drewitz).

2.2.1 Die Konstituierung literaturwissenschaftlicher Einzelanalyse

2.2.1.1 Einzelanalyse zwischen historisierender Fundierung und ahistori-
scher Autonomiethese (Hölsken)

Hölskens Deutungsversuch der Bitterfelder Programmatik[3] und der vor diesem
Hintergrund entstandenen Romane von Kant und Christa Wolf läßt das Bemühen
erkennen, die DDR-Literatur aus den ihr eigenen Voraussetzungen zu verstehen.
Ihre Funktion wird begriffen als diejenige sozialistischer Erziehung[4] im
Rahmen umfassender gesellschaftspolitischer und kulturpolitischer Aufgabenfelder. Dies gilt nach Hölsken auch dann, wenn in den neueren Romanen starke Kritik an gesellschaftlichen Erscheinungen geübt wird, da eine Einigkeit
über die sozialistische Grundorientierung der Autoren angenommen werden
kann:

> Alle Romane aber bleiben auf dem Boden des Sozialismus und die Versuche
> mancher westlicher Rezensenten, allein die Tatsache der seit Bitterfeld
> im Roman erkennbaren Gesellschaftskritik als antikommunistische Option
> für den Westen zu interpretieren, bleiben Illusion.[5]

Die Abgrenzung Hölskens zu anderen Rezipienten beinhaltet zugleich die Entgegensetzung einer nur apologetischen Literatur der 50er Jahre gegen dieje-

---

1 Holsken, Hans-Georg: Zwei Romane:Christa Wolfs 'Der geteilte Himmel' und
Hermann Kants 'Die Aula'. Voraussetzung und Deutung. In: DU.21.Jg.(1969).
H.5.S.61-99., im folgenden zit. als Hölsken, Romane.; Walwei-Wiegelmann,
Hedwig: Zur Lyrik und Prosa Günter Kunerts.In: DU.21.Jg.(1969).H.5.S.134-
144., im folgenden zit. als Walwei-Wiegelmann, Lyrik.; Zimmermann, Werner:
Deutsche Prosadichtung unseres Jahrhunderts. Interpretationen für Lehrende und Lernende. Zweiter Band.Düsseldorf.1969., im folgenden zit. als Zimmermann, Prosadichtung.; Heydebrand, Renate von: Überlegungen zur Schreibweise Johannes Bobrowskis. Am Beispiel des Prosastücks 'Junger Herr am
Fenster'.In: DU.21.Jg.(1969).H.5.S.100-125., im folgenden zit. als Heydebrand, Überlegungen.
2 Brokerhoff, Karl-Heinz: Geschichten von drüben.2.Erzählungen und Kurzgeschichten aus dem anderen Teil Deutschlands. Bad Godesberg.(1968)., im
folgenden zit. als Brokerhoff, Geschichten. Zu Bilke und Drewitz s.u.
3 Vgl. dazu Teil 3 dieser Arbeit.
4 Vgl. Hölsken, Romane.S.63. Hölsken neigt mitunter dazu, die Funktionszu-
messung der Literatur auf einsame Entschlüsse einzelner Individuen zurück-
zuführen: "Auf der Bitterfelder Konferenz entwickelt Ulbricht seine Richt-
linien für den sozialistischen Realismus."(Ebenda).   5 Ebenda S.68.

nige der Bitterfelder Programmatik, der eine gesellschaftskritische Dimension
zugemessen wird.[1] Hölsken fundiert seine Beobachtung, wenn er die theoretischen Grundlegungen des neueren DDR-Romans näher zu umreißen versucht. Unter
Verweis auf Redekers Arbeit 'Abbild und Aktion' versteht er die Ästhetik des
Bitterfelder Romans wie folgt: sie macht "den schöpferischen Gesamtprozeß,
der zwischen dem Subjekt der künstlerischen Produktion und dem Subjekt der
Rezeption stattfindet, zum zentralen Gegenstand der Ästhetik."[2] Ziel der
Ästhetik wie auch der Romane wird die Modelltheorie, die auf Konfrontation
von Lesererfahrung und Romanwirklichkeit hinwirken will und "in der Art
eines Modells wesentliche gesellschaftliche Prozesse zur Anschauung bringen
... soll."[3] Nicht aber die bloße Anschauung des je schon Erreichten wird das
Ziel dieser Ästhetik, sondern die Leseraktivierung: "die Darstellung der Widersprüche (wird) zur Aufgabe für den Leser, nämlich ... an der Überwindung
der Widersprüche in der sozialistischen Gesellschaft mitzuwirken."[4] Die Leseraktivierung zielt demnach auf eine Lösung systemimmanenter Widersprüche.
Die nichtantagonistischen Widersprüche treten in den Mittelpunkt der literarischen Gestaltung.[5] Der Hinzugewinn moderner Erzähltechniken bei Wolf und
Kant wird immer den neuen politischen Zielen untergeordnet: "Es geht ...
bei der Beurteilung und Handhabung moderner Ausdrucksmittel um eine 'Umfunk-
tionierung' moderner Erzählelemente im Sinne des sozialistischen Realismus."[6]
Die Leseraktivierung aber wird, so Hölsken, zu einer politischen Gefahr für
das Gesamtsystem wegen der "unkontrollierten Wirksamkeit des literarischen
Modells."[7]

Waren bei Hölsken zunächst noch Autorintention und Leseraktivierung gemeinsamen gesellschaftspolitischen Zielen untergeordnet worden, so revidiert
Hölsken nunmehr diese These, indem er als bestimmenden Konflikt der literarischen Entwicklung denjenigen zwischen Dogmatikern und Reformern bzw. zwischen Dogmatikern und einer innerkommunistischen Opposition ansieht.[8] Hölsken interpretiert die Diskussion zwar nicht als Option für den Westen auf

---

1 Vgl. Hölsken, Romane.S.66 und 75; die These von der bloßen Gesellschafts-
  apologetik der Literatur der 5oer Jahre bedürfte einer Überprüfung.
2 Ebenda S.64.
3 Ebenda.
4 Ebenda S.68.
5 Vgl. ebenda S.65.
6 Ebenda S.74.
7 Ebenda S.73.
8 Vgl. ebenda S.67.

der Reformerseite, konstruiert aber insgesamt ein unrealistisches Bild von
der Auseinandersetzung, wenn er die Kritik der Bitterfelder Romane mit den
politischen Zielen Robert Havemanns gleichsetzt.[1] Hölsken kritisiert zwar
mit Havemann die Politik der SED, gleichsam indem er sich in die systemimma-
nenten Auseinandersetzungen hineinstellt, kann aber gleichzeitig die eigenen
gesellschaftspolitischen Vorstellungen,[2][3] die sich nicht, wie vorgespiegelt,
mit den Ansichten Havemanns treffen, nicht verdecken. Das Interesse Hölskens
an der DDR-Literatur läßt sich vielmehr auf die dort thematisierte Auseinandersetzung von Individuum und Gesellschaft zurückführen. Die Bewertung dieses Verhältnisses sei hier etwas ausführlicher dokumentiert, da später auf
diese Zeugnisse zurückgegriffen werden soll:[4] "... der eigentliche Konflikt
(der neueren Romane-M.B.) (verlagert sich) in den Bereich zwischenmenschli-
cher Beziehungen",[5] "der eigentliche Gegenstand der Gesellschaftskritik ist
die Auseinandersetzung des Individuums mit den Erstarrungserscheinungen der
sozialistischen Gesellschaft."[6] "Der allgemeine Gegensatz zwischen den individuellen Interessen und der Interessen der Gesellschaft äußert sich in der
Auseinandersetzung Meternagels mit seinen Brigadearbeitern."[7] "Gegen ihr
(der Partei-M.B.) nicht-ernst-nehmen des Individuums richtet sich Kants Gesellschaftskritik."[8]
Die Entgegensetzung von Individuum und Gesellschaft wird der marxistischen
Theorie generell vorgeworfen und der Autonomieverlust des Individuums beklagt. Hölsken verfolgt damit Tendenzen, die den Widerspruch Individuum-
Gesellschaft nicht als einen historisch aufhebbaren, sondern als einen ewig-
menschlichen erscheinen lassen.[9]

2.2.1.2   Einzelanalyse zwischen Platitüde und unauflöslicher Widersprüch-
           lichkeit (Walwei-Wiegelmann)

Walwei-Wiegelmanns Arbeit weist die größten methodischen Mängel unter den
in diesem Zusammenhang behandelten Arbeiten auf. Das gilt auch dann, wenn
sie die Schwächen der bisherigen Rezeption durchaus zutreffend bemängelt:

> Wie für die neuere Literatur in der DDR fast insgesamt, so gilt auch für
> Kunert, daß bis heute wissenschaftliche Textanalysen fehlen. Es mangelt
> an umfassender theoretischer Einsicht in die Grundlagen dieser Literatur
> und an ihrer sicheren Beurteilung.[10]

---

1 Vgl. zu diesem Problemkreis Hölsken, Romane S.67, 69, 71 sowie die Gleichsetzung von Meternagels Auffassungen und Havemanns Ideen S.80 und 82.
2 Hölsken wendet sich ausdrücklich gegen den "sozialistischen Fortschritts-
  glauben"(Ebenda S.80)
3 Vgl. ebenda   4 Vgl. dazu Teil 3 dieser Arbeit.
5 Hölsken, Romane.S.66. 6 Ebenda S.71 7 S.84 8 S.86. 9 Vgl. ebenda S.80.
10 Walwei-Wiegelmann, Lyrik.S.136

Auch Walwei-Wiegelmann vermag diesem Mangel nicht abzuhelfen, wenn sie den Wert der Texte von Kunert lediglich in ihrem hohen Informationsgehalt begründet sieht: "Die präzise und lakonische Kürze dieser beziehungsreichen Prosa sagt mehr aus, als oft lange Ausführungen vermögen."[1] zielt weniger auf das Spezifische der Kunertschen Texte als auf gelungene Kurzprosa im allgemeinen und die Aussage "von einem solchen Autor dürfen wir weiterhin einiges zu erwarten haben, nicht zuletzt auch in Bezug auf Erhellung seiner sozialistischen Umwelt und ihrer Gesellschaft."[2] verrät nichts über den Gang der Erhellung beim Rezipieten. Hinweise auf die Grundlagen der Walwei-Wiegelmannschen Erwartungshaltung ergeben sich aus ihrer Gesamteinschätzung des Autors Kunert:

Kunert scheint(!) ein keineswegs festgelegter Autor zu sein, ein offener Autor also, dem es immer erneut darum geht, sich seiner selbst und der ih umgebenden Welt refelktierend bewußt zu machen.[3]

"Scheint" die hierin liegende Hochschätzung sich auf die dialektische Bewältigung der Wirklichkeit bei Kunert zu richten, der die Spannung von Gesellschaftlichkeit und Individualitätsanspruch innewohnt[4], so kann gerade die Formel vom "offenen Autor" nicht darüber hinwegtäuschen, daß die ideologische Ansiedlung Kunerts durch die Walwei-Wiegelmannsche Interpretation letztlich nicht gelungen ist. Der Vorwurf an Kunert, eine "entschieden antiwestliche Haltung"[5] einzunehmen, läßt sich mit der These vom "offenen Autor" nur schwer vermitteln. Auch wäre die These vom Zusammenhang 'Tauwetter'-Lösung Kunerts von der Brecht-Nachfolge - Entwicklung Kunerts zum kritischen Lyriker[6] (durch die Lösung von Brecht?) zu überprüfen gewesen. Walwei-Wiegelmanns Bewertungskriterien bleibe im Dunkeln - im Lichte dagegen unauflösliche Antinomien.[7]

2.2.1.3 Einzelanalyse als "unpolitisch"-politische Kritik (Zimmermann)

Zimmermanns Interesse richtet sich auf die DDR-Kurzprosa. Anna Seghers' 'Ausflug der toten Mädchen' (schon im Exil geschrieben!), zwei Kurzgeschichten aus Stefan Heyms 'Schatten und Licht' sowie Bobrowskis 'Rainfarn' fi-

---

1 Walwei-Wiegelmann, Lyrik.S.142. 2 Ebenda S.144.
3 Ebenda. 4 Vgl. ebenda S.135.
5 Ebenda S.136. 6 Vgl. ebenda S.137.
7 Walwei-Wiegelmann ist später mehrfach als Herausgeberin von Materialien zur DDR-Literatur (Primärtexte, kulturpolitische und literaturwissenschaftliche Dokumente für den Schulgebrauch) hervorgetreten; so z.B. Walwei-Wiegelmann (Hrsg.): Ohne Bilanz und andere Prosa aus der DDR.Frankfurt a.M.1970.; Dies.: Prosa aus der DDR.Paderborn.(1972).; Dies.: Neuere DDR-Literatur. Texte und Materialien für den Deutschunterricht.Paderborn.(1973).

gurieren als Repräsentanten der DDR-Literatur. Auch Zimmermann leistet in
methodologischer Hinsicht keinen originären Beitrag. Finden sich in der Interpretation von Bobrowskis 'Rainfarn' ausdrücklich Hinweise auf die Intention Bobrowskis, nämlich "zu einer dauerhaften Versöhnung beider Nachbarvöl-
ker beizutragen"[1], so erscheint die Begründung für die Texte von Heym unzureichend: "Was den Leser - und wohl nicht nur den westdeutschen - zuerst
und vor allem aufhorchen läßt, sind Ausmaß und Schärfe der Kritik an offiziellen Auffassungen und Methoden der Funktionäre und Organe jener 'sozialistischen Republik', die von den Figuren der Erzählung die ihre genannt
wird."[2] Hatten andere Interpreten die politische Grundorientierung der
schriftstellerischen Kritik noch mit in die Interpretation eingebracht, so
geht bei Zimmermann unter dem unscharfen Begriff 'Kritik' dieser Interpre-
tationshinweis verloren. Die Unbestimmtheit setzt sich auf der Ebene der
Einzelinterpretation fort, wenn von "gegensätzlicher Stoßrichtung"[3] der beiden von Heym herangezogenen Erzählungen gesprochen wird: die von Zimmermann
positiv bewertete Erzählung behandelt Probleme der innersozialistischen
Auseinandersetzung, die negativ bewertete ist eine Absage Heyms an politische Restaurationstendenzen in der BRD. Werden direkt politische Aussagen
im Text sonst ablehnend beurteilt (bei Seghers wird der angebliche Vorrang
des moralischen vor dem politischen Interesse[4], die Konzentration auf das
individuelle Schicksal vor der Gesellschaftlichkeit des Individuums[5] sowie
letztlich eine Ideologiefreiheit[6], die auf die "Rätselhaftigkeit menschlicher Existenz"[7] oder "die menschliche Existenz schlechthin"[8] zielt, gelobt),
so erfahren eben diese 'Aussagen', wenn sie sich kritisch auf die DDR be-
ziehen, eine starke Zustimmung Zimmermanns. Die methodische Unsicherheit
wird denn auch vollends deutlich, wenn Zimmermann den Anspruch, die Struktur der Texte zu analysieren, bei der Analyse der von Heym positiv dargestellten Figuren aufgibt. Die Perspektivfiguren, die die Entwicklungsten-
denzen der Realität verdeutlichen sollen, werden als wahrscheinlich "Poli-
tis hes Alibi"[9] gedeutet, das die Gesellschaftskritik gegenüber übergeordneten Parteiinstanzen absichern soll. Die Tatsache, daß Zimmermann von seiner eigenen Interpretation dieser Figuren nur als m ö g l i c h e r ausgeht, zeigt die Unsicherheit in der politischen Einschätzung Heyms. Reich-

---

1 Zimmermann, Prosadichtung. S.355.   2 Ebenda S.350.
3 Ebenda S.344.   4 Vgl. ebenda S.339.
5 Vgl. ebenda.   6 Vgl. ebenda S.341.
7 Ebenda S.340.   8 Ebenda S.343.
9 Ebenda S.353.

Ranicki, der Heym schon der "leidenden literarischen Opposition"[1] zugeschla-
gen hatte. wird zur letzten Berufungsinstanz für Zimmermanns politischen Ur-
teilsspruch.

2.2.1.4 Einzelanalyse als Beitrag zu Leseraktivierung (von Heydebrand)

Aus dem Kontext der hier referierten Einzelanalysen ragt die 1969 von Renate
von Heydebrand verfaßte Untersuchung [2] des Prosatextes 'Herr am Fenster' von
Johannes Bobrowski heraus. Heydebrands Interpretation ist insofern bemerkens-
wert, als diese differenzierte Textuntersuchung mit weitergehenden Überlegungen zur möglichen Rezeption des Textes verbunden wird.

Heydebrand sieht die Ursachen für die Wirkung Bobrowskis in beiden deutschen
Staaten durch die in seinem Werk gelungene Synthese von didaktischer Intention und ästhetischer Realisierung bewirkt. [3] Bobrowskis Absichten werden
zwar mit dem Verweis, sein Anliegen sei es, die "dunklen Seiten der Geschichte im Osten"[4] aufzuhellen, um so auf Völkerverständigung hinzuwirken, nur
sehr unspezifisch benannt, jedoch unterläßt es Heydebrand an keiner Stelle,

---

1 zit. bei Zimmermann, Prosadichtung.S.354.
2 Heydebrand, Renate von : Überlegungen zur Schreibweise Johannes Bobrowskis. Am Beispiel des Prosastücks 'Junger Mann am Fenster'.In: DU.2.Jg.
  (1969).H.5.S.100-125., im folgenden zit. als Heydebrand, Überlegungen.
3 Vgl. ebenda S.125.
4 Ebenda S.101. Gerade die Rezeption Bobrowskis steht, das sie zu Recht den
  Ausgleich mit den östlichen Nachbarn als zentrales Anliegen Bobrowskis
  hervorheben kann, das sowohl in der BRD als auch in der DDR von politischer Bedeutung geblieben ist, vor ungleich geringeren Schwierigkeiten
  als die Rezeption d e r DDR-Literatur, die sich nicht primär mit der
  Vergangenheit auseinandersetzt. Die Rezensionen zu Bobrowskis Werken arbeiten denn auch sämtlich den wesentlichen Aspekt seiner Intention, die auf
  Vergangenheitsbewältigung zielt, heraus. Vgl. dazu u.a: Horst, K.A.: Jo-
  hannes Bobrowski und der epische Realismus.In:Merkur.18.Jg.(1964).H.10/11.
  S.1080-1082.; Wohmann, G.:Die Sünden der Väter.In:FH.20.Jg.(1965).H.11.
  S.794.; Seidler, M.:Ärger mit seinem Gott.In:FH.22.Jg.(1967).H.2.S.143.;
  Seidler, M.:Bereite Freundlichkeit.In:FH.22.Jg.(1967).H.5.S.368.; Siering,
  Johann:Johannes Bobrowski:Litauische Klaviere.In:NDH.14.Jg.(1967).H.115.
  S.157-159.; Reblitz, Irma:Ein Vermächtnis Johannes Bobrowskis.In:NDH.14.Jg.
  (1967).H.114.S.61-64.; Wagenbach, Klaus:Johannes Bobrowski.In:Jahresring.
  1966/67.S.310-313.; Wagenbach, Klaus (Hrsg.):Lesebuch.Deutsche Literatur
  der sechziger Jahre.Berlin.1968.S.178-182.; Kobligk, Helmut:Zeit und Geschichte im dichterischen Werk Johannes Bobrowskis.In:WirkWort.19.Jg.
  (1969).S.193-205.; Möller, Inge:Wölfe unter Schafen.Gesellschaftskritik
  in Johannes Bobrowskis Roman 'Lewins Mühle'.In:DU.25.Jg.(1973).H.2.S.40-
  48. sowie die bisher ausführlichste Darstellung zur Entwicklung des Bo-
  browskivon Oellers, Norbert:Johannes Bobrowski.In:Benno von Wiese (Hrsg.):
  Deutsche Dichter der Gegenwart.Ihr Leben und Werk.(Berlin).(1973).S.413ff.
  Auf eine ähnliche Erwartungshaltung ist Kunert gestoßen; vgl. z. B. alternative 11.Jg.(1968)H.58.S.40/41.

Bobrowskis Werk auf dieses Ziel der Völkerverständigung hin zu reflektieren.
Damit wird zumindest ein deutlicher Adressaten- und Leserbezug in die Analyse eingebracht. Durch einen methodischen Dreischritt, der

(a) die Frage nach der Funktion der detaillierten Wirklichkeitsdarstellung,

(b) die Frage nach der inneren Gliederung des Textes und

(c) die Frage nach der Funktion des Textes als "Appell an den Leser"[1], als
"Anweisung"[2] einschließt,

gelingt es, wesentliche Komponenten der Bobrowskischen Schreibweise zu bestimmen. Heydebrand stellt fest, daß Bobrowski die Alternative "hie Kunstwerk, ästhetisch gestaltet, daher wirkungslos - da Dokument, crude Realität,
daher wirksam"[3] ablehnt; die "dunklen Textstellen"[4] sollen zu genauerm Hin-
schauen zwingen; die Leseraktivität wird aber nicht allein auf die Entschlüsselung der Textzusammenhänge gelenkt,[5] sondern dient der Stimulierung gegenwärtigen eingreifenden Handelns.[6] Die enge Verschmelzung von Vergangenheit -
Gegenwart - Zukunft[7] dient nicht einem "antiquarischen Interesse"[8], sondern
bietet einen "Modellfall"[9], in dem der Leser erkennt: "tua res agitur"[10].
Heydebrand lehnt eine Reduktion des Prosatextes auf das Verhältnis Künstler-
Gesellschaft[11] sowie auf das Konzept einer bloßen Charakterstudie[12] ab;
vielmehr geht sie von der Prämisse aus, "daß der geschichtliche Konflikt
für eine ganze Reihe menschlicher Verhältnisse gilt"[13] oder für "eine conditio humana, die auch die Antagonisten eint. In diese Solidarität über Ort
und Zeit hinweg ist auch der Leser einbezogen."[14] Die Rezeption wird also
durch die Allgemeinmenschlichkeit der Probleme ermöglicht. Die Annahme dieser Allgemeinmenschlichkeit kollidiert mit der eingangs von Heydebrand
skizzierten Zielsetzung Bobrowskis, nämlich durch den Rekurs auf ein b e -
s t i m m t e s gesellschaftliches Problem eingreifend auf g e g e n -
w ä r t i g e Auseinandersetzung zu wirken. Die mangelnde politische und
soziale Ansiedlung Bobrowskis und die fehlende Zusammenführung von allge-
meinem Anliegen und jeweils spezifischem Leserkreis, für den die Frage
nach spezifischem Handeln und Geschichtsverständnis gestellt werden müßte,
wird hier deutlich. Dennoch bleibt festzuhalten, daß Heydebrand einen differenzierten Interpretationsversuch vorlegt, der vor der Frage nach dem
Adressatenbezug und der möglichen Relevanz dieser Erzählung für den Leser
in der BRD nicht halt macht.

---

1 Heydebrand, Überlegungen.S.122. 2 Ebenda   3 Ebenda S.124.
4 Ebenda S.105.   5 Vgl. ebenda S.124.   6 Vgl.ebenda S.122.
7 Vgl. ebenda S.125. 8 Ebenda S.121.   9 Ebenda   10 Ebenda S.122.
11 Vgl. ebenda S.113.   12 Vgl. ebenda S.118.   13 Ebenda S.107. 14 Ebenda S.1?

2.2.2   Die Reproduktion konservativer Grundthesen

2.2.2.1   Trennung von Literatur und Politik als Wertungsmaßstab
(Brokerhoff)

Brokerhoff, der schon mehrfach mit der Herausgabe von Anthologien zur DDR-
Literatur hervorgetreten war, setzte 1968 diese Serie mit dem Band 'Geschichten von drüben'[1]fort. Das Anliegen seiner Anthologie sieht Brokerhoff
in der besseren Information von Schülern, die durch die Lesebücher bisher
kaum mit der DDR-Literatur vertraut gemacht wurden.[2] Die Literatur der DDR
wird von Brokerhoff als Informationsquelle verstanden, die sowohl für den
Literatur- als auch für den politischen Unterricht Verwendung finden kann:

Dabei geht es nicht nur darum, ihm (dem Schüler-M.B.) ein weithin unbe-
kanntes Feld zu erschließen; wir wollen ihm vielmehr auch Dinge und Probleme ins Blickfeld rücken, die den Alltag und die Alltagssorgen der
Deutschen jenseits der Zonengrenze ausmachen.[3]

Der ästhetische Wert von Texten wird dann besonders hoch eingeschätzt, wenn
sie der bloßen Alltagswelt enthoben sind. So werden Reportagen nicht als
eigentlich der Literatur zugehörig interpretiert;[4] als die eigentliche Do-
mäne der Literatur erscheinen "freiere ... unpolitische ... Themen"[5]in Absetzung zur in der DDR vorherrschenden Literatur, die sich mit der Zeit des
Faschismus und der unmittelbaren Gegenwart beschäftigt; grundsätzlich wird
die Trennung von Ästhetik und Politik postuliert: "Der wirkliche Dichter
enthebt uns aller leidigen Streitereien zwischen Ost und West."[6] Bobrowski wird von Brokerhoff als gesamtdeutscher, unpolitischer Dichter gedeutet,
er gewinnt für den Literaturbegriff Brokerhoffs paradigmatischen Charakter.[7]
Brokerhoff, der die These von der Privatisierung der DDR-Literatur vertritt
(als Beispiel wird Christa Wolfs 'Juninachmittag' herangezogen) führt diese
angenommene Tendenz der DDR-Literaturentwicklung auf eine Entpolitisierung
der DDR-Bevölkerung zurück. Diese Tendenz wird allerdings nicht als herrschende, sondern als gesellschaftlichen Restriktionen unterliegende gedeutet.[8]

---

1 Brokerhoff, Geschichten.   2 Ebenda S.7.
3 Ebenda.   4 Vgl. ebenda S.7f.   5 Ebenda.
6 Ebenda S.10. Die Prämisse, der 'wirkliche Dichter' könne dem gesellschaftspolitischen Kontext enthoben werden, findet sich auch bei Haas. Vor seine Analyse von Anna Seghers' 'Siebtem Kreuz' stellt Haas die methodologische Möglichkeit, "ihr Werk, herausgelöst aus dem ideologischen pro und
  contra, zunächst einmal als Kunst-Werk zu betrachten."(Haas, Gerhard: Veränderung und Dauer. Anna Seghers:Das siebte Kreuz.In:DU.2o.Jg.(1968)H.1.
  S.69-78.).
7 Vgl. Brokerhoff, Geschichten.S.9
8 Brokerhoff zieht als Beleg kulturpolitische Zeugnisse heran; vgl. ebenda
  S.8- 0.

Die herrschende, als'Bitterfelder Trauma'[1]gekennzeichnete Literatur wird von Brokerhoff abgelehnt, da sie als "Instrument der Politik"[2] unter parteilich optimistischen Vorzeichen mit "realistisch-volkstümlichen)"[3] Mitteln produziert wird.

Der strengen Trennung von Politik und Literatur bleibt eine genauere Analyse der literarischen Entwicklung versagt.

2.2.2.2 Aussparung des literaturwissenschaftlichen Selbstverständnisses der DDR-Literatur als Programm (Bilke)

Bilkes seit 1969 alljährlich neu erscheinenden Veröffentlichungen zur DDR-Literatur[4] verraten durchaus ein breites Interessenspektrum in Bezug auf diese Literatur. Er versucht dem Leser eine Vielfalt von Informationen über Literaturtheorie, Kulturpolitik und einzelne Autoren und Werke sowie eine Auseinandersetzung mit der bisherigen Rezeption zu bieten. Es muß jedoch in Zweifel gezogen werden, ob damit schon ein eigenständiger Beitrag zur Rezeption in qualitativer Hinsicht geleistet werden konnte.

Die methodologischen Reflexionen Bilkes bescheiden sich mit einer Selbsteinordnung in den Kanon der bisherigen Rezeption. Unter Abgrenzung von Brenner auf der linken Seite[5] und Sander auf der rechten Seite[6], die allerdings im letzteren Fall nicht prinzipiell ist,[7] versucht Bilke die eigene Position

---

1 Brokerhoff, Geschichten.S.8.   2 Ebenda.
3 Ebenda.
4 Es sind dies: Bilke, DDR-Literatur.; Ders.: Spuren.; Ders.: Anna Seghers: Von der Klassenkampf- zur Staatsliteratur. Zu ihrem siebzigsten Geburtstag am 19.November,In:Dt.Stud.8.Jg.(1970).H.32.S.357-375., im folgenden zit. als Bilke, Seghers.; Ders.: Die Germanistik in der DDR: Literaturwissenschaft im gesellschaftlichen Auftrag. In:Manfred Durzak (Hrsg.): Deutsche Literatur der Gegenwart.Aspekte und Tendenzen.Stuttgart.(1971).S.366-385., im folgenden zit. als Bilke, Germanistik.; Ders.: Planziel Literaturgesellschaft oder Gibt es zwei deutsche Literaturen. In:Aus Politik und Zeitgeschehen. Beilage zur Wochenzeitschrift 'Das Parlament'.B.51.(Bonn). (Dezember 1971).; Ders.: Gesammelte Feuilletons zur DDR- Literatur.In:Basis.3.Jg.(1972).S.269-275., im folgenden zit. als Bilke, Feuilletons.; Ders.:Dreimal DDR-Literatur.In:Basis4.Jg.(1973).S.265-272., im folgenden zit. als Bilke, Dreimal DDR-Literatur.; Ders.:Zumutbare Wahrheiten...In: Basis.4.Jg.(1973)S.192-200., im folgenden zit. als Bilke, Wahrheiten. In Bilke, Spuren stellt er seine Position am ausführlichsten da.
5 Vgl. Bilke, DDR-Literatur.S.7.   6 Vgl. Bilke, Dreimal DDR-Literatur.S.268.
7 Bilke mahnt zwar an: "so schreibt, wer sein DDR-Erlebnis noch nicht verarbeitet hat."(Ebenda)., jedoch teilt er Sanders' Gesamteinschätzung, nämlich, daß die DDR-Literatur mittelmäßig, provinziell und sich zu einer neuen Klassenliteratur hin sich entwickelnd sei (vgl. ebenda S.269). Da diese Ergebnisse mit dem eigenen Bild von der DDR-Literatur übereinstimmen, wird auch die politische Grundlegung der Thesen Sanders' zumindest anerkannt: "Zu derartigen Ergebnissen gelangt ... nur, wer sich die ... DDR-Thesen nicht einfach aneignet, sondern rigoros überprüft."(Ebenda S.270)

mit dem Hinweis auf Mayer[1] und einer Empfehlung von Rühle[2] zu umreißen. Die gleichzeitige positive Bewertung dieser so unterschiedlichen Stellungnahmen zur DDR-Literatur deutet an, daß Bilkes eigene Position stark eklektische Züge aufweisen muß. Gerade die Reduktion des Ansatzes von Hans Mayer auf eine These von der Notwendigkeit, die DDR-Literatur aus ihren eigenen Voraussetzungen zu verstehen, unterschlägt die Dimension der hermeneutischen Reflexion, die Mayer in die Diskussion um die DDR-Literatur einzubringen versuchte. Der Rekurs bei Bilke kann somit als rein formaler verstanden werden. Bilkes spezifischer Beitrag zur Legitimierung einer Auseinandersetzung mit der DDR-Literatur liegt auf einer ganz anderen Ebene: anläßlich seiner Seghers-Interpretation unterstellt er eine kritiklose Voreingenommenheit der DDR-Literaturwissenschaft gegenüber dieser Autorin; eben diese Voreingenommenheit aber unterläge die Literaturwissenschaft in der BRD nicht: "Bei der unangreifbaren Position, die die Schriftstellerin heute im öffentlichen Leben der DDR einnimmt, könnte eine solche Arbeit (eine kritische Seghers-Interpretation-M.B.) vorerst ... nur auf westdeutscher Seite geleistet werden."[3] Die Ergebnisse der DDR - Literaturwissenschaft werden grundsätzlich von Bilke in Zweifel gezogen. Somit aber müssen die theoretischen Prämissen der DDR-Literatur, die ja erst die Spezifik dieser Literatur von dem ihr eigenen Vorverständnis her erklären helfen könnten, aus der Refelexion ausgespart bleiben. Die Auseinandersetzungen mit Lukács etwa werden als "unfruchtbare ... Auseinandersetzungen um methodologische Fragen"[4] abgetan.

In den Mittelpunkt treten bei Bilke stattdessen Fragen nach den unmittelbaren Vermittlungen von Kulturpolitik und Literaturentwicklung, denn am Charakter dieser Vermittlungen[5] könnten, so Bilke, die andersgearteten gesellschaftlichen Rahmenbedingungen[6] der DDR-Literatur besonders gut deutlich gemacht werden. Bilke zieht aber merkwürdigerweise in Zweifel, ob für diese unterschiedlichen Gesellschaftsordnungen auch "divergierende Überbauten"[7] anzunehmen seien.

Im übrigen unterläßt Bilke Reflexionen zum Literaturbegriff und zur Rolle

---

1 Vgl. Bilke, DDR-Literatur.S.10 sowie Bilke, Spuren.S.26.
2 Vgl. Bilke, DDR-Literatur.S.9.
3 Bilke, Seghers.S.372.   4 Bilke, Germanistik.S.373.
5 Vgl. Bilke, DDR-Literatur sowie später Bilke, Feuilletons.S.269; Brettschneider wird der Vorwurf gemacht, diesen Zusammenhang nicht zu beachten
  und damit in die Gefahr zu geraten, fremde Kategorien auf die andere Literatur zu übertragen. (Vgl. ebenda S.271).
6 Vgl. Bilke, Spuren.S.24f.
7 Ebenda S.25.

der Kulturpolitik und begibt sich in die Darstellung der kulturpolitischen
Entwicklung hinein, die hier kurz kommentiert werden soll: Einer Phase plu-
ralistischer Literaturentwicklung von 1945-1948 folgt eine Einengung des Li-
teraturbetriebs 1948[1], die in einem Traditionsbruch mit den deutschen Traditionen der sozialistischen Literatur und einer schematischen Übernahme sow-
jetischer Vorbilder anläßlich der Formalismuskampagne kulminiert.[2] Der damit
eingeleitete "Verfall realistischer Erzählkunst"[3] führt zur "Verklärungsli-
teratur"[4] und wirkt sich insbesondre für die Produktion der ehemaligen Emi-
granten schädlich aus.[5] Nach kurzem Aufschwung anläßlich des Tauwetters
956[6] gerät die Literatur in eine erneute Phase der Restalinisierung[7], in
die auch der Bitterfelder Weg einzuordnen wäre.[8] 1964 aber wird das Ziel,
"eine gebildete Nation"[9] zu schaffen, das mit dem Bitterfelder Weg verbunden war, aufgegeben. Der deutlichen Abgrenzung nach 1961[10] folgt eine Phase
der Liberalisierung[11], die 1965 mit dem 11.Plenum des ZK der SED ihren Ab-
schluß findet.[12] Die daraufhin einsetzenden Tendenzen werden mit den Begriffen der Resignation[13], dem Hinweis auf das Entstehen einer "gegenoffizielle(n)
Literatur"[14], einer Literatur des "kritischen Realismus"[15] umschrieben.

Bilke verzichtet auf Detailanalysen; vielmehr subsumiert der die angesproche-
nen Titel einem zugeordneten Hauptgedanken, der sich aus der Bewertung der
jeweiligen kulturpolitischen Situation in der DDR ergibt. Daß dabei nicht
mehr auf den Ansatz Mayers zurückgegriffen wird, erweist insbesondere die
Aussage über Neutschs 'Spur der Steine'. Bei Neutsch, so Bilke, werde das
"Privatleben als echter Wert"[16] dargestellt.

Den Charakter dieses Privatlebens näher zu umreißen, darin gerade hätte die
interpretatorische Schwierigkeit und Aufgabe bestanden.

2.2.3 Literatur der DDR und BRD-Literatur in vergleichender Zusammenschau (Drewitz)

Schon 1965 in ihrer Rezension von Anderles Anthologie 'Mitteldeutsche Erzähler hatte Ingeborg Drewitz die These von der allmählichen Überwindung des

---

1 Vgl. Bilke, Spuren.S.32
2 Vgl. ebenda. Die These vom Traditionsbruch kontrastiert eigentümlich mit
  der von Bilke gleichzeitig vertretenen These, die DDR-Literatur könne generell nur vor dem Hintergrund der ihr eigenen Interpretationen interpretiert werden. Vgl. dazu Bilke, DDR-Literatur.S.1.
3 Bilke, Spuren.S.33.   4 Vgl. ebenda.   5 Vgl. ebenda. . .
6 Vgl. ebenda S.35.   7 Vgl. ebenda S.36.   8 Vgl. ebenda S.37.
9 Ebenda S.38.   10 Vgl. ebenda S.50. 11 Vgl. ebenda S.40.
12 Vgl. ebenda S.39.   13 Vgl. ebenda.   14 Ebenda S.57.
15 Ebenda S.60.   16 Ebenda S.51.

Bitterfelder Weges formuliert.[1] Ihre 1969 und 1970 erschienenen Arbeiten[2] verstärken die konvergenztheoretischen Implikationen dieser Position, ziehen sie aber gleichzeitig auch indirekt in Zweifel.

Eine deutliche Abgrenzung der Literaturen in BRD und DDR hatte Drewitz durch den Verweis auf die unterschiedliche Stellung des Produktionsbereichs in der literarischen Gestaltung belegen können. Mögliche Wechselwirkungen der beiden Literaturen aufeinander ließen sich aber nach Drewitz dann erwarten, wenn von gewissen Eigentümlichkeiten der "Industriegesellschaft(en)"[3] ausgegangen würde. Die Fortführung ihrer These von konvergierenden Entwicklungen findet sich als These von der Verkleinbürgerlichung der DDR-Literatur wieder:

> (Es) hat sich die Erfahrung vom Trend zur Verkleinbürgerlichung durchgesetzt, die der Erfahrung der bundesrepublikanischen Autoren nicht unähnlich ist, und die wohl im Zusammenhang mit der fortschreitenden Industrialisierung und dem sich verändernden Begriff vom Proletariat und der Aufweitung der Intelligenzschicht im gesellschaftlichen Organismus gesehen werden muß. Die damit sich vollziehende Ent-Persönlichung, die nur noch durch Reflexion herzustellende Beziehung zur Umwelt kann als beiden Gesellschaftsstrukturen adäquat gelten.[4]

Als Indikatoren für einen so beschriebenen Umorientierungsprozeß auch der der DDR-Literatur werden u.a. Christa Wolfs 'Nachdenken über Christa T.' und Brigitte Reimanns 'Franziska Linkerhand' angeführt,[5] für deren Bewertung aber offen bleibt, ob sie als Belege für die Provinzialisierung der Autorenkonzeption oder als Protest der Autoren gegen die Provinzialisierung des Lebens in der DDR zu verstehen wären.

Drewitz verfolgt den hier skizzierten Gedankengang nicht weiter; stattdessen treten, diesen konvergenztheoretischen Tendenzen entgegen, Überlegungen zur unterschiedlichen Funktionsbestimmung der Literatur in BRD und DDR in den Mittelpunkt ihrer Überlegungen. Wird der DDR-Literatur grundsätzlich eine "sozial-pädagogische Aufgabe"[6] zugemessen, die allerdings sehr häufig,

---

1 Vgl. Drewitz, Ingeborg: Erzähler von drüben.In:Der Monat.17.Jg.(1965). H.206.S.72-74.
2 Drewitz, Ingeborg: Metamorphosen der DDR-Literatur.In:St.Stud.7.Jg.(1969). H.26.S.147-158., im folgenden zit. als Drewitz, Metamorphosen und Dies.: Wege der Literatur in BRD und DDR.Zur Realität der Hoffnung.In:NDH.16.Jg. (1969)S.90-110., im folgenden zit. als Drewitz, Wege.; Dies.: 'Sinn und Form' und 'Neue Deutsche Literatur'.Notizen zu den letzten Jahrgängen zweier DDR-Zeitschriften.In:NDH.17.Jg.(1970).H.126.S.101-1o7., im folgendem zit.als Drewitz, Sinn und Form.
3 Drewitz, Erzähler.S.74.
4 Drewitz, Metamorphosen.S.151.   5 Vgl. ebenda S.153ff.
6 Drewitz, Wege.S.90.

insbesondere aber durch den Bitterfelder Weg,[1] zu einer "Überbetonung des sozialen und politischen Engagements"[2] geführt habe, so der Literatur der BRD sehr allgemein ein "Vorrang ihrer Unabhängigkeit"[3] vor allen anderen Funktionsbestimmungen. Dem strengen Inhaltsprimat[4], mit dem sich die DDR-Autoren einer sich verändernden Wirklichkeit zu stellen suchten,[5] stehe in der BRD eine Vielfalt von Formexperimenten[6] gegenüber, die zwar nicht in jedem Falle zur Inhaltslosigkeit sich verdammt hätten,[7] wohl aber einen Verlust an Wirklichkeitsbezügen, verstanden als Bezüge zur unmittelbar eingreifenden Gegenwartsdarstellung, in Kauf nehmen mußten. Zusammenfassend formuliert Drewitz die unterschiedliche Entwicklungssituation der Literaturen: "Der Realismsu gilt (in der DDR-M.B.) als bereits abgeleistet, während er bei uns noch wiederentdeckt wird."[8] Auch nach Benennung dieser Unterschiede verbleiben Drewitz' Empfehlungen letztlich im Konvergenztheoretischen, nunmehr aber unter veränderten Vorzeichen. Die einseitige Favorisierung der Form tritt zugunsten einer synthetisierenden Forderung zurück, die die Gegenwartsorientierung der DDR-Literatur und die formale Variationsfähigkeit der BRD-Literatur zusammengeführt sehen möchte. Die Empfehlung an die DDR-Literatur, sich vom Bitterfelder Weg freizumachen und durch die Integration moderner bürgerlicher Kunstformen nunmehr auch ästhetische Relevanz zu gewinnen,[9] und die Kritik an der Gegenwartsliteratur der BRD, "wegen ihres ausschließlichen Engagements gegen die gesellschaftliche Entwicklung"[10] sei ihr die Dimension der Zukunft verlorengegangen, abstrahiert von der unterschiedlichen Funktionsbestimmung dieser Literaturen in ihren jeweiligen Gesellschaften und überspringt voluntaristisch die ihnen eigenen Traditionen. Die marxistische Position, von der aus DDR-Autoren ihre Wirklichkeit werten, (Drewitz verweist darauf[11]), kann nicht unter Abstraktion von dieser grundsätzlichen erkenntnistheoretischen Prämisse durch die Integration formaler Neuerungen allein zu einer Synthese gelangen mit der Grundhaltung gesellschaftskritischer bürgerlicher Autoren, die eben diese erkenntnistheoretische Prämisse als Wirklichkeitsversperrend ablehnen. Drewitz' unzureichen-

---

1 Vgl. Drewitz, Metamorphosen.S.158.   2 Ebenda S.151.
3 Drewitz, Wege.S.90 sowie Drewitz, Sinn und Form.S.105/106.
4 Vgl. Drewitz, Metamorphosen.S.150.   5 Vgl. ebenda S.148.
6 Vgl. ebenda.   7 Vgl. ebenda.
8 Drewitz, Sinn und Form.S.103.   9 Drewitz, Metamorphosen.S.158.
10 Ebenda.   11 Vgl. ebenda sowie ebenda S.150.

rung des Brigadetagebuches geführt hat,[1] wird noch als Überrest proletarischer Literatur gedeutet. Dagegen konstatiert Rothe insgesamt für den Bitterfelder Weg einen Rückzug aus der Kollektivität hin zum Individualismus:

> Das Individuum mit seinen Widersprüchen wird literarisch derart aufgewertet, daß zum Beispiel der bürgerliche Entwicklungsroman in Erik Neutschs 'Spur der Steine' als die Entwicklungsgeschichte eines Zimmerbrigadiers wieder aufersteht.[2]

Zu dieser Einschätzung kann Rothe dadurch gelangen, daß er beispielsweise die Schlußpassage des Romans von Neutsch als idyllische Versöhnung mit der Wirklichkeit - sie sie kapitalistisch oder sozialistisch - deutet. Die Metapher "Die Heimat ist überall."[3] wird nicht als Einsicht Ballas gedeutet, daß nur durch die bewußte produktive Tätigkeit reale gesellschaftliche Veränderungen erreicht werden können, sondern als allgemeines Weltbürgergefühl.[4]
Es ist selbstverständlich, daß nach dieser Bewertung von Neutschs 'Spur der Steine' die allerneueste Entwicklung als Apologie eines bürgerlichen Humanismus gedeutet wird. Der Einfluß von Autoren, "deren Individualismus sich kaum von dem Skeptizismus eines Martin Walser unterscheidet."[5], hätte sich demnach ständig ausgeweitet. Ein derartiger Einwand kann aber weder Martin Walser noch Christa Wolf, auf die hier offensichtlich angespielt wird, treffen, wie zu zeigen sein wird.[6]

2.3.2   Einzelinterpretationen Bitterfelder Romane unter Einbeziehung des literaturpolitischen Kontexts

2.3.2.1 Versuch einer Einzelanalyse vor dem Hintergrund der Bitterfelder Programmatik (Durzak)

Durzak[7] konzentriert sich auf die Interpretation der Romane Christa Wolfs[8], indem er auf einige Forderungen des Bitterfelder Weges eingeht.[9]

---

1 Vgl. ebenda S.206-210.
2 Ebenda S.200. An anderer Stelle heißt es:"Die Individualisierung des Arbeiters Balla bei Neutsch entfaltet das Psychogramm eines bürgerlichen Entwicklungsromans, in dem das Proletariat statt als kämpfende Klasse lediglich noch als Ensemble von Berufstätigen in Erscheinung tritt."(Ebenda S.206).
3 Neutsch, Erik: Spur der Steine.(Halle(Saale)).(1964).S.945.
4 Vgl. die pathetische Umschreibung dieses Einwands:"als ob es keinen Vietnamkrieg, keine imperialistische Unterdrückung mehr Gäbe, wird hier die ganze Welt zur Heimat des tätigen Menschen erklärt."(Autorenkollektiv, Verhältnis.S.200).
5 Rothe, Schritt.S.269.   6 Vgl. Teil 3 dieser Arbeit.
7 Durzak, Manfred: Der deutsche Roman der Gegenwart.Stuttgart.(1971)., im folgenden zit. als Durzak, Roman.
8 Vgl. zur Interpretation der 'Christa T.' Teil 3 dieser Arbeit.
9 Vgl. zur Darstellung des Bitterfelder Weges durch Durzak Teil 3 dieser Arbeit.

Die thematische Übereinstimmung des 'Geteilten Himmel' mit Johnsons 'Mutmaßungen über Jacob', die Durzak in der Darstellung der Fluchtproblematik
sieht, wie auch die formalen Analogien bei Johnson und Wolf (Christa T.),
die sich auf die Polyperspektive[1] und Auflösung des linearen quasi-objekti-
ven Erzählens erstrecken,[2] verleiten den Interpreten nicht dazu, hier auch
schon gleiche Entstehungsbedingungen anzunehmen:

> Aber es wäre irreführend, diese thematischen Analogien und Ähnlichkeiten
> in der Form als Begründung dafür (für die Annahme gleichgerichteter ideo-
> logischer Interessen-M.B.) auszugeben, Christa Wolf gewissermaßen gegen
> die gesellschaftliche Umwelt, in der ihre Bücher entstanden sind und in
> der sie auch heute lebt, als Autorin zu reklamieren, die sich trotz kul-
> turprogrammatischer Diktate behaupten konnte und in der künstlerischen
> Substanz ihres Werkes die politischen Barrieren ihrer schriftstelleri-
> schen Existenz, die ja zugleich die Entstehungsbedingungen ihres Werks
> signalisieren, überbrückte.[3]

Durzak führt den fruchtbaren Gedanken, Christa Wolfs Arbeiten mit denen
Johnsons zu vergleichen, nicht weiter; jedoch lassen sich schon die wenigen
Abgrenzungen zwischen beider Epik als allgemeinere von moderner bürgerlicher Literatur und neuerem DDR-Roman deuten. Unter Verweis auf Schlenstedt[4]
deutet Durzak an, daß gerade auch in der Entwicklung des neueren DDR-Romans
an der Abbildtheorie festgehalten wird.[5] Diese leseraktivierende Abbildtheorie wird von derjenigen der Aufbauromane abgegrenzt. Verfolgten die Aufbauromane das Ziel, die   ä u ß e r e   Eingliederung der Individuen in das gesellschaftliche. System zu beschleunigen, so soll mit dem Bitterfelder Roman die subjektive   I d e n t i f i k a t i o n   der Individuen mit ihrer
gesellschaftlichen Umwelt erzielt werden:

> Das Bekenntnis zum Sozialismus erscheint nicht als rhetorische Voraus-
> setzung ihrer Person (Rita-M.B.), sondern wird als Ergebnis eines indi-
> viduellen Lernprozesses vorgeführt und damit in der künstlerischen Glaub-
> würdigkeit bedeutsam gesteigert.[6]

Dieser übergeordneten Funktionsbestimmung wird die Wahl der Erzählmittel zu-
geordnet. Mit dieser Beobachtung deutet Durzak an, daß die formale Differenzierung immer der inhaltlich determinierten Kritik[7] subsumiert und somit
eindeutig von bloßen Formexperimenten abgegrenzt wird.[8]

---

1 Vgl. Durzak, Roman.S.251   2 Vgl. ebenda S.254.
3 Ebenda S.251.   4 Vgl. ebenda S.353.
5 Vgl. ebenda S.354.   6 Ebenda S.355.
7 Vgl. ebenda S.353.
8 Durzak nennt Okopenko, Faech, Vostell, Wiener, Chotjewitz als Experimenta-
  toren (vgl.ebenda S.253f.), vermeidet allerdings Wertungen, so daß offen
  bleibt, ob eine Abgrenzung zuungunsten des 'Geteilten Himmel' erfolgen
  soll. Man kann aber davon wohl ausgehen, da gerade die soziale Funktionsbestimmung des DDR-Romans eine Ablehnung erfährt. (Vgl. ebenda S.351ff.).

Die strikte Entgegensetzung von Romanen der Aufbauphase und denen des Bitterfelder Weges versperrt Durzak aber den Weg zur Erschließung der Genese dieser neueren Entwicklung. Bei Durzak werden alle Partien des 'Geteilten Himmel', die eine antibürgerliche Grundintention und Abgrenzung Christa Wolfs
verdeutlichen (die Darstellung des Produktionsbereichs, die Westberlin-Epi-
sode, die Darstellung der Herrfurth-Ehe) als dem plakativen Schema zugehörig
gedeutet.[1] Fielen aber diese Partien weg, so wäre gerade der spezifische Unterschied zu Johnsons 'Mutmaßungen über Jacob' aufgehoben; die Perspektive
einer Gesundung der Protagonistin müßte ausgespart bleiben.
Durzaks Einzelbeobachtungen, die sich teilweise mit denen Schlenstedts und
anderer DDR-Kritiker treffen, sind durchaus diskutierenswert: so kritisiert
er die häufig sentimentalisierenden Züge der Erzählung,[2] die mangelnde Moti-
vierung des Meternagelschen Verhaltens,[3] das ungebrochene Verhältnis der
Heldin zur Natur,[4] die Überladung der Erzählung mit quasi-religiöser Metaphorik. Diese Thesen können nur erwähnt werden, müßten aber einer gründli-
cheren Untersuchung unterzogen werden, da Durzak von einer Identifizierung
von Figuren- und Autorenperspektive ausgeht; so könnte von einer "unreflek-
tierte(n) Naturverbundenheit"[5], wenn überhaupt, nur in Bezug auf die Hauptfigur Rita gesprochen werden; die Erzählerperspektivierung ergibt eine Relativierung in Bezug auf Christa Wolfs Anschauungen.

2.3.2.2 Versuch einer Einzelanalyse vor dem Hintergrund der Kategorien von Brecht (Hermand)

Unter dem programmatischen Titel 'Unbequeme Literatur'[6] wendet sich Jost
Hermand u.a. auch Hermann Kants Roman 'Die Aula' zu. Das überraschende Phänomen, daß Kants Roman sowohl in der BRD als auch in der DDR eine durchweg
positive Aufnahme gefunden hatte, veranlaßt Hermand zu der grundsätzlichen
Frage nach den Ursachen dieser Wertschätzung. Die vordergründig naheliegen-
de Antwort, Kant habe eben allgemeinmenschliche Probleme thematisiert, weist
Hermand zugunsten einer differenzierten Kritik zurück: bei Kant werde gerade
die Spezifik der Intellektuellenentwicklung unter sozialistischen Vorzeichen diskutiert.[7] Nicht also in der Thematik könne mithin die Favorisierung
dieses Romans durch die BRD-Rezeption liegen, sondern in dem Wie der Dar-

---

1 Vgl. Durzak, Roman.S.356f. 2 Vgl. ebenda S.258.
3 Vgl. ebenda S.259. 4 Vgl. ebenda.
5 Vgl. ebenda S.261.
6 Hermand, Unbequeme Literatur.
7 Vgl. ebenda S.176.

stellung:

> Statt sich von einem westlich-modischen Nihilismus-Gerede anstecken zu
> lassen oder einem östlich-automatischen Optimismus zu huldigen, weicht
> Kant allen dürren intellektuellen Schemata aus und konfrontiert sie mit
> altmodischer Naivität und zugleich höchst geschickter Arrangierfähigkeit
> mit jener welterzeugenden Lebensfülle, die nun einmal zu allen großen
> Romanen gehört.[1]

Kant hält somit an der Möglichkeit eines Schreibens fest, das auf ein Durch-
schaubarmachen der gesellschaftlichen Mechanismen zielt.

Die Analogie zum Realismusbegriff Brechts, der Einsatz nämlich differenzier-
ter Erzähltechniken zur Aufhellung des 'gesellschaftlichen Kausalnexus',
wird aber von Hermand nicht durchgehalten. Die Zusammenführung von Was und
Wie der Darstellung gelingt in der Analyse des Romans durch Hermand nur
scheinbar. Zwar grenzt sich Hermand ausdrücklich von Emrichs Entgegensetzung:
hie unveräußerlicher Anspruch auf Individualität im neueren DDR-Roman – da
vereinnahmende Kollektivität der Wirklichkeit, ab,[2] jedoch lebt an anderer
Stelle die Allgemeinmenschlichkeitsthese unter neuen Vorzeichen wieder auf.
Hermand mißt Kant die Fragestellung zu: "... gibt es im Rahmen des Typischen
nicht auch individuelle Varianten, die sich selbst bei einem 'fortgeschrit-
tenen' sozialistisch-marxistischen Bewußtsein nicht 'ändern' lassen?"[3] und
unterstellt damit letztlich, Kants Darstellung des Verhältnisses von Individuum und Gesellschaft ziele auf die Demonstration unveränderlicher Eigenschaften d e s Menschen:

> Wenn er (Kant-M.B.) überhaupt als 'Psychologe' auftritt, dann nur, um auf
> seelische Konstellationen hinzuweisen, in denen trotz aller äußeren,
> historisch oder (?) gesellschaftlich bedingten Wandlungen ein bißchen von
> jener menschlichen 'Urseele' zum Vorschein kommt, deren Existenz man auch
> zugeben muß, wenn man nicht extensiv in Freud herumgelesen hat.[4]

Hermand verkennt den sozialistischen Anspruch der DDR-Literatur, wenn er die
Kritik an den gegenwärtigen gesellschaftlichen Verhältnissen auf einen ewi-
gen Widerspruch reduziert, nämlich "auf die innere Dialektik zwischen der
Größe menschlicher Intentionen und der ebenso menschlichen Schwäche,sie zu
verwirklichen."[5]Kants Anliegen ist es, den Anspruch auf Veränderung der per-
sönlichsten, intimsten Verhaltensweisen unter Verweis auf erhebliche Schwächen der gegenwärtigen Entwicklung von Partei und Gesellschaft anzumelden

---

1 Hermand, Unbequeme Literatur.S.177. 2 Vgl. ebenda S.188.
3 Ebenda S.186.
4 Ebenda S.189. Die auch von Hermand für die Interpretation herangezogene
  Trullesand Handlung in der 'Aula' spricht für Kants Ziel, daß auch in den
  intimsten Beziehungen der 'Neandertaler' überwunden werden muß.
5 Hermand, Unbequeme Literatur.S.192.

Der achselzuckende Hinweis auf allgemeinmenschliche Schwächen aber muß zu einer schlechten Versöhnung mit der Wirklichkeit führen. Hermand gelingt nicht die Vermittlung der auf die konkreten gesellschaftlichen Umstände bezogenen Kritik mit dem vorgeblichen Anspruch dieser Literatur auf Allgemeinmenschlichkeit. Schaden nimmt dadurch auch die Kritik an Kants politischen Auffassungen. Hier wäre zu unterscheiden gewesen zwischen der These von der ideologischen Koexistenz, die Kant unterstellt wird,[1] und der Aufforderung zum Dialog im Rahmen der friedlichen Koexistenz zu unterscheiden gewesen. Ebenso problematisch erscheint es, wenn Kants Kritik am 'Bürokraten neuen Typs' mit der Kritik von Djilas gleichgesetzt wird.[2] Diese Analogie könnte nur dann aufgestellt werden, wenn Kants politischer Standort unter dem Vorzeichen politischer List sich verstecken würde, die das eigentliche Anliegen verdeckte.[3] Dieser Interpretation neigt Hermand zu: "Daher sind alle 'Saturierten' gemeint, die westlichen Wohlstandskapitäne und die östlichen Funktionäre."[4] Mit dieser These gerät Hermand in die Nähe der von ihm selbst als eklektisch zurückgewiesenen Kritik:

> Im Westen sprach man in den üblichen Zeitungsfeuilletons von einer gelungenen Satire auf den SED-Apparat, vom 'Wolf im Schafspelz' oder einem ironischen In-Frage-Stellen des gesamten mitteldeutschen Regimes.[5]

2.3.2.2 Versuch einer Einzelanalyse unter Reflexion auf die Funktionsbestimmung der DDR-Literatur (Mohr)

Mohrs 1971 erschienenen Aufsätze zu Hermann Kants'Aula' und zu Christa Wolfs 'Nachdenken über Christa T.'[6] zeichnen sich durch eine substantielle Einzelanalyse aus. Mohr wirft der vorangegangenen Rezeption der 'Aula' eine "ideologische ... Sperre"[7] vor. Mohr geht es aber weniger um die Erklärung dieses Phänomens als um die Beschreibung der andersgearteten Funktionsbestimmung, die in der DDR für die Literatur vorgenommen wird. Diese Funktion von Literatur sieht Mohr auf drei Ebenen:

(a) in der Bildung von Geschichtsbewußtsein,

(b) in der Konfliktbewältigung der Gegenwart,

(c) in der "Vergegenwärtigung der geplanten Zukunft"[8] (prognostische Funktion)

1 Vgl. Hermand, Unbequeme Literatur.S.180.   2 Vgl. ebenda.
3 Vgl. ebenda.   4 Ebenda S.192.
5 Ebenda S.177f.
6 Mohr, Heinrich: Gerechtes Erinnern.Untersuchungen zu Thema und Struktur von Hermann Kants 'Die Aula' und einige Anmerkungen zu bundesrepublikanischen Rezensionen.In:GRM.21.Jg.(1971).S.225-245., im folgenden zit. als Mohr, Erinnern.; Ders.: Produktive Sehnsucht.Struktur, Thematik und politische Relevanz von Christa Wolfs 'Nachdenken über Christa T.' In:Basis.2.Jg.(1971).S.191-193.   7 Mohr, Erinnern.   8 Ebenda S.226.

Franke flüchtet sich stattdessen unvermittelt in die Darstellung der kulturpolitischen Entwicklung und die Darlegung der Prosa-, Dramen- und Lyrikent-
wicklung. Es stellt sich allerdings die Frage, ob bei Frankes Darlegungen
von einem Entwicklungsprinzip gesprochen werden kann. Sein Gliederungsprin-
zip für die Kulturpolitik orientiert sich an bloßer Chronologie[1] und vermeidet gerade dadurch eine Aufarbeitung der Entwicklungslinien. Die Untergli-
derungen werden zu Portionen, die nach dem Schema: wichtigstes Ereignis -
Diskussionsverlauf - Neuerscheinungen - Anzahl und Namen der verstorbenen
Autoren unterteilt werden. Diese Aufteilung hat aber keinen Verzicht auf
übergreifende Bewertungen zur Folge. Franke folgt dem üblichen Einteilungs-
schema, versperrt sich aber den Weg für eine kritische Einschätzung, die den
jeweiligen Einflüssen von kulturpolitischen Positionsbestimmungen gerecht
zu werden hätte. So wird bei Franke beispielsweise Lukács nur 1956 erwähnt,
seine Position aber - für den Leser völlig überraschend - als die bis dahin
bestimmende angesehen: "Beliebtester Angeklagter unter den 'Konterrevolutio-
nären' wurde alsbald der ungarische Germanist Georg Lukács, der bislang die
Rolle eines Vaters der DDR-Literaturwissenschaft innegehabt hatte."[2] Mit
dieser Mitteilung wird dem Leser von Frankes Darstellung im nachherein deutlich, daß seine Beschreibung der kulturpolitischen Etappe von 1945-1956 in
Zweifel gezogen werden muß, da sie diesen entscheidenden Einfluß nicht thematisierte; gleichzeitig aber wird dem Leser vorenthalten, ob und welchen
Einfluß nach 1956 Lukács auf die kulturpolitische Entwicklung hatte bzw. hat.
Durch Frankes Einteilungsprinzip werden weder die Genese noch die Beschreibung des Istzustandes der Kulturpolitik erklärt bzw. beschrieben. Sie erscheinen als Wiederholung eines Ewiggleichen, in dem die tatsächlichen Widersprüche der Entwicklung verlorengehen.[3] Frankes Versuch, die versäumten
Einschätzungen nachzureichen, enden in einem völlig unzureichenden Versuch,
die Entwicklung der marxistischen Literaturtheorie von Marx/Engels bis zur
Gegenwart auf zehn Seiten einzuholen einerseits[4] und in einer, wenn auch
sehr informativen, Kompilation von Fakten zum Literaturbetrieb in der DDR

---

1 Vgl. dazu u.a.Arnold, Heinz Ludwig:Westdeutsche Misere mit DDR-Literatur.
  Woran zwei Publikationen über die andere deutsche Literatur scheitern.In:
  FR vom 12.8.1972., im folgenden zit. als Arnold, Westdeutsche Misere.
2 Franke, Literatur.S.76.
3 Vgl. die Beispiele, die aus DDR-Sicht Kähler selbstkritisch anführt. (Kähler, Hermann: Feuer aus Ochsenaugen.In:SuF.24.Jg.(1972).H.6.S.1316-1324.,
  im folgenden zit. als Kähler, Feuer.). Auch Rothe mahnt diese Schwäche an;
  vgl. Rothe, Schritt.S.267.
4 Vgl. Franke, Literatur.S.173-183.

andererseits[1].

Wenn Franke auch einige die spezifische Situation der DDR-Literatur charakterisierende Aussagen gelingen, wie:

> Böttcher kann voraussetzen, daß seine Leser Neutschs Roman (Spur der Steine-M.B.) gelesen haben. Solche Anspielungen und Zitate kommen in der DDR-Literatur häufiger vor als anderswo, diese Literatur ist miteinander verflochten durch den als Verpflichtung gespürten Auftrag, durch das grosse Thema, durch die interessierte Leserschaft.[2]

so verharrt er doch insgesamt auf schon oftmals reproduzierten Positionen, die den tatsächlichen Zusammenhang von Literatur und Geschichte nicht zu erfassen geeignet sind.[3]

Dem langen einleitenden Teil zur Kulturpolitik folgt in Frankes Arbeit unter dem Titel 'Prosa' eine Darstellung, die dem Generationenprinzip folgt, gleichzeitig auch den Anspruch einer monographischen Darstellung erhebt. Die Funktion des einleitenden Teils für die Prosaentwicklung bleibt unklar,[4] denn die Phasenentwicklung gewinnt keine Bedeutung für das konkurrierende und sich nunmehr durchsetzende Jahrgangsprinzip. Dominierend bleibt eine Aneinanderreihung von mehr oder weniger bekannten Autoren. Dieser Faktologie[5] gehen wiederum die Entwicklungslinien verloren. Auch i m m a n e n t sind für die Einteilung der Generationen Zweifel anzumelden: die Ursachen liegen in der völlig unzureichenden Definition und Abgrenzung der drei von Franke angegebenen Generationen:

(a) "Die erste Generation der DDR-Prosaisten: kein fester Block durch Herkunft und Lebensweg, geeint nur durch den Faschismus, geschwächt durch die Mühen von Haft, Exil, Krieg und Nachkriegszeit - dennoch keine unfruchtbare Generation."[6]

(b) "Die zweite Generation der DDR-Prosaisten: zwischen 1915 und 1930 geboren, erlebt sie den Krieg verschieden intensiv, aber bewußt, sie beginnt nach dem Krieg, befreit von Uniform und Zwang, zu schreiben."[7] und "Das ihnen Gemeinsame: das Erlebnis des Krieges, das Zusammenfallen des Beginns der neuen Ordnung mit dem Beginn des Schreibens, das Bewußtsein, DDR-Bürger zu sein."[8]

---

1 Vgl. Franke, Literatur.S.183-192.   2 Ebenda.
3 Vgl. dazu Kähler, Feuer.S.1316 sowie 1318: "Frankes Literaturgeschichte ... ist von einer veräußerlichten Auffassung staatlicher und politischer Gegebenheiten bestimmt, als gelte es eine Literaturgeschichte des Großherzogtums Weimar oder des Königreichs Bayern zu schreiben. Der soziale und internationale Charakter der ... Vorgänge bleibt fast völlig ausgeklammert ..."
4 Vgl. ebenda S.1318f.
5 Vgl. zu entsprechenden Bewertungen Wallmann, Jürgen P.: Die beiden deutschen Literaturen ... In:NDH.19.Jg.(1972)H.3.S.109. sowie Kähler, Feuer.
6 Franke, Literatur.S.325.   7 Ebenda.
8 Ebenda S.385.

(c) "Das große Thema der Jüngsten, zwischen 1931 und 1946 Geborenen, ist die
Veränderung der Welt durch die Arbeit."[1] und:
"Diese Schriftsteller haben ein einziges gemeinsames Thema: das Leben
in einem Staat, in einer Gesellschaft, die den Sozialismus aufbaut."[2]

Da sich Frankes Einteilung auf diese hier wiedergegebenen Definitionen der
Generationen einzig beruft, verschwimmen sowohl die Gemeinsamkeiten wie
auch die Unterschiede der Generationen: die Darstellung der produktiven, um-
gestaltenden Tätigkeit dürfte zumindest der ersten und dritten Generation
gemeinsam sein (Claudius und Neutsch), die Faschismusbewältigung ist sowohl
mit Autorennamen der zweiten als auch der ersten Generation verbunden (Fühmann, Hermlin, Seghers) usw. Diese Gemeinsamkeiten sollen aber nicht die
Unterschiede der literarischen Produktion dieser Autoren verdecken. Eine
Synthese aus einleitenden Ausführungen zur Kulturpolitik und Generationen-
einteilung hätte Franke möglicherweise aus dem Problem herausführen können.
Zu prüfen wäre der Vorschlag Kählers, zwischen Autoren, die schon vor 933
der sozialistischen Literaturbewegung angehörten, denen, die nach der eigenen Abrechnung mit dem Faschismus zu schreiben begannen (Bobrowski, Fühmann)
und "Schriftstellern wie Volker Braun oder Manfred Jendryschek, die in der
DDR zur Schule gegangen sind, deren geistiges Profil sich unter sozialistischen Verhältnissen formte."[3] zu unterscheiden. Ihre spezifischen Reaktions-
weisen, ihr Verhältnis zur DDR, wären so sicherlich eher einzuordnen gewesen als durch ein chronologisierendes Schema, dem der Blick für Gemeinsamkeiten dort verstellt scheint, wo dem chronologischen Prinzip Genüge getan
werden muß. Der Verlust an authentischer Situationsbeschreibung hätte ver-
mieden werden können; er muß so ebenso in Kauf genommen werden wie der Verzicht auf die Traditionsbeschreibung und Historizität der literarischen
Kategorienbildung, wenn Franke behauptet: "Ihre Lektüre (der Aufbauromane-
M.B.) lohnt nur für den Historiker."[4]

Diese Einwände ließen sich relativieren, wenn die monographischen Darstellungen Informationsbedürfnisse befriedigten. Zu Recht aber spricht Arnold
von einem "Pseudopositivismus"[5] hinsichtlich der Arbeit von Franke, denn
mit der umfänglichen Anhäufung von Material verbinden sich impressionisti-
sche Bewertungen von Autoren und Werken. Die Inhaltsangaben zeigen sehr
häufig nicht die Verknüpfung der Handlungsstränge, sondern sollen durch

---

1 Franke, Literatur.S.417.   2 Ebenda S.385.
3 Kähler, Feuer.S.1319.
4 Franke/Langenbucher, Erzähler.S.15. Damit werden Teilansichten in Bezug
  auf eine innerliterarische Diskussion in der DDR-Literatur relativiert.
5 Arnold, Westdeutsche Misere.

Stichwörter die Assoziationskraft des Lesers stimulieren: "Westsabotage, Pfuscherei, Großsprecherei, Bürokratie, Kontroverse Jung- und Altintelligenz"[1] oder "Mischungen aus Natur, Sex, Tod, Widerstand"[2] geben als Inhaltsangaben wenig Aufschluß. Feuilletonistische Bemerkungen in Stilblütenreife sollen die literaturwissenschaftliche Analyse ersetzen. Einige seien hier wiedergegeben:[3]

Adam Scharrer ... zehrt wie alle dieser Erzähler der ersten Generation in seinen Arbeiten vom Erlebten.[4]

Auch in der Literatur kann man in der Regel nur einmal schockieren.[5]

Über Anna Seghers: Ihre Verfechter werden intensiv gesehen, unvermittelt und plastisch beschrieben, die Anstrengung des Wortefindens bleibt unlesbar.[6]

Über Steinberg: Sex hilft auch hier weiter, allerdings verlagert er sich zunehmend in Richtung Busen.[7]

Heym ist ein operativer Schreiber, der sich nicht mehr traut, operativ zu schreiben.[8]

Jobst ist, wie könnte es anders sein, ein naiver Erzähler, der die sächsische Mentalität und Mundart kennt und sich vom Erlebten tragen läßt.[9]

Hermlin hat Lust am kalkulierten Effekt: er bevorzugt es Situationen darzustellen nicht Menschen, - Situationen mit Menschen, in erfundenen dunklen Welten.[10]

Brezan hat sich allerdings auch mit diesen Erzählungen noch nicht entschieden, ob er der schlichte, poetische Sorbe vom Dienst oder ob er unterhaltender Erzähler von überregionalem Rang sein will. Das Zeug dazu hätte er, die Zeit bald nicht mehr,[11]

Der Prosaist Johannes Bobrowski ... war 1964, ein Jahr vor seinem Tod, plötzlich da.[12]

Für Fühmanns Erzählungen, die eher länger als kürzer sind, besteht nie die Gefahr, poetisch zu werden.[13]

Otto ... nimmt Anleihen bei Hemingway und der Marlitt auf.[14]

De Bruyn kann kein Schema für seine Erzählweise brauchen, er braucht Geschehnisse, Helden, die nicht von vornherein eindeutig sind, denen man sich sorgfältig differenzierend, nur annähern kann, bei denen ein Rest bleibt.[15]

Wellm kann nicht ökonomisch erzählen, er ist im Zugriff, in der Auswahl, im Differenzieren noch zu zaghaft, er verzettelt und verliert sich in dem interessanten Problembereich Schule-Kollektiv-Individuum.[16]

---

1 Franke, Literatur. S.316.   2 Ebenda S.335.
3 Wenn diese Sammlung auch auf Kosten Frankes sich delektiert, so sollte sie doch immer als Aufforderung verstanden werden, eine wissenschaftlich fundierte Literaturgeschichte der DDR zu schreiben, die des Unkenntis überdeckenden Wortschwalls nicht mehr bedürfte. Eine derartige Arbeit wäre im Alleingang nicht zu bewältigen.
4 Franke, Literatur.S.287.   5 Ebenda.   6 Ebenda S.293.
7 Ebenda S.315.   8 Ebenda S.322   9 Ebenda S.326.   10 Ebenda

Erich Köhler ... ist einer der geborenen Erzähler unter den DDR-Autoren.[1]

... sie (Christa Wolf) hat ihr Thema gefunden: menschliche Beziehungen vor dem Hintergrund einer sich entwickelnden Gesellschaftsordnung.[2]

über Sarah Kirsch: So ähnlich hätte vielleicht Johnson geschrieben, wäre er in der DDR geblieben.[3]

Michel ist einer, der deutsche Klassiker noch genau und langsam liest.[4]

Franke mag sich aber nicht mit einer Beschreibung des schon Veröffentlichten begnügen, sondern wagt Prognosen, die Aktualität vorspiegeln sollen, aber gerade wieder durch ihre Allgemeinplätzigkeit und Fehlprognostik sehr schnell an Bedeutung verlieren: "Der zweite Band dieses engagierten, ehrlichen Eiferers und Außenseiters unter den DDR-Autoren (Claudius-M.B.) dürfte noch interessanter sein."[5] oder nach umfänglicher Zitation aus Günter de Bruyns damals noch nicht veröffentlichter 'Preisverleihung': "Man wird sehen. Günter de Bruyn hat nach 'Buridans Esel' einen Ruf zu verlieren."[6] oder über Jurek Becker (nach Darstellung von 'Jacob der Lügner'): "Vielleicht kommt als nächster Roman die Geschichte des Herzspezialisten Kirschbaum, des jüdischen Professors, der sich, als er den Sturmbannführer Hardtloff heilen sollte, vergiftete ?"[7]

Wallmann hat bedingt Recht, wenn er Frankes Arbeit einen "überdimensionalen Zettelkasten"[8] nennt; auch die Zettel sind bei Franke nicht immer sinnvoll beschrieben und werden ihrer wissenschaftlich-arbeitstechnischen Funktion nicht gerecht. Eine Litergeschichte ist hier nicht entstanden.

2.3.3.2   Literaturgeschichte als Fundierung konvergenztheoretischer Hoffnung (Brettschneider)

Werner Brettschneider ist 1972 mit einer umfassenden Arbeit zur DDR-Literatur hervorgetreten, die den programmatischen Titel trägt:'Zwischen literarischer Autonomie und Staatsdienst. Die Literatur in der DDR.'[9] Der Widerspruch zwischen einer möglichen totalen Einfunktionalisierung der Literatur in das gesellschaftliche System und die Hoffnung auf ein Autonomwerden der Literatur stehen auf der von Brettschneider angesetzten Beschreibungsebene

---

1 Franke, Literatur.S.362. 2 Ebenda S.373.
3 Ebenda S.409. 4 Ebenda S.410.
5 Ebenda S.306. 6 Ebenda S.346.
7 Ebenda S.412.
8 Wallmann, Die beiden deutschen Literaturen.S.121.
9 Brettschneider, Werner: Zwischen literarischer Autonomie und Staatsdienst. Die Literatur in der DDR.(Berlin).(1972)., im folgenden zit. als Brettschneider, Autonomie. Brettschneiders spätere Veröffentlichung: Erwin Strittmatter.In:Benno von Wiese (Hrsg.):Deutsche Dichter der Gegenwart. Ihr Leben und Werk.Berlin.(1973). bringt keine wesentlichen Veränderungen.

tas"[1], verstanden als Instrumentalisierung der Literatur zu tagespolitischen Zwecken, wird zur Negativfolie der Darstellung. Generell wird den Literaturdebatten in der DDR Theorielosigkeit[2] sowie eine ideologisch verdeckte Tradierung Lukácsscher Theoreme, die auf harmonisierende Überdeckung einer schlechten Wirklichkeit hindeuten, vorgeworfen.

Dieser herrschenden Literaturkonzeption in der DDR hält er die eigenen Bewertungskriterien entgegen: es gelte zu prüfen, "ob eine Phänomenkritik angedeutet wird oder Strukturen grundsätzlich kritisch erörtert werden."[3] Darüberhinaus artikuliert Raddatz noch ein weiteres Interesse an der DDR-Literatur: er erhofft sich Informationen über den Bewußtseinsstand der DDR-Bevölkerung. So heißt es anläßlich der Interpretation von Brigitte Reimanns 'Die Geschwister', der Wert dieser Erzählung liege "weniger im Literarischen als im Seismographischen: für den, der sich informieren will über die politische Moral, über die Hoffnungen und Verzweiflungen, die Verstellungen und Klischees, die Ehrlichkeit und die Verstellungen 'auf der anderen Seite'."[4] Das schwierige hermeneutische Problem aber, gerade hier zwischen bewußter oder unbewußter Verzerrung der Wirklichkeit und als authentisch zu wertender Information zu unterscheiden, bleibt bei Raddatz auf der methodologischen Ebene unerörtert.[5]

Der Literaturbegriff Raddatz' kann durch drei Spezifika gekennzeichnet werden:

(a) die Ablehnung der Kommunikationsfunktion literarischer Werke,

(b) die Primatisierung der Form vor dem Inhalt,

(c) die Skepsis gegenüber einer möglichen Wirklichkeitserkenntnis sowie eines möglichen Beitrags zur Veränderung der Wirklichkeit durch Literatur: mit dieser Skepsis ist die Favorisierung resignierter Autoren verbunden.

---

1 Raddatz, Traditionen.S.65.
2 Es erscheint problematisch, wenn Raddatz unter Berufung auf Hans Mayer diese unsinnige These mit Autorität zu versehen versucht.(Vgl. ebenda S.36).
3 Pareigis merkt an, Raddatz halte eine affirmative Kritik durchaus für legitim, kann aber keinen Beleg für diese etwas gewagte These beibringen. (Vgl. Pareigis, Analyse.S.24).
4 Raddatz, Traditionen.S.375. Nur gelegentlich weicht Raddatz so deutlich von seinem Zwei-Literaturen-Konzept ab, wie an dieser Stelle: "In diesem Wortgeröll muß man schürfen, um Teile der deutschen Wirklichkeit der deutschen Wahrheit zu finden."(Ebenda S.376).
5 Hinweise auf Verfahrensweisen bleiben marginal und äußerst unbefriedigend. So ist anläßlich der Schneider-Interpretation ('Brücken und Gitter') davon die Rede, man müsse "die Brücken-Metapher genau abhorchen,"(Ebenda S.320).

(zu a) Die Kommunikationsfunktion von Literatur wird von Raddatz mehrfach in Zweifel gezogen: "Das Mißverständnis, Literatur sei 'nützlich', hat viele Plakatformulierungen ermöglicht und einen Ansatz zu tiefstem Mißverstehen innerhalb der beiden deutschen Literaturen ."[1] Könnte sich diese Formulierung noch gegen eine Erwartung von unmittelbarer Nützlichkeit der Literatur wenden, so zeigt der weitere Gang der Argumentation, daß seine Einwendungen gegen die kommunikative Funktion der Literatur grundsätzlicher Art sind: Kunst darf sich nicht bemühen, als moralische Instanz zu wirken,[2] sie darf sich nicht in didaktische und Verständlichkeitsübungen einlassen,[3] sollte nicht versuchen, als 'Lebenshilfe'[4] zu wirken, muß sich der Konsumierbarkeit[5] und einem gesellschaftlichen Auftrag[6] entziehen. Folgerichtig wendet sich Raddatz gegen ein "hemmungsloses Einbeziehen von Realität"[7], da es zum "Vorwand für Abhandlung und Belehrung "[8] werden könne, sowie gegen ein "Überangebot von Realität"[9], da dies zum "Realitätsschwund"[10] führen müsse. Die grundsätzliche These lautet demnach: wennimmer Literatur primär auf Kommunikation zielt, wird sie zur Trivialliteratur[11].

(zu b) Raddatz hält dem eine Literatur entgegen, die ihr Spezifisches im "Überhöhen oder auch Auslaugen von Realität"[12] hat, die durch "Ambivalentes, Zwischen- und Hohltöne"[13] gekennzeichnet ist. Eine derartige Literatur sieht Raddatz bei Lautréamont, Genet und Musil verwirklicht.[14] Diese Literatur sollte keinen allwissenden Autor haben;[15] stattdessen darf immer nur auf Partialität der Darstellung abgezielt werden: "Die neue Form nämlich, so zerbrochen und zersplittert sie auch wirken mag, kann aufrichtiger und damit richtiger Partielles einfangen und ausdrücken als ein Scheinspiegel."[16] Zu welchen Zwecken eingefangen und ausgedrückt werden soll, wird von Raddatz an dieser Stelle nur angedeutet, nämlich:

Eine neue Form kann zum Beispiel n e u e   I n h a l t e , B e g i n -
n e n d e s   n o c h   n i c h t   z u m   T o t a l e n   s i c h
G e f ü g t e s   erfassen.[17]

---

1 Raddatz, Traditionen.S.20.   2 Vgl. ebenda S.35.
3 Vgl. ebenda S.44. Hier wird Brecht positiv gegen Lukács gewertet, weil er den Genuß aus dem Kunstwerk eskamotiere; die historisch-kommunikativen Überlegungen Brechts sowie seine späteren Auffassungen zum Verhältnis von Belehrung und Genuß bleiben ungenannt.(Vgl. ebenda S.43.).
4 EbendaS.62.   5 Vgl. ebenda S.340.   6 Vgl. ebenda S.333.
7 Ebenda S.297.   8 Ebenda.   9 Ebenda S.352.
10 Ebenda.   11 Vgl. ebenda S.375.   12 Ebenda S.64.
13 Ebenda S.329.   14 Vgl. ebenda S.66.   15 Vgl. ebenda S.351.
16 Ebenda S.38.
17 Ebenda S.38f., Hervorhebung von M.B.

werden, differenziert sich das Bild hinsichtlich der zweiten Kategorie von
Autoren. Sager interpretiert Kunert als unter starkem Graß-Einfluß stehenden Autor, der zwischen "Anpassung und Widerstand"[1]- der Brechtschen List
folgend[2] - seine schriftstellerische Position in der DDR behauptet: "Realist
im Sozialismus zwar, aber kein sozialistischer Realist"[3]. Die Einflüsse
von Graß auf Kunert werden als formale diskutiert, der Vergleich der inhaltlichen Seite des Antifaschismus wird allerdings nicht thematisiert.
Stefan Heyms 'Schmähschrift' wird als Werk mit antitotalitärer Stoßrichtung
gedeutet,[4] das in einer "Zeit wirkungsloser Literatur"[5] als Beunruhiger jeglicher Machtverhältnisse angesehen werden kann.
Sager und Wallmann, die sich im wesentlichen auf Inhaltsangaben der jeweiligen Werke beschränken, gelangen darüberhinaus teilweise zu Bewertungen, die
Autorintention und Funktionsbestimmung der DDR-Literatur miteinander vermitteln. So wird Bobrowskis Anliegen auch für die BRD-Leser bestimmt:

> Es geht darum, Vergangenes , das sich so oder anders , hier oder anders-
> wo abgespielt hat, nicht zu vergessen, sondern es im Gedächtnis zu be-
> halten, damit die Gegenwart recht zu verstehen sei.[6]

Hindeutungen auf eine mögliche Funktionsbestimmung für den Leser in der BRD
lassen sich auch in der Besprechung des 'Impressum' von Kant finden. Kant,
so Sager, wolle Geschichtsbewußtsein vermitteln.[7]
Gleichzeitig werden gerade gegen Kants 'Impressum' prinzipielle Vorbehalte
angemeldet: Kant, der es unternimmt, den "Prototyp des neuen Menschen im
neuen Staat"[8] darzustellen, verfällt einer "Wort- und Anekdotenverliebt-
heit"[9], der der Grundton letzlich unkritischer Ironie eigen ist. Der Roman
werde aber nicht zum "oberflächliche(n) Funktionärsroman"[10], halte aber
prinzipiell und einseitig daran fest, den Protagonisten und den Leser die
Einsicht in die Notwendigkeit zu lehren.[11] Erfaßt Sager diskussionswürdige
Charakteristika der Prosa Kants, so degeneriert die Kritik Wallmanns teilweise stärker zum Klischee, wenn grundsätzlich von ihm eine Unvereinbarkeit
von gehobenem Sprachstil und sozialistischer Grundorientierung angenommen
wird. Über Hermlin fällt er (Reich-Ranicki und Raddatz folgend) das ab-

---

1 Sager, Tagträume.S.149.   2 Vgl. ebenda.
3 Ebenda S.149f.   4 Vgl. Sager, Heym.S.156.
5 Ebenda.   6 Wallmann, Bobrowski.S.165.
7 Vgl. Sager, Kant.S.136.   8 Ebenda S.138.
9 Ebenda S.139.   10 So Zehm über den Roman.
11 Vgl. Sager, Kant.S.135.

schließende Urteil: "Nein, Stefan Hermlin ist kein Revolutionär, er ist ein Schöngeist."[1] Die Trennung von Form und Inhalt wird von Wallmann für den Fall Rolf Schneiders noch variiert. Hier wird deutlicher, daß Wallmann in seiner Kritik primär auf eine Abgrenzung von den in der DDR-Literatur vermittelten Inhalten abzielt: Die in Schneiders 'Tod des Nibelungen' vorgetragene Kritik an restaurativen Zügen in der BRD wird als "Kolportage"[2] denunziert. Nur einmal, anläßlich der Besprechung von Alfred Wellms 'Pause für Wanzka', läß Wallmann die eigenen Bewertungskriterien noch deutlicher durchscheinen: der vermittelnde Schluß des Romans stelle nicht das System insgesamt in Frage.[3] Auch hier greift Wallmann auf die Kriterien Raddatz' zurück.

2.3.4 DDR-Literatur und Literatur der BRD im Vergleich

2.3.4.1 Konfrontation der literaturgeschichtlichen Entwicklung (Trommler)

Trommler konzentriert sich in seiner Auseinandersetzung mit der DDR-Literatur[4] auf die Abgrenzung der Entwicklung von DDR- und BRD-Literatur sowie auf die literaturgeschichtliche Traditionswahl der DDR-Literatur. Unter deutlicher Absetzung vom Vokabular des Kalten Krieges[5] und unter Hinweis auf die teilweise unzureichenden Kriterien der literaturwissenschaftlichen Arbeiten,[6] verlangt Trommler im Anschluß an Mayer[7] eine Einbeziehung der DDR-Literatur in die wissenschaftliche Diskussion unter dem Postulat der Einheit der Nation[8]. Dem Festhalten an der These von der Einheit der Nation folgt aber nicht die Gleichsetzung der literarischen Entwicklung in beiden deutschen Staaten:

---

1 Wallmann, Hermlin.S.146.   2 Wallmann, Schneider.S.152.
3 Vgl. Wallmann, Wellm.S.158.
4 Trommler, Frank: Der 'Nullpunkt 1945' und seine Verbindlichkeit für die Literaturgeschichte.In:Basis.1.Jg.(1970).S.9-25., im folgenden zit. als Trommler, Nullpunkt.; Ders.: Der zögernde Nachwuchs. Entwicklung der Nachkriegsliteratur in Ost und West.In:Tendenzen der deutschen Literatur seit 1945.Hrsg. von Thomas Koebner.Stuttgart.(1971).S.1-116., im folgenden zit. als Trommler, Nachwuchs.; Ders.:Realismus in der Prosa.In:Tendenzen der deutschen Literatur seit 1945.In:Ebenda S.179-275., im folgenden zit. als Trommler, Realismus.; Ders.: Von Hölderlin zu Stalin.Über den Entwicklungsroman in der DDR.In:Basis.2.Jg.(1971).S.141-190., im folgenden zit. als Trommler, Stalin.; Ders.:DDR-Erzählung und Bitterfelder Weg.In:Basis.3.Jg.(1972).S.61-97., im folgenden zit. als Trommler, DDR-Erzählung.
5 Vgl. Trommler, Nullpunkt.S.16.   6 Ebenda S.17.
7 Vgl. ebenda. Auch bei Trommler werden die Mayerschen Kriterien gutgeheißen, aber nicht angewendet.
8 Vgl. Trommler, Nullpunkt.S.11.

Zugleich verbietet es sich aber auch, eine qualitative Einheit aus west-
und ostdeutscher Literatur herzustellen. Es geht vielmehr um zwei literarische Entwicklungen, die einen disparaten Verlauf nahmen und nehmen.[1]
Um diese Prozesse zu erfassen, muß nach Trommler das Wechselverhältnis von
Literatur und Politik einbezogen werden[2] und dieses sei "vor dem Hintergrund
der gesellschaftspolitischen Entstehungssituation sowie der bewußt angerufe-
nen Tradition darzstellen."[3] Trommlers Anspruch zielt auf die Produktionsbedingungen der DDR-Literatur, läßt aber die Probleme der Rezeption weitgehend
undiskutiert. Weitgehend deshalb, weil Trommlers Aufforderung, die Diskussion um die Exilliteratur, DDR-Literatur und unmittelbare Nachkriegsliteratur zu intensivieren[4], sich als Beitrag zur Vergangenheitsbewältigung und
Erklärung der Genese der gegenwärtigen Literaturspaltung versteht, da er
davon ausgeht, daß in der Aufarbeitung dieser Tradition gleichzeitig Gegen-
wärtiges deutlich wird.

Nach Trommler wären fünf Phasen der literarischen Entwicklung in der DDR
zu unterscheiden:

(a) die antifaschistische Nachkriegsphase;

(b) die Phase schematisierter Wirklichkeitsdarstellung (spätestens ab 1951),
die zahlreiche Aufbauromane hervorbringt;

(c) die Phase von 1956-1962, die durch heftige ideologische Debatten gekennzeichnet war;

(d) die Bitterfelder Bewegung;

(e) die 'nachbitterfelder' Phase.

Die antifaschistische Phase der Literatur der damaligen SBZ wird von Trommler derjenigen der Westzonen entgegengehalten, die bewußt oder unbewußt auf
Restauration alter Machtverhältnisse zielte. Allein schon die Übersiedlung
zahlreicher Exilierter in den östlichen Teil Deutschlands gewährleistete
eine Kontinuität realistischen Literaturschaffens, die dem Nullpunkt-Denken,
das einen totalen Bruch zwischen faschistischer Entwicklung und Nachkriegs-
entwicklung in den Westzonen unterstellt, eine strikte Absage erteilte.[5]
Die Anknüpfungsmöglichkeiten an die Exilliteratur werden nach Trommler nur
unzureichend weiterverfolgt; es kommt zum Bruch zwischen antifaschistisch-

---

1 Trommler, Nachwuchs.S.2.Trommlers Ausführung steht also im Widerspruch
zu seinem eigenen Vorwort:"Es (das vorliegende Buch-M.B.) ist an den Werken orientiert - an den Werken der wet- und ostdeutschen Literatur, zwischen denen oft weniger Unterschied besteht als zwischen den Werken ...
in der Schweiz, in Österreich ... und den Werken der deutschen Staatsbür-
ger."(Trommler, Nachwuchs.S.VII.).
2 Vgl. Trommler, DDR-Erzählung.S.63.   3 Trommler, Stalin.S.142.
4 Vgl. Trommler, Nullpunkt.S.25.   5 Vgl. ebenda S.12 und 18.

demokratischer Phase und einer späteren Entwicklung: "Denn was in der ersten, der antifaschistisch-demokratischen Phase der kommunistischen Deutschland-Politik gewährt wurde, war in den späteren Jahren keinesweg garantiert."[1] Trommler deutet mit dieser Bemerkung auf die spätestens mit der Formalismus-kampagne 1951 beginnende striktere Orientierung der Literaturpolitik der SED auf eine Durchsetzung des sozialistischen Realismus als Norm hin.[2] Diese zweite Phase versucht Trommler mit den Stichwörtern "Theorie der Konfliktlosigkeit"[3] und "Schematismus"[4] zu umreißen. Diese Literatur reißt nach Trommler Vergangenheit und Gegenwart[5] unter Aussparung von Stalinismus und verfehlter KPD-Politik[6] auseinander und begnügt sich mit der voraussetzungslosen Darstellung der Gegenwart, die eine unbefragte Identität von Objektivität und Parteiinteresse zu suggerieren versucht[7]. Die ablehnenden Bemerkungen zur Phase bis 1956 enthalten wichtige Charakteristika dieser Phase, wären allerdings noch im Hinblick auf den jeweiligen Aufbauroman genauer zu differenzieren. Weiterhin bedürfte der 'Neue Kurs' einer genaueren Darlegung.

Nach dem XX.Parteitag beginnt mit dem 'Tauwetter'[8] eine von 1956-1962 andauernde Phase permanenter ideologischer und literaturpolitischer Diskussionen. Die Diskussion um die 'harte Schreibweise' anläßlich einer wiederauflebenden umfangreichen Kriegsliteratur[9] führt nach einer Ablehnung formalistischer Schreibweisen[10], zur Wiederbelebung von Novelle[11] und Entwicklungsroman. Das Überleben des Totalitätsmodells[12], die gleichzeitige Fortführung Lukácsscher Theoreme[13] hatte für den Bildungs- und Entwicklungsroman eine umfassende Renaissance der Einfühlungsästhetik zur Folge:

> Grundlegend wurde für alle diese Werke die - in der DDR zunächst keineswegs selbstverständliche - literarische Rückwendung zum Zweiten Weltkrieg und zu den ersten Nachkriegsjahren, die den autobiographischen Ton anschlug ... In jedem Fall zielte die Bemühung der Autoren auf die Darstellung der Bewußtwerdung des Helden und des Prozesses seiner Integration.[14]

Unter vorsichtig-kritischer Abgrenzung zum bürgerlichen Bildungsroman[15] reklamiert der sozialistische Bildungsroman für sich die r e a l e Einlö-

---

1 Trommler, Nachwuchs.S.38
3 Trommler, Stalin.S.147.
5 Vgl. ebenda S.149.
7 Vgl. Trommler, Nachwuchs.S.44.
9 Vgl. Trommler, Stalin.S.154.
11 Vgl. ebenda S.62.
13 Vgl. ebenda S.155f. und 187.
15 Vgl. ebenda S.183.

2 Vgl. ebenda S.43.
4 Vgl. ebenda S.147.
6 Vgl. ebenda.
8 Ebenda S.52.
10 Vgl. Trommler, DDR-Erzählung.S.64f.
12 Vgl. Trommler, Stalin.S.159.
14 Ebenda S.143.

und das Offenhalten der hierfür möglicherweise ausschlaggebenden Gründe, führen zur Thematisierung der individuellen Verantwortung des Erzählers. Die von Bornscheuer unterstellte Enttragisierung wäre nicht auf der Ebene Individuum-Gesellschaft zu suchen, sondern auf der Ebene einer Konfliktverschiebung aus der intimsten Privatsphäre in diegenige eingeschränkter Öffentlichkeit. Die glatte Auflösung der Trullesand-Handlung nämlich dient der Perspektivierung einer noch nicht vollständig gelungenen Bewältigung der Vergangenheit. Die Einebnung des von Kant breit angelegten Konflikts führt zu ambivalenten Aussagen in Bezug auf Heißenbüttels Konzeption. War sie zunächst eindeutig negativ bewertet worden und angemahnt worden, daß die Unverbindlichkeit die Aufklärung verdrängt habe,[1] so wird doch eine Favorisierung Heißenbüttels angedeutet: "Was jedoch bei Kant noch als verbindlicher Realismus erscheint, wird bei Heißenbüttel schon als unentrinnbarer Schematismus durchschaut;..."[2]. Eine inhaltlich und sprachlich offene Konzeption wird von Bornscheuer schont nicht mehr in allen Aspekten geteilt, gleichzeitig Kants Ideale zu großen Teilen gutgeheißen.

2.3.5 Phasenspezifische und autorenspezifische Einzeluntersuchungen unter dem Vorzeichen kulturpolitischer und literaturtheoretischer Fundierung

Nach dem Scheitern der ersten Versuche, Gesamtdarstellungen der DDR-Literatur zu geben, wandte sich die Rezeption nunmehr[3] einerseits der intensiveren Interpretation des Bitterfelder Weges und seiner bekanntesten Romane und andererseits der neuesten DDR-Literatur zu; hier liegt das Schwergewicht der Rezeption eindeutig bei der Diskussion um Christa Wolfs 'Nachdenken über Christa T.'. Das Interesse beginnt sich aber gerade in diesem Falle über die Interpretationen eines Einzelwerks hinaus auf die Entwicklung der Autorin insgesamt auszuweiten, so daß heute Arbeiten zur Literaturtheorie, zur literaturkritischen Entwicklung und zur Interpretation von Einzelwerken Christa Wolfs vorliegen.
Neben Christa Wolf ist neuerdings Anna Seghers eine derartige Aufmerksamkeit zuteil geworden.

---

1 Vgl. Bornscheuer, Wahlverwandtes.S.233.   2 Ebenda S.234.
3 Übersichtsdarstellungen erschienen noch von Wiese, Benno von:Deutsche Dichter der Gegenwart.Ihr Leben und Werk.(Berlin).(1973).; Frieß, Ursula: Literatur als res publica.Kulturpolitik und Literaturbetrieb in der DDR. In:Dietrich Harth(Hrsg,):Propädeutik der Literaturwissenschaft.(München). (1973).S.238-256.; Hartung, Harald:Literatur der DDR.In:Dieter Krywalski (Hrsg.):Handlexikon der Literaturwissenschaft.(München).(1974).S.253ff.

2.3.5.1 Die Rezeption des Bitterfelder Weges (Pareigis)

Unter den Spezialuntersuchungen zum Bitterfelder Weg von Gerlach[1], Greiner[2] und Pareigis[3], die im Jahre 1974 erschienen sind, stellt diejenige von Pareigis von theoretischer Durchdringung und Materialbasis her die am besten abgesicherte dar. Da Gerlach und Greiner keinen originären methodologischen Beitrag leisten, können sie an dieser Stelle unbeachtet bleiben.[4]

Wie vorher u.a. schon Brenner wirft Pareigis der vorherrschenden Kritik in der BRD eine Tendenz zur "Apologie der eigenen Vorurteile"[5] vor. Nach Auswertung der Arbeiten von Reich-Ranicki und Raddatz plädiert er dagegen für ein "Prinzip s a c h l i c h e r P a r t e i l i c h k e i t "[6], das er bei Raddatz, wenn er auch dessen Schlußfolgerungen nicht teilt, schon partiell verwirklicht findet. Pareigis bescheidet sich aber nicht mit der Forderung nach Parteilichkeit. Als wesentliche Voraussetzungen einer wissenschaftlichen Analyse der DDR-Literatur werden genannt:

(a) die Einbeziehung der weltanschaulichen Grundlegung und Traditionsbildung dieser Literatur;

(b) die Reflexion auf die allgemeinen literaturtheoretischen Traditionen der marxistischen Literaturtheorie;

(c) die Kenntnisnahme der speziellen Traditionsbildung der DDR-Literatur.[7]

Dabei ist sich Pareigis durchaus bewußt, daß die Deskription dieser Traditionslinien immer schon die Bestimmung eines eigenen Standortes diesen Traditionen gegenüber herausfordert.[8]

Die grundsätzlichen rezeptionstheoretischen Überlegungen Pareigis' bleiben begrenzt und widersprüchlich. Pareigis formuliert die ideologiekritische Intention einer außerhalb der DDR-Literaturgesellschaft stehenden Individualität, die sich den Prämissen der zu kritisierenden Theorie zum Zwecke der Selbstverständigung über die eigene Literaturtheorie zu stellen wünscht.[9]

Die Schwierigkeit aber, der eine Wertung unterliegt, die eine Konfrontation von DDR-Wirklichkeit und Verarbeitung dieser Wirklichkeit in der Literatur als Erkenntnisziel hat, führt bei Pareigis zu agnostischen Tendenzen:

---

1 Gerlach, Ingeborg:Bitterfeld.Arbeiterliteratur und Literatur der Arbeitswelt in der DDR.Kronberg.1974., im folgenden zit. als Gerlach, Bitterfeld.
2 Greiner, Bernhard:Von der Allegorie zur Idylle:Die Literatur der Arbeitswelt in der DDR.Heidelberg.(1974)., im folgenden zit. als Greiner,Allegorie.
3 Pareigis, Analyse.
4 Vgl. zur Analyse des Bitterfelder Weges durch Gerlach, Pareigis und Greiner Teil 3 dieser Arbeit.
5 Pareigis, Analyse.S.5.   6 Ebenda S.21., Hervorhebung von G.P.
7 Vgl. ebenda S.36/37.   8 Vgl. ebenda S.26.
9 Vgl. ebenda S.35.

Wieweit ein Roman aus der DDR die Wirklichkeit durch das Ausklammern verschiedener Teilbereiche der gesellschaftlichen Realität aus der Darstellung verzerrt widerspiegelt, ist für einen Interpreten, der die DDR nicht
aus eigener Anschauung kennt, schwer auszumachen.[1]

Durch den eingeengten Erfahrungsbegriff, der die unmittelbare, sinnlich-prak-
tische Teilnahme am Leben der DDR zur conditio sine qua non der Wertungs-
kompetenz macht, werden dort s p e z i f i s c h e Schwierigkeiten konstruiert, wo doch nur a l l g e m e i n e Schwierigkeiten einer Interpretation von historischen Texten liegen. Pareigis spricht sich damit indirekt
die ideologiekritische Kompetenz wieder ab. Folgerichtig bleiben auch seine
Ausführungen zum Adressatenbezug der DDR-Literatur ambivalent. Pareigis
thematisiert einerseits mehrfach das eigene Leseerlebnisse,[2] stellt aber
andererseits in seinen Einzelanalysen im wesentlichen die mögliche oder tatsächliche Wirkung der Romane auf den DDR-Leser in den Mittelpunkt; so formuliert er bei der Interpretation von Jakobs' 'Beschreibung eines Sommers':

> Vieles in dieser Analyse bleibt ohne eindeutigen Beleg, weil sie von
> einer vorgestellten, aber (wenn man Eva Strittmatter, die die Diskussion
> um Jakobs' Roman in der DDR geführt hat, als glaubwürdige Zeugin anfüh-
> ren kann) von einer wahrscheinlichen Reaktion der Rezipienten auf das
> Romangeschehen ausgeht,...[3]

Pareigis bezieht in seine Bewertungskriterien demnach nicht primär den möglichen Adressatenbezug der DDR-Literatur auf den Leser in der BRD ein.
Dabei deutet Pareigis in seinen Selbstverständigungsversuchen über einen
eigenen Literaturbegriff durchaus kategoriale Ansatzpunkte an, die sowohl
der Interpretation der Literaturentwicklung in der BRD als auch der DDR
dienen könnten. Im Gegensatz zu Raddatz geht Pareigis nicht von einer notwendigen Trennung der Kunst von der Masse der Bevölkerung aus,[4] sondern
plädiert ausdrücklich für eine "Volkskunst"[5], die sich terminologisch an
die Realismusdefinition Brechts anlehnt: "Realismus z.B. bedeutet, m.E.
die Orientierung an der sich verändernden Realität, die aber ist jedenfalls
zu verschiedenen Zeiten verschieden."[6] Diese allgemeine Definition, die die
Innovation von Form und Inhalt als Aufgabe einer Literatur, die jeweils
Zielgruppe und Funktion neu reflektiert,[7] in sich aufnimmt, findet ihre Bestimmung in der Realisierung eines höchsten Erkenntniszieles, dem der Aufdeckung gesellschaftlicher Widersprüche. Diese Ziel sieht Pareigis in
Neutschens Roman 'Spur der Steine' eingelöst:

---

1 Pareigis, Analyse.S.154.   2 Vgl. ebenda S.225.
3 Ebenda S.149.   4 Vgl. ebenda S.5.
5 Ebenda S.199.   6 Ebenda S.47.
7 Vgl. ebenda S.28 und 45.

... dieser Roman (ist) durch die Gestaltung einer konfliktgeballten Realität typisch für das Leben selbst ..., und, weil er die Konflikte in Klas-
sengegensätzen und nicht individualistisch begründet zeigt, nach meiner
Meinung das Wesen gesellschaftlichen Lebens gestaltet: darum nenne ich
ihn realistisch.[1]

Realistische Literatur hätte demnach die tasächlichen Widersprüche der Wirklichkeit mitauszutragen,[2] dürfte das "Tatsächliche nicht von dem Erwünschten
verdräng(en)"[3] lassen, um in "Kritischer Parteilichkeit"[4], die "die Überwindung dieser Widersprüche zu beschleunigen sucht"[5], ihren vornehmsten Zweck
zu finden. Diese Funktionsbestimmung sozialistischer Literatur wird aber von
Pareigis nicht grundsätzlich für die Bewertungspraxis durchgehalten.

Wenn sich Pareigis gegen das "Realismusdogma"[6] und dagegen wendet, daß das
"Dogma des 'sozialistischen Realismus'"[7] in der DDR nicht prinzipiell in Frage gestellt wird, könnte dies zunächst noch als Kritik an einem Parteilich-
keitsverständnis genommen werden, das die Kunst der Politik total unterzuord-
nen trachtete;[8] gerade aber die Schlußbetrachtung der Arbeit von Pareigis
macht klar, daß Pareigis den positiv bewerteten, "realistisch" genannten Roman von Erik Neutsch einer deutlicheren Ablehnung unterzieht, denn auch
Neutsch habe es nur unternommen, "eine kritische Auseinandersetzung, die endlich doch in Affirmation übergeht"[9], zu führen. Der Vorwurf an eine grundsätzliche Affirmation transponiert die zuvor von Pareigis postulierte Trennung von Parteianforderungen und Schriftstellerideologie[10] auf eine neue
Wertungsebene: die Zustimmung zum Realismusbegriff bei Neutsch, die sich zuvor gezeigt hatte, weicht einer distanznehmenden Zusammenführung von Neutsch
und Partei. Die Distanz von Pareigis zur Literaturpolitik der DDR stellt
sich als größer heraus als zunächst von ihm behauptet.

2.3.5.2 Die Rezeption Christa Wolfs (Jäger)

Von den zahlreichen Einzelanalysen der Prosa Christa Wolfs soll an dieser
Stelle lediglich die Arbeit von Manfred Jäger[11] herangezogen werden, da sie
einige Hinweise zur Rezeptionsproblematik enthält. Etgegen einer Kritik
in der BRD, die die unmittelbare Relevanz der 'Christa T.' nur für die DDR
anzunehmen geneigt erschien,[12] kann sich Jäger auf die ausdrückliche Inten-

---

1 Pareigis, Analyse.S.154.   2 Vgl. ebenda S.140/141   3 Ebenda S.240.
4 Ebenda S.122.   5 Ebenda S.155.   6 Ebenda S.109.
7 Ebenda S.111.   8 Vgl. ebenda S.50.   9 Ebenda S.285.
10 Vgl. dazu insbesondere ebenda S.152/153 sowie 166, 190.
11 Jäger , Manfred: Sozialliteraten.Funktion und Selbstverständnis der Schrift-
    steller in der DDR.(Düsseldorf).(1973)., im folgenden zit. als Jäger, So-
    zialliteraten.
12 So hatte Franke argumentiert.

3. LITERARHISTORISCHE UND GESELLSCHAFTSTHEORETISCHE GRUNDLEGUNGEN DER
REZEPTION DER NEUEREN DDR-LITERATUR

**3.1 Die literarhistorische Grundlegung:
Die Rezeption des Bitterfelder Weges**

Die Frage nach der Kontinuität und Diskontinuität literaturpolitischer Programmatik der DDR-Literatur erscheint für die literarhistorische Bewertung der neueren DDR-Literatur von nicht zu unterschätzender Bedeutung. Die Auseinandersetzung mit der These vom Bruch zwischen Bitterfelder Weg und Entwicklung nach 1964 (2.Bitterfelder Konferenz) bzw. 1965 (11.Plenum des ZK der SED), die sich durch die Rezeption in der BRD zieht, ist für diesen Zusammenhang insofern wichtig, als hier exemplarisch, auf der literaturpolitischen Ebene, die Programmatik der neueren DDR-Literatur diskutiert werden kann. Die Auseinandersetzung mit dieser These gewinnt sowohl für die Bewertung der bisherigen Rezeption in der BRD wie auch für die Diskussion um die Selbsteinschätzung der DDR-Literatur an Bedeutung. Die Frage wäre also: Kann von einem totalen Bruch zwischen Bitterfeld und Nachbitterfeld gesprochen werden, der für die neuere Entwicklung der DDR-Literatur zu einer Abkehr von der Darstellung der Arbeitswelt und einer Hinwendung zur Privatsphäre und damit zu einem Rückfall in eine vorsozialistische Programmatik geführt hat, oder wäre nicht 'Bitterfeld' als umfassende kulturpolitische Leitlinie zu interpretieren, die mit Modifikationen bis heute eine gewisse Verbindlichkeit für sich in Anspruch nehmen kann.
Zu einer gültigen Klärung dieser Frage wäre zweifellos die Konfrontation von Programmatik und Praxis des Bitterfelder Weges in allen seinen Phasen erforderlich - da aber weder in der DDR noch in der BRD zu dieser Problematik systematisierende Vorarbeiten existieren, erfolgt hier eine Beschränkung auf die Darstellung der programmatischen Aussagen in BRD und DDR von 1959-1974. Der Schwerpunkt der Ausführungen wird sich auf die Entwicklung nach 1964/65 verlagern, da die Gültigkeit des Bitterfelder Weges bis zu diesem Zeitpunkt unumstritten ist. Das Verhältnis von Kontinuität und Diskontinuität kann dagegen hinreichend nur geklärt werden, wenn eine Reflexion auf die programmatischen Aussagen der DDR-Kulturpolitik erfolgt, die die weitere Gültigkeit des Bitterfelder Weges über 1964/65 hinaus behauptet. Die Rezeption in der BRD wird zu prüfen haben, ob Programmatik und Praxis der neueren Entwicklung nicht so weit auseinanderklaffen, daß der Verdacht vom bloßen Überdauern der Programmatik gerechtfertigt erscheint (Programmatik

als Verschleierung theoretisch nicht bewältigter Praxis), oder ob nicht
gerade an den Modifikationen des Bitterfelder Weges eine Kontinuität sich
festmachen ließe, die der These vom strikten Bruch nur einen unzureichenden
Rückhalt böte. In jedem Falle aber ist die Rezeption zunächst auf die Zurkenntnisnahme der kulturpolitischen und literaturtheoretischen Äußerungen
von Kulturpolitikern, Literaturwissenschaftlern und Autoren verwiesen, die
bis heute zum Thema Bitterfeld zu verzeichnen sind. Eine literaturwissenschaftliche Rezeption, die auf die Interpretation dieser Aussagen verzichte-
te, würde sich die Deutung der neueren Entwicklung erleichtern und erschweren zugleich: erleichtern, indem sie die späteren Aussagen zum Bitterfelder
Weg als bloße Ideologie abtäte, so den Weg für eine konvergenztheoretische
Deutung sich ebnend; erschweren, da doch gerade diese konvergenztheoretische
Deutung immer wieder als unzureichend empfunden werden müßte (und empfunden
wird).

3.1.1 Der Bitterfelder Weg in der Diskussion der DDR-Literaturpolitik

3.1.1.1 Vorgeschichte der Bitterfelder Bewegung und 1.Bitterfelder
Konferenz (1957-1959)

Die Diskussion um die mangelnde Berücksichtigung der Gegenwartsprobleme
durch die DDR-Schriftsteller hatte schon 1948 begonnen und war sporadisch
immer wieder neu belebt worden. Wenn diese Diskussion nach dem Vorgängen in
Ungarn 1956 sich belebte, so geschah dies, um eine engere Verbindung von
Schriftstellern und Partei herzustellen. Honecker formulierte dies deutlich
in Auswertung der Kulturkonferenz von 1957: "Die Konferenz zog einen Schluß-
strich unter die politischen und ideologischen Schwankungen, die einzelne
Genossen Schriftsteller und Künstler im Verlaufe des vergangenen Jahres gezeigt hatten."[1] In den Thesen der Kulturkonferenz war unter zahlreichen Hinweisen auf die als "revisionistisch" benannten Entwicklungen die Aufforderung
an die Schriftsteller enthalten gewesen: "H a u p t t h e m a der künstlerischen Gestaltung muß der Kampf um das Leben der Arbeiterklasse sein, die
unter Führung der Partei gemeinsam mit allen Werktätigen den Sozialismus
aufbaut."[2] Dieser Hinweis soll verstanden werden als Auftrag an die Schriftsteller, sich aktiv an der Lösung der ideologischen Probleme zu beteiligen,
die sich nach 1956 ergeben hatten. Georg Lukács gilt der SED als führender

---

1 Honecker, Erich:(Bericht des Politbüros an das 35.Plenum des ZK der SED,
3.-6.Februar 1958).In:Schubbe.Dok.167.
2 Thesen der Kulturkonferenz der SED vom 23. und 24.Oktober 1957.In:Schubbe.
Dok.161.S.500.

Vertreter einer Literaturwissenschaft, die dieser Orientierung auf die Gegen-
wartsthematik entgegenwirkte. Die zahlreichen Auseinandersetzungen mit Lukács[1], die Wiederbelebung der Forschung zum BPRS als Wiedereinsetzung einer
vernachlässigten Traditionslinie sowie die scharfe Kritik an der Literaturwissenschaft insgesamt können als Indikatoren dieser von der SED geführten
Polemik gelten: "Die Lösung dieser Aufgaben (der ideologischen Stabilisie-
rungsmaßnahmen-M.B.) setzt einen kompromißlosen Kampf gegen den Liberalis-
mus in der Literaturwissenschaft und gegen die Mißachtung der neuen sozialistischen Literatur voraus."[2]

Die schon existierende sozialistische Literatur mit unmittelbaren Gegenwarts-
themen erfährt eine bevorzugte materielle Absicherung; Walter Ulbricht fordert auf dem V.Parteitag der SED 1958: "Die Leistungen unserer volkseigenen
Betriebe sollen durch Freundschaftsverträge und Studienaufträge den ...
Künstlern helfen, sich schneller in der künstlerischen Praxis unseres Lebens
zur Kunst des sozialistischen Realismus entwickeln."[3] Als Adressaten einer
so angelegten Förderungspraxis werden sowohl Schriftsteller als auch Leser
benannt: "Die Dialektik der Entwicklung erkennen, das Neue fördern, an der
sozialistischen Bewußtseinsentwicklung der Menschen mitwirken, das ist jetzt
eine der wichtigsten Aufgaben der Genossen Schriftsteller."[4]

Wesentliche Komponenten der 1.Bitterfelder Konferenz waren somit schon zur
Leilinie der Kulturpolitik geworden. Auf dieser Konferenz[5] schätzt Ulbricht
den Revisionismus als "Hauptgefahr"[6] ein, die seit dem IV.Schriftstellerkon-
greß 1956[7], der noch stark unter dem Einfluß von Georg Lukács gestanden ha-

---

1 Vgl. dazu Beispielsweise das Sonderheft der 'Weimarer Beiträge' von 1958
  sowie Koch, Hans (Hrsg.):Georg Lukács und der Revisionismus.Berlin.1960.
2 WB:Über die Aufgaben der Zeitschrift für deutsche Literaturgeschichte.In:
  WB.4.Jg.(1958).H.2.S.134.
3 Ulbricht, Walter:Einige Probleme der Kulturrevolution.(Rede auf dem V-Par-
  teitag der SED, 10.bis 16.Juli 1958, Auszug).In:Schubbe.Dok.178.S.535.
4 Ebenda S.534. Schon auf dem V.Parteitag spielte das Theorem vom Auseinanderklaffen von Ökonomie einerseits, Politik und Kultur andererseits eine
  große Rolle:"In Staat und Wirtschaft ist die Arbeiterklasse der DDR bereits der Herr. j e t z t m u ß s i e a u c h d i e H ö h e n d e r
  K u l t u r s t ü r m e n u n d v o n i h n e n B e s i t z e r -
  g r e i f e n."(Ebenda S.536, Hervorhebungen bei W.U.). Vgl. auch den Beitrag von Kurella auf dem V.Parteitag.In:Schubbe.Dok.179.
5 Leider kann nur auf den unvollständigen Abdruck dieser Konferenz in der
  Ndl zitiert werden. Heft 6/1959 enthält als Beilage die Rede Ulbrichts:
  Ulbricht, Walter:Fragen der Entwicklung der sozialistischen Literatur und
  Kunst.In:NDL.7.Jg.(1959).H.6.Beilage Nr.1., im folgenden zit. als Ulbricht,
  Fragen.
6 Ulbricht, Fragen.S.10.
7 Vgl. ebenda S.11.

be,[1]nicht entschieden genug zurückgewiesen wurde: "Es ist so, daß manche
Schriftsteller und Künstler die wichtigste Frage, die Frage der i d e o l o -
g i s c h e n   K l a r h e i t noch immer als Nebenangelegenheit betrachten, das Beschäftigen damit eher als Hindernis für ihr künstlerisches Schaffen ansehen,"[2] - und noch deutlicher auf die Parteilichkeit als Grundlage des
künstlerischen Schaffens abzielend: "D a s   l i t e r a r i s c h e
S c h a f f e n   e r f o r d e r t , d a ß   d e r   S c h r i f t s t e l -
l e r   s e i n   e i g e n e s   L e b e n   ä n d e r t. D a s   i s t
d a s   W i c h t i g s t e !"[3] Diesem zentralen politischen Anliegen in Bezug auf die Berufsschriftsteller[4] stimmt ausdrücklich die NDL als Organ des
Schriftstellerverbandes zu: "... das Neue in der Literatur ist der eng mit
der Arbeiterklasse verbundene Schriftsteller."[5] Diesem Anliegen werden sowohl
die kulturpolitischen Lagebeurteilungen und die daraus gezogenen Konsequenzen
als auch die im engeren Sinne für die Literatur relevanten Hinweise untergeordnet.

Die Bewertungen der kulturpolitischen Situation bleiben eher allgemein: der
Vorwurf einer mangelnden Beschäftigung mit Gegenwartsproblemen, insbesondere
an die älteren Schriftsteller gerichtet,[6] (bei diesen aber als geduldig zu

---

1 Vgl. Ulbricht, Fragen.S.14.; entsprechend auch Kurella, Alfred: Die neue
  Etappe unserer Kulturrevolution.In:NDL.7.Jg.(1959).H.6.S.14., im folgenden
  zit. als Kurella, Etappe.; vgl. auch: Strittmatter, Erwin: Gehen wir voraus!
  In:Ebenda S.23., im folgenden zit. als Strittmatter, Gehen.
2 Ulbricht, Fragen.S.12.(Hervorhebung von M.B.); "ideologische Klarheit" gilt
  nach Kurella dann als erreicht, wenn die Notwendigkeit der Diktatur des
  Proletariats anerkannt wird.; vgl. Kurella, Etappe.S.13.
3 Ulbricht, Fragen.S.17, Hervorhebung von W.U.
4 Daneben hebt die NDL die Förderung der Bewegung schreibender Arbeiter sowie allgemeiner die Herausbildung einer Massenliteratur als Hauptaufgaben
  hervor; vgl.NDL:Die literarische Hauptaufgabe.In:NDL.7.Jg.(1959).H.6., im
  folgenden zit. als NDL, Hauptaufgabe; vgl. auch Kurella, Etappe.S.17.; Ulbricht hatte die Erwartung an eine sich breit entwickelnde Kultur mit der
  Metapher, es komme darauf an, die "Höhen der Kultur zu erstürmen"(Ulbricht,
  Fragen.S.4 und 9) umschrieben und als Ziel der Bewegung schreibender Arbeiter formuliert:"Das Neue besteht darin, daß nicht ein kleiner Kreis von
  Schriftstellern und Künstlern diese Aufgaben für sich zu beraten und zu lösen versucht, sondern daß alles getan wird, um alle Talente, alle Fähigkeiten, die in der Bevölkerung vorhanden sind, zu entwickeln, um der s o -
  z i a l i s t i s c h e n   Kultur   e i n e   g a n z   b r e i t e
  G r u n d l e g u n g   z u   g e b e n ."(Ebenda S.3, Hervorhebung von W.
  U.). Ebert stellte die Bitterfelder Konferenz in den Zusammenhang einer
  weiterperspektivierten Kultur politik, die schließlich die Aufhebung der
  Trennung von Hand- und Kopfarbeit zur Folge haben würde:"Die starre, steri-
  le Trennung zwischen Kunstproduzenten und Kunstkonsumenten hebt sich auf
  in einer allgemeinen künstlerischen Selbstbetätigung - die eine unterschiedliche Befähigung nicht ausschließt..."(Ebert,Günter ...In:NDL.7.Jg.(1959).H.6.
5 NDL, Hauptaufgabe.S.3.   6 Vgl. Kurella, Etappe.S.9.   /S.33f.

diskutierende Schwäche charakterisiert,[1] da sich für sie die Bedingungen der
schriftstellerischen Produktion gegenüber einer antagonistischen Gesellschaftsordnung verkompliziert hätten[2]), bleibt hier die leitende Kritik.
Hans Marchwitza dient dieser Kritik als Beispiel für eine allgmein anzustre-
bende Lebenshaltung: "Eine solche Liebe zum Heutigen und Künftigen möchte
ich manchem unserer jungen Schriftsteller wünschen. Wir sind nicht neugie-
rig genug."[3] Wenn Strittmatter auch eine Ausweitung von Schriftstellerkon-
takten zu Betrieben feststellen kann: "Im ganzen haben bis jetzt etwa 30
Schriftsteller Beziehungen zu den Brigaden der sozialistischen Arbeit aufgenommen. Ich wünsche mir sehr, es käme dahin, daß man eine Bildungslücke verspürt und nicht mitdiskutieren kann, wenn man nicht irgendwo in einem Werk
oder auf einem Volksgut, in einer LPG seine zweite Heimat hat."[4], so wird
doch zugleich eine gewisse Unzufriedenheit mit dieser Entwicklung deutlich.
Die Funktion eines möglichst engen Kontakts zur unmittelbaren Produktion
wird folgendermaßen umrissen:"...das Neue erkennen, begreifen, aufspüren
und schöpferisch darstellen, das kann der Schriftsteller am besten, der an
den Brennpunkten der Entwicklung des neuen Lebens wirkt und tätig ist."[5]
Die unmittelbare Beteiligung an der Produktion ("das Leben der arbeitenden
Menschen leben"[6]) soll (a) dazu beitragen, mit Hilfe der Literatur "das Tem-
po der Entwicklung zu beschleunigen"[7] und (b) das Gespräch mit dem Leser zu
beleben[8]. Für diesen unter (b) genannten Prozeß figuriert auf der 1.Bitter-
felder Konferenz die auch später vielzitierte Zusammenarbeit zwischen der
Schriftstellerin Regina Hastedt und dem Brigadier Sepp Zach, die exemplarisch für den möglichen Abbau von Kunstfeindlichkeit und damit verbundenen
Vorbehalten gegenüber der Intelligenz auf der Seite des Brigadiers[9] und die
Heranführung des Schriftstellers an die Probleme der Produktion auf der anderen Seite stehen soll; euphorisch formuliert Regina Hastedt: "Unser aller
gemeinsames Grunderlebnis sollte sein, daß wir als Künstler dazu auserkoren
sind, in den Reihen der Arbeiter und Bauern für den Sieg des Sozialismus

---

1 Vgl. Ulbricht, Fragen.S.15 sowie Strittmatter, Gehen.S.24.
2 Vgl. Kurella, Etappe.S.13.   3 Strittmatter, Gehen.S.19.
4 Ebenda S.27.; an gleicher Stelle heißt es:"Bisher sind 20 Schriftsteller
an die Bauplätze der DDR übersiedelt, davon sind allerdings nur 6 Berliner." Die Berliner Schriftsteller werden als Adressaten offensichtlich
wegen der ideologischen Probleme dieses Bezirksverbandes hervorgehoben.
5 Ulbricht, Fragen.S.6.   6 NDL, Hauptaufgabe.S.4f.
7 Ebenda S.4.;
8 Vgl. Kurella, Etappe.S.10.; hinter dieser Funktionsbestimmung steht das
übergreifende Ziel der 'Literaturgesellschaft'.
9 Zach, Sepp: Wir haben den Schriftsteller schätzengelernt.In:NDL 6/1959.S.31ff.

zu kämpfen. Wer auf dieses Grunderlebnis gestoßen ist, der kann alles."[1] Jedoch bleibt neben dem Was der Darstellung, das von Ulbricht noch einmal mit dem Verweis auf den Nachterstedter Brief hervorgehoben wird,[2] auch das Wie der Gestaltung nicht unerörtert. Auf einer grundlegenden ideologischen Ebene wird die Darstellung von Konflikten der sozialistischen Gesellschaft gefordert,[3] jedoch nur unter der Prämisse, daß vom Schriftsteller die Gesetze gesellschaftlicher Entwicklung anerkannt und literarisch fruchtbar gemacht werden; denn "sonst kann er das Neue nicht erkennen, sondern sieht nur Schwierigkeiten."[4]

Abgegrenzt wird der zu schaffende Roman allgemein gegen der "Schematismus": "Da werden in letzter Zeit wieder Arbeiten[5] geschrieben, an denen politisch alles richtig zu sein scheint. Ihre Lektüre macht den Leser weder heiß noch kalt."[6] und gegen den Industrieroman der 5oer Jahre, da in ihm "nicht die ganze Widersprüchlichkeit in der Entwicklung, die zu einer höheren Einheit führt, ..."[7], dargestellt worden sei: die Autoren dieser Romane seien lediglich zu einer ausführlichen Darstellung und Erörterung wissenschaftlich-technischer Probleme, nicht aber zu einer differenzierten Menschengestaltung vorgedrungen.[8]

Die wirkungsästhetische Strategie dieser anzustrebenden Literatur, die nur sehr gelegentlich Erwähnung findet, zielt auf eine Identifikation mit dem Helden und daraus folgender produktiver nachschaffender Tätigkeit in der Auseinandersetzung mit der Wirklichkeit: "Der Leser wird vom Helden der Romane und künstlerischen Werke oder von der Schönheit der Lyrik angeregt, ihnen nachzueifern."[9]

---

1 Hastedt, Regina: Den laß ich nicht mehr los.In:NDL.7.Jg.(1959).H.6.S.31. Den erreichten Grad der Identifikation mit dem Standpunkt des Brigadiers versucht Hastedt mit der Formulierung zum Ausdruck zu bringen:"Ich sah meine Arbeit auch mit seinen Augen."(Ebenda S.30).
2 Vgl. Ulbricht, Fragen.S.14/15.
3 Vgl. ebenda S.6/7; von dieser Anforderung her legitimiert die SED ihre Kompetenz für die ideologische Bewertung der Literatur:"Ihre Aufgabe sieht sie gerade darin, den Schriftstellern die Gesetze, die Widersprüche unserer Übergangszeit zum Sozialismus zu erklären, ihm zu helfen, die Situation richtig einzuschätzen und die Perspektive richtig zu sehen, über Probleme mit ihnen zu diskutieren."(NDL. Hauptaufgabe.S.5).
4 Ebenda S.14; unter dem Vorzeichen der damals von der SED noch vertretenen These von der Einheit der Nation (vgl. ebenda S.24) wird auf der Bitterfelder Konferenz auch die Forderung nach Gestaltung von Gegenwartsproblemen der BRD erhoben (vgl. ebenda S.16).
5 Die 1. Bitterfelder Konferenz krankte daran, daß sie ihre Überlegungen nicht an Einzelbeispielen erläuterte.
6 Strittmatter, Gehen.S.25. 7 Ulbricht, Fragen.S.8.
8 Vgl. ebenda. 9 Ebenda S.12.

Von der 1. zur 2.Bitterfelder Konferenz (1959-1964)[1]

Die Auseinandersetzungen um das hier dargelegte Konzept des Bitterfelder Weges in den Jahren zwischen der 1. und 2.Bitterfelder Konferenz befassen sich
mit der allgemeinpolitischen Funktion des Bitterfelder Weges, dem erreichten
Stand seiner Realisierung, setzen die Diskussion um die Kategorie der Parteilichkeit, um die Formen des Praxisbezuges, um die Stoffwahl fort.
Gegen verengende Interpretationen des Bitterfelder Weges, die sich in der
einseitigen Förderung der Bewegung schreibender Arbeiter als einzigem Träger
der neuen Literatur zu ezeigen begannen,[2] wird die Bitterfelder Bewegung nun
stärker als umfassende kulturpolitische Leitlinie für einen längeren Zeitraum[3] verstanden: "Sinn dieser Losung ist es vor allem, die schöpferische Rolle beim Aufbau der sozialistischen Kultur zu unterstreichen."[4] Nach diesem
Verständnis sollte die Bitterfelder Orientierung dazu bestimmt sein, die Ar-
beitsteilung aufzuheben,[5] als Beitrag zur Verwirklichung der "schönen Menschengemeinschaft"[6] dienen oder, wie das Programm der SED, das 1963 auf dem
VI.Parteitag verabschiedet wurde, formuliert: "(Es ist die Aufgabe der Kunst),
die Begeisterung für bahnbrechende Produktionstaten zu wecken und das Leben
schöner zu machen."[7] Gleichzeitig wird Auffassungen widersprochen, die eine
unmittelbare Verkoppelung von Verwirklichung des Siebenjahrplanes (1958 auf
dem V.Parteitag beschlossen) und Bitterfelder Weg versuchten.[8] Die mecha-
nistische These von einer unmittelbaren Rückwirkung der Kultur auf Ökonomie
und Politik bleibt allerdings weiterhin sehr einflußreich und reflektiert
sich bei Koch in der Warnung: "In unserer Literatur wird zum Teil der Versuch unternommen, eine ... Beziehung der Kunst zur Ökonomie sehr unmittelbar,
sehr direkt herzustellen."[9]

---

1 Nicht berücksichtigt werden konnte der V.Schriftstellerkongreß von 1961.
2 Koch, Hans: Der schreibende Arbeiter und der Schriftsteller.In:NDL.7.Jg.
  (1959).H.12.S.103., im folgenden zit. als Koch, Arbeiter.; vgl. auch Klein,
  Eduard: Neue Kultur-neue Menschen.In:Schubbe,Dok.202.
3 So Plavius: "Damit aber wird auch klar, daß es sich dabei nicht um eine
  propagandistische Kampagne, sondern um ein objektives Bedürfnis der sozialistischen Gesellschaft handelt."(Plavius, Heinz: Schreibende Arbeiter-
  woher und wohin?In:NDL.10.Jg.(1962).H.1.S.138., im folgenden zit. als Plavius, Arbeiter; vgl. auch Koch, Hans:Fünf Jahre Bitterfeld.In:NDL.12.Jg.
  (1964).H.4.S.5-21., im folgenden zit. als Koch, Jahre.
4 Koch, Arbeiter.S.99f.   5 Vgl. ebenda S.102; vgl. auch Klein, Kultur.
6 Grundsätze sozialistischer Kulturarbeit im Siebenjahrplan.(Entschließung
  der Kulturkonferenz des ZK der SED, des Ministeriums für Kultur und des
  Deutschen Kulturbunds, 27.bis 29.April 1960).In:Schubbe.Dok.205.
7 Programm der Sozialistischen Einheitspartei Deutschlands. Berlin.(1963).
8 Vgl. dazu auch Redeker in:DZfPh.9.Jg.(1961)S.595ff., folgend Redeker,Element.
9 Koch,Hans:Der Wirklichkeit auf den Grund gehen.In:NDL.11.Jg.(1963).H.8.S.16.

Die Realisierung des Bitterfelder Weges wird insgesamt für die Bewegung
schreibender Arbeiter wie auch für die Verbindung der Berufsschriftsteller
zur Brigadebewegung als stark fortgeschritten bewertet, in Bezug auf die Berufsschriftsteller aber nur sehr grob umrissen: "Immer mehr hat sich die Erkenntnis durchgesetzt, daß sich die Schriftsteller, wenn sie tief und teil-
nehmend in die Arbeit, das Denken und Fühlen der Werktätigen eindringen wollen, eng mit den Arbeitern in den sozialistischen Betrieben und mit den Bauern in der LPG verbinden müssen."[1] oder eher noch weniger aussagekräftig
bei Joho: "Die Verbindung ... von Literatur und Kunst mit dem Leben des Volkes, gestern noch Forderung, ist heute weitgehend schon Wirklichkeit geworden."[2]

Die vehementen Diskussionen um die Zeitschrift 'Sinn und Form', die Kafkakonferenz und die Auseinandersetzungen um Peter Hacks' Stück 'Die Sorgen und
die Macht' zeigen allerdings, daß die Kontroversen um das Parteilichkeits-
verständnis weitergehen. Es geht darum, allgemeine Aussagen zu möglichen
bzw. erwünschten Folgen aus einer engeren Betriebsverbindung der Schriftsteller wie: "Dadurch wird der Künstler für die ständige Auseinandersetzung
mit antisozialistischen Philosophien und Kunstanschauungen gewappnet und be-
fähigt, innere Widersprüche, die aus der eigenen kleinbürgerlichen oder bürgerlichen Vergangenheit stammen, zu überwinden."[3] für die gegenwärtige Etappe zu konkretisieren. Die "mangelnde Vertrautheit mit dem Marxismus-Leninis-
mus"[4] wird als zentraler Einwand gegen die auf dem VI.Parteitag kritisierten
Autoren ins Feld geführt. Die Forderung nach einem Studium des Marxismus-Le-
ninismus war schon zuvor von zahlreichen Kulturpolitikern, Literaturkriti-
kern, Philosophen (so von Horst Redeker[5]) erhoben worden. Dieses Studium

---

1 Lewin, Willi: Probleme unserer literarischen Entwicklung.In:Schubbe.Dok.200.
  S.603., im folgenden zit. als Lewin, Probleme.
2 Joho, Wolfgang: Ökonomie und Kultur.In:NDL.10.Jg.(1962).H.10.S.4.; vgl.
  auch: Joho, Wolfgang:Das hohe Ziel der gebildeten Nation und die Steine
  auf dem Weg der Literatur.In:NDL.11.Jg.(1963).H.1.S.10., im folgenden zit.
  als Joho, Ziel:"Die Zeiten sind vorbei, in denen Schriftsteller immer wieder überredet und beschworen werden mußten, sich in ihren Arbeiten der unmittelbaren Gegenwart zuzuwenden." sowie wenig später die optimistische
  Gesamteinschätzung des gleichen Autors: Macht und Verantwortung der Lite-
  ratur.In:NDL.11.Jg.(1963).H.8.S.S.7f., im folgenden zit. als Joho, Macht.
  Vgl. auch Hans Kochs resümierenden Aufsatz vor der 2.Bitterfelder Konferenz: Koch, Jahre.S.6.
3 (Kulturkonferenz der SED 1960).In: Schubbe.Dok.205.S.634.
4 Joho, Wolfgang: Wohin der Weg führt.Die Literatur auf dem VI.Parteitag.In:
  NDL.11.Jg.(1963).H.3.S.9.
5 Vgl. Redeker, Element.

der Ruf nach einer Ausarbeitung der Theorie der Wikungsforschung,[1] nach dem offenen Schluß als legitimer Möglichkeit einer leseraktivierenden Literatur,[2] nach einer Differenzierung der Leserbedürfnisse[3] bleiben in der Diskussion nicht ausgespart, gehen aber in völlig unzureichendem Maße, wie die praktische Orientierung der Kulturpolitik an den Redekerschen Normen zeigt, in die Auseinandersetzung ein.

3.1.1.3 Die 2.Bitterfelder Konferenz (1964)[4]

Schon im Zusammenhang mit den heftigen Diskussionen um Christa Wolfs 'Geteilten Himmel'hatten sich zahlreiche Literaturkritiker und Autoren gegen eine vorherrschende Literaturkritik gewandt, die sich in weiten Teilen als durchaus literaturfremd erwiesen hatte[5] und bis zu ideologischen Verdächtigungen gegangen war, so daß Hans Koch in seiner Bilanz 'Fünf Jahre nach Bitterfeld'[6] in Auseinandersetzung mit Illustrationstendenzen feststellen mußte:

> Dabei darf nicht übersehen werden, daß diese literarischen Methoden oft nicht nur einer gewissen künstlerischen Unsicherheit des Anfängers oder einer dogmatischen 'Metaphysik der Vorsicht' bei einzelnen Autoren entspringen, sondern aus engen, schematischen und sektiererischen Auffassungen und Praktiken bei einigen Leitungen stets neue Nahrung erhalten.[7]

Die Position einer kulturpolitischen Praxis und insbesondere einer Literaturkritik, die eine "Produktionspropaganda"[8] durch die Literatur verlangte, wird denn auch auf der 2.Bitterfelder Konferenz von zahlreichen Kulturpolitikern und Schriftstellern einer umfassenden Kritik unterzogen.[9] Gegen das "Sektierertum"[10] und administrative Maßnahmen "gegenüber der schöpferischen Initiative von Künstlern und Werktätigen."[11] richten sich auch Ulbrichts Einwände; Neutsch ruft zum Nachdenken über die Frage auf: "Wer stört eigent-

---

1 Vgl.WB:Aktuelle Aufgaben der Germanistik nach dem XXII.Parteitag der KPDSU und dem 14.Plenum des ZK der SED.In:WB.8.Jg.(1962).H.2.S.248.
2 Vgl. Joho, Ziel.S.14.   3 Vgl. ebenda S.17.
4 Protokoll der 2.Bitterfelder Konferenz.(Berlin).(1964)., im folgenden zit. als Protokoll Bitterfeld.
5 Diese Auseinandersetzung ist dokumentiert bei Reso, Martin (Hrsg.): 'Der geteilte Himmel'und seine Kritiker.Halle(Saale).1965.
6 Koch, Jahre.   7 Ebenda S.11.
8 Ebenda.
9 Vgl. hierzu insbesondere auch die Auseinandersetzung mit der Literaturkritik bei Christa Wolf:(Rede),In:Protokoll, Bitterfeld.S.233ff.
10 Ulbricht, Walter:(Rede).In:Ebenda S.81.
11 Ebenda S.105.; vgl. entsprechend ebenda S.109 sowie den Beitrag von Bentzien, Hans:(Rede).In:Ebenda S.17.

lich mehr, die beiden Bücher (von Wolf und Strittmatter-M.B.), gegen die
man sicherlich Bedenken haben kann, oder die betreffenden Diskussionen."[1]
Damit war erneut die Frage nach Parteilichkeit, Stoffwahl und Qualität
einer Literatur aufgeworfen, die im Rahmen einer langfristigen Programmierung ("Der Bitterfelder Weg, das ist die Entwicklung der deutschen Nationalkultur über einen längeren Zeitraum."[2]) als Synthese der "humanistischen
klassischen Literatur und des Bitterfelder Weges"entstehen sollte.[3]
Wenn auch die Durchsetzung sozialistischer Parteilichkeit in der Literatur
weiter an eine enge Anlehnung der Schriftsteller an die Brigadebewegung ge-
bunden wird ("Der Grundgedanke ist überall anwendbar: die Zeit der Freund-
schaftsbesuche und losen Kontakte ist zu Ende gegangen, an ihre Stelle tritt
jetzt die praktische Zusammenarbeit für den weiteren kulturellen Aufschwung
unserer Republik."[4]), so gehen doch andere Referenten von dem hier unterstellten Zusammenhang von Kontakten zu Brigaden und dadurch bedingter Entstehung parteilicher Werke ab. Der Verleger Heinz Sachs betont, daß für den
Bitterfelder Weg "nicht allein die Betriebsnähe ausschlaggebend ist ... die
auf der ersten Bitterfelder Konferenz erhobene Forderung an unsere Schriftsteller, sich mit dem Leben zu verbinden, (ist) ein Prozeß ..., der in al-
lererster Linie den Grad der Verantwortung der Schriftsteller gegenüber der
Gesellschaft einschließt und letzten Endes das entscheidende Moment bei der
Verwirklichung des Bitterfelder Weges für einen Schriftsteller bedeutet."[5]
Gleichzeitig wird hiermit einer Überschreitung des Produktionsbereiches das
Wort geredet und die zunächst vorhandene, durch die 1.Bitterfelder Konferenz
ausgesprochene Aufforderung, der Schriftsteller müsse den Vorsprung der öko-
nomischen und politischen Entwicklung durch die eigene Praxis aufheben, neu-
akzentuiert als nunmehr gleichberechtigte Perspektive des "Planers und Lei-
ters"[6], der im Rahmen einer gesamtgesellschaftlichen Strategie das Ziel der
"Persönlichkeitsbildung"[7] und der "moralischen Veränderung des Menschen im
Geiste des Sozialismus."[8] aktiv zu unterstützen hat. Die Einordnung der
Schriftsteller als 'Planer und Leiter' impliziert,im Anschluß an die auf dem
VI.Parteitag der SED 1963 beschlossene Auswertung der Ergebnisse der wissenschaftlich-technischen Revolution, die Aufforderung an den Schriftsteller,
sich mit den Ergebnissen eben dieser wissenschaftlich-technischen Revolution

---

1 Neutsch, Erik:(Rede).In:Protokoll Bitterfeld.S.159; vgl.auch S.158.
2 Ulbricht, Walter:(Rede).In:Ebenda S.73   3 Ebenda S.71.
4 Bentzien, Hans:(Rede).In:Ebenda S.52f.   5 Sachs,H.:(Rede).In:Ebenda.S.166.
6 Ulbricht, Walter:(Rede).In:Ebenda S.81.   7 Ebenda S.93, vgl.auch S.128.
8 Ebenda S.91.

vertraut zu machen sowie die gesellschaftswissenschaftlichen Grundkenntnisse zu vertiefen, um den Menschen der wissenschaftlich-technischen Revolution als "neue(n) Gegenstand"[1] in die Darstellung einzubeziehen. Mit dem Begriff des'Planers und Leiters' verbindet sich gleichzeitig die Vorstellung, der Schriftsteller könne nunmehr den engen Blickwinkel des sich den Produktionsbereich Erschließenden verlassen und müsse sich allen gesellschaftlichen Bereichen zuwenden. Hans Koch hatte in seiner Bilanz diese Aufgabe benannt: "Das ganze Spannungsfeld zwischen dem Individuum un dem Ganzen einer sich selbst beherrschenden und organisierenden Gesellschaft ist ästhetisch längst noch nicht genügend durchforscht und entdeckt."[2]

Die These von der zunehmenden Bedeutung des subjektiven Faktors[3] zeitigt für den Literaturproduzenten die Aufgabe, die Totalität menschlicher Beziehungen auf den systemeigenen Grundlagen voll auszuschreiten, um so die "rationellen und emotionellen Fähigkeiten des Menschen"[4] für die Weiterentwicklung dieser Gesellschaft fruchtbar zu machen. Auch die Aufdeckung von Widersprüchen und Konflikten soll diesem Ziel dienen: "Gegner ... glauben, solche Werke die Schwierigkeiten der Übergangsperiode aufwerfen, seien bei uns nicht gut angesehen. Im Gegenteil, sie helfen uns, schneller voranzukommen und leisten Wertvolles zu unserer Diskussion über Realismus und Volkstümlichkeit ..."[5].

Wenn sich gerade auch verantwortliche Politiker gegen eine Darstellungsweise wenden, die in den Mittelpunkt nicht die Entwicklung der Charaktere, sondern die referierende Beschreibung technischer Prozesse rückt,[6] so erheben sich doch auch gleichzeitig Stimmen, die vor einer Überstrapazierung prognostischer Terminologie und vor einer Verwischung der Grenzen zwischen Wissenschaft und Kunst noch nachdrücklicher warnen:

---

1 Ulbricht, Walter:(Rede).In:Protokoll Bitterfeld.S.100.
2 Koch, Hans: Jahre.S.20.; vgl. in diesem Zusammenhang auch die Äußerung von Hans Sachs: "Die neuen Bereiche, die es durch Kunst und Literatur zu erobern gilt, können sich nicht auf den Wirkungskreis verschiedener gesellschaftlicher Schichten beschränken. In der neuen Etappe unserer Kunst- und Kulturpolitik geht es wohl in hohem Maße darum, daß der Schriftsteller der Psyche des sozialistischen Menschen nachspürt."(Sachs, Heinz:(Rede). In:Protokoll Bitterfeld.S.170.) sowie auch die These Ulbrichts:"Es wird aber auch erforderlich, die Kenntnisse der Psyche des Menschen der sozialistischen Gesellschaft wesentlich zu vertiefen."(Ebenda.S.142).
3 Vgl. Ulbricht, Walter:(Rede).In:Protokoll Bitterfeld.S.83.
4 Ebenda S.91f.
5 Bentzien, Hans:(Rede).In:Ebenda S.41; vgl. auch die Polemik gegen überzogene Heldenvorstellungen bei Ulbricht. In:Ebenda S.123.
6 Vgl. Ulbricht, Walter:(Rede).In:Ebenda S.103.

. ... technische Revolution und industrielle Produktion in der Landwirt-
schaft und alles muß bis ins einzelne miterlebt und bis ins Detail erfaßt sein! Und was wird der Maurer morgen für eine Bezeihung zu Kelle
haben und der Tischler zum Holz und der Bauer zum Mist? ... Und wie ganz
anders wird der Chemiearbeiter von morgen am Abend sein Mädchen lieben.[1]

Auch allzu kurzfristig-ökonomistische Erwartungshaltungen werden ironisiert
als Position, die annimmt, "daß sich jede kulturelle Tätigkeit unbedingt
morgen in Prozente verwandeln müsse."[2]

Gleichzeitig wenden sich Strittmatter[3], Christa Wolf[4] und Schönemann[5] gegen die Tendenz, mit der Totalitätsforderung einen Typusbegriff sowie eine
Identifikationsliteratur zu etablieren, der die Aufhebung der Widersprüche
im literarischen Werk, nicht aber für die Wirklichkeit zum obersten Wertungsmaßstab zu werden schien: "Ist es die Aufgabe des Künstlers, Beruhigungs-
pillen für einen gesegneten Nachtschlaf zu verbreiten? Oder soll er mithel-
fen, daß Denken zur ersten Bürgerpflicht wird."[6] Der Forderung nach leseraktivierenden offenen Schlüssen, die sich wiederum artikuliert, wird zwar
widersprochen,[7] reflektiert jetzt aber wesentlich deutlicher ein Problem,
das in der vorausgegangenen Diskussion sich nur am Rande gezeigt hatte.
Der Rückgriff auf Brecht beginnt sich deutlicher zu artikulieren und stellt
die bisher dominierende Identifikationsästhetik immer stärker in Frage.

3.1.1.4   Von der 2.Bitterfelder Konferenz zum VI.Schriftstellerkongreß
           (1964-1969)

Die differierenden Akzentsetzungen, die sich auf der 2.Bitterfelder Konferenz gezeigt hatten, gehen zunächst als solche in die Auswertung der Konferenz und die Bestimmung der weiteren Aufgaben ein:[8]

> Wenn sie (die Schriftsteller-M.B.) Ärger und Enttäuschung äußern und im
> Verhältnis von Partei und Kunst die störende Wirkung einer dilettanti-
> schen und dogmatischen Kritik entschieden zurückweisen, so ist das Ver-
> allgemeinerung einer Erfahrung, die zum Zuhören zwingt.[9]

Zweifel an einer hinreichenden wissenschaftlichen Fundierung literaturwissenschaftlicher Kategorien beginnen sich zuregen: "... aus dem völligen
Fehlen von Literaturpsychologie und Literatursoziologie als wissenschaft-

---

1 Sakowski, Helmut:(Rede).In:Protokoll Bitterfeld.S.172f.
2 Scharrer, Rudi:(Rede).In:Ebenda S.194.   3 Strittmatter, Erwin.In:Ebenda.
4 Wolf, Christa:(Rede).In:Ebenda S.224ff.   5 Schönemann,H.:In:Ebenda S.285ff.
6 Strittmatter, Erwin:(Rede).In:Ebenda S.203.
7 Vgl. Gysi, Klaus:(Rede).In:Ebenda S.273ff.
8 Vgl. Joho, Wolfgang: Höhere Ansprüche verlangen größere Leistungen. Randbemerkungen nach Bitterfeld.In:NDL.12.Jg.(1964).H.6.S.3-6.
9 WB: 2.Bitterfelder Konferenz und Literaturwissenschaft.In:WB.10.Jg.(1964).
  H.4.S.484.

liche Disziplinen - aus all dem ergibt sich, daß oft Erfahrungen und allge-
mein-politische Erwägungen allein entscheiden müssen."[1] Die "Illusion über
eine angebliche Harmonie in sämtlichen Fragen"[2] der Literaturpolitik und
-theorie wird in Abrede gestellt und als entwicklungshemmend gewertet, zumal
sich in der Praxis weiterhin "administrative Maßnahmen"[3] aus einer engen Auslegung des Bitterfelder Weges legitimieren.

Von Kritikern und Schriftstellern wird nicht die Notwendigkeit einer Gegenwartsorientierung der Literatur grundsätzlich in Frage gestellt,[4] sondern
die Aufforderung zu extensiver Totalitätsdarstellung, die unter dem Deckman-
tel eines nicht näher definierten Typusbegriffs die Widersprüche zu harmoni-
sieren sich anschickt; so polemisiert Inge Diersen gegen die einseitige Favorisierung des breitangelegten Gesellschaftsromans durch die Literaturkritik:
"Sie legt den Verdacht nahe, daß im Hintergrund ein schematischer Totalitäts-
begriff spukt, von dem eine Realismuswertung abgeleitet wird, die die Bedeutung eines Werkes mit seinem extensiven und nicht mit seinem intensiven Wider-
spiegelungscharakter gleichsetzt."[5] Und Christa Wolf formuliert auf dem 11.
Plenum des ZK der SED 1965 unter ausdrücklicher Berufung auf die Diskussion
der 2.Bitterfelder Konferenz:

> Ich möchte auch sagen, daß der Begriff des Typischen, der in der Diskus-
> sion mehrmals gebraucht wurde, auch seine sehr genaue Untersuchung ver-
> langt, daß man nicht wieder zurückfällt auf den Begriff des Typischen, den
> wir mal hatten und der dazu geführt hat, daß die Kunst überhaupt nur noch
> Typen schafft.[6]

Gerade im Kontext der ideologischen Auseinandersetzungen des 11.Plenums, das
die Entwicklung in der CSSR auf einer übergreifenden politischen Ebene kritisiert,[7] Havemann, Biermann, Müller, Bieler und Bräunig als Vertreter einer
literarischen Entwicklung ansieht, die den Bitterfelder Weg verlassen hat,[8]

---

1 Vgl.WB:Bitterfeld.S.492.
2 Joho, Wolfgang: Höhere Ansprüche verlangen größere Leistungen.Randbemer-
  kungen nach Bitterfeld.In:NDL.12.Jg.(1964).H.6 und Ders.: Notwendiges Streit-
  gespräch.In:NDL.13.Jg.(1965).H.3.S.88., im folgenden zit. als Joho, Streitgespräch.
3 Ebenda S.96.; vgl. auch Johos Bekräftigung dieser Kritik unter außenpoliti-
  schen Gesichtspunkten in: Joho, Wolfgang:Belgrad, Berlin und Weimar.In:NDL.
  13.Jg.(1965).H.7.S.7f.
4 Vgl. z.B. die Auseinandersetzung Christa Wolfs mit Stefan Heym; Wolf,
  Christa:(Rede).In:NDL.13.Jg.(1965).H.3.S.102.
5 Diersen, Inge:(Diskussionsbeitrag).In:NDL.13.Jg.(1965).H.10.S.117.
6 Wolf, Christa:(Rede auf dem 11.Plenum).In:Schubbe.Dok.315.S.1099., im folgenden zit. als Wolf, Rede.
7 Vgl. Kurella, Alfred:(Rede auf dem 11.Plenum).In:Schubbe.Dok.316.S.1100.
8 Vgl. dazu auch Ulbricht (Schubbe.Dok.311), Witt (Schubbe.Dok.312), Norden
  (Schubbe.Dok.317), Verner (Schubbe.Dok.320).

zeigt sich, daß die Kontroversen der 2.Bitterfelder Konferenz nicht konsequent weitergeführt wurden: während Honecker sich auf die Beiträge dieser
Konferenz berufen kann, die weiterhin die Darstellung gelöster Konflikte
verlangten, sich gegen die "Tendenzen der Verabsolutierung der Widersprüche"[1]
verwahren kann, rekurrieren Wolf und Sakowski auf die Position derjenigen,
die sich für eine stärkere Leseraktivierung durch die Zurückdrängung kon-
flikteinebnender Konzeptionen eingesetzt hatten. Auch gerät die Gefahr einer
Primatisierung der Politik vor der Kunst, die den eigenständigen Beitrag
der Kunst zur Wirklichkeitsbewältigung zu unterschlagen geeignet sei, in
Zweifel: "Die Kunst muß auch Fragen aufwerfen, die neu sind, die der Künstler zu sehen glaubt, auch solche, für die er noch nicht die Lösung sieht."[2]
Die Kritik, die sich diesen genannten Einwänden anschließt, bleibt zunächst
in der Minderheit, wenn sie sich auch vehement äußern kann:

> Inhaltismus stellt sich dar als Merkmal einer - kulturpolitisch sicher-
> lich notwendigen - Phase unserer Literatur, in der der Roman der Textil-
> industrie, der Konsumverkäuferin, des BGL-Vorsitzenden gefordert und als
> Auftrag vergeben wurde an Autoren, deren konjunkturanalytische Befähi-
> gung häufig größer war als ihre Beziehung zum Stoff.[3]

und:

> An dieser irrigen Auffassung von Geschichtstreue, an dieser Pseudopartei-
> lichkeit ist der Gegenwartsroman ebenso oft gescheitert wie an der Sucht,
> nur ja nichts zu vergessen, nur ja nichts falsch zu machen ... die Hel-
> den sind so positiv mit Maschinenöl beschmiert, daß der Leser nicht mehr
> zu unterscheiden vermag, ob es Mann oder Frau ist, was an der Drehbank
> steht und leitartikelt.[4]

Schlenstedts Versuch, unter den Kategorien Ankunft und Anspruch[5] erste Hypothesen für eine Literaturgeschichtsschreibung des Bitterfelder Weges zu
formulieren wird zurückgewiesen,[6] Inge v.Wangenheims Einwendungen gegen
einen vorherrschenden "einschränkenden Praktizismus"[7] bleiben unbeachtet.

---

1 Honecker, Erich:(Bericht des Politbüros an das 11.Plenum des ZK der SED
  1965).In:Schubbe.Dok.310.S.1077.
2 Wolf, Rede.1099 sowie entsprechend Sakowski, Helmut:(Rede auf dem 11.Ple-
  num).In:Schubbe.S.1109.
3 Christ, Richard: Schriftsteller, Lektor und Literatur.In:NDL.14.Jg.(1966).
  H.2.S.175.
4 Ebenda S.177.
5 Schlenstedt, Dieter: Ankunft und Anspruch.Zum neueren Roman in der DDR.
  In:SuF.18.Jg.(1966).H.3.S.814-835.
6 Vgl. Jarmatz, Klaus:Vorwort zu KiZ.S.76.
7 Wangenheim, Inge von: Die Geschichte und unsere Geschichten.Gedanken eines
  Schriftstellers.Halle(Saale).(1966).S.92. Die historisierende Aufarbeitung
  der eigenen Schreiberfahrungen ("vieles erweist sich bei näherer Prüfung
  als wohl dem guten Willen, wohl der inneren Staatsräson, wohl der besseren Einsicht abgerungen, aber eine Seele hat es nicht."(Ebenda S.91f.))
  wird von Wangenheim als Aufgabe formuliert.

Es setzt sich im Deutschen Schriftstellerverband vielmehr ein Verständnis von Bitterfelder Weg durch, das sich folgendermaßen artikuliert: "Wir sind für die Gestaltung aller Probleme, wenn sie in ihrer Lösbarkeit geschildert werden, die sich aus dem nichtantagonistischen Charakter der Widersprüche der sozialistischen Gesellschaft ergibt."[1] Die 'Planer-und Leiter-Perspektive' gilt jetzt immer stärker als Mindestanforderung an den Schriftsteller, die Ergebnisse der wissenschaftlich-technischen Revolution müssen bekannt sein, um auf diese Weise prognostisch Entwicklungen voraussagen zu können.[2] Dieses Verständnis der Bitterfelder Orientierung, das im nachhinein in die Bitterfelder Konferenz hineinprojeziert wird,[3] verdrängt tendenziell in seinem nur-wissenschaftlichen Anspruch die umfassende persönlichkeitsbildende Intention der 2.Bitterfelder Konferenz.

Aufforderungen, Untersuchungen zur weiteren Entwicklung des Realismusbegriffs und eine präzisere Funktionsbestimmung des Bitterfelder Weges vorzunehmen, bleiben programmatisch[4] und degenerieren teilweise zur bloßen Wiederholung oft formulierter Thesen über die wachsende Bedeutung des subjektiven Faktors[5] und die Notwendigkeit einer Weiterentwicklung der Beziehungen zwischen Arbeiterklasse und Schriftstellern: "Es geht nicht darum, daß wir sie (die jungen Schriftsteller-M.B.) einfach in die Betriebe schicken, sondern darum, ihnen eine wirklich enge Beziehung zur Arbeiterklasse und zu den Menschen bei uns zu geben."[6]

Die relative Stagnation der Theoriebildung zur Gegenwartsliteratur hält auch in den Jahren 1968/69 an. Das Gesellschaftsbild der "sozialistischen Menschengemeinschaft", das sich als ESS deginiert, verlangt konsequenterweise nach der "Gestaltung des den Sozialismus v o l l e n d e n d e n Menschen."[7]

---

1 Der Jahreskonferenz entgegen. Der Stand der Literatur und die Aufgaben der Schriftsteller in der Deutschen Demokratischen Republik.Diskussionsvorlage.In:NDL.14.Jg.(1966).H.7.S.193.
2 Vgl. als Beispiel Zimmering, Max: Zu einigen ideologischen Problemen.Rede vor dem Vorstand des DSV.In:NDL.14.Jg.(1966).H.2.S.3.
3 Vgl. Röhner, Eberhard: Modellstehen oder Mitentdecken? Der Funktionär in unserer Literatur.In:NDL.14.Jg.(1966).H.11.S.30.
4 Vgl.Jarmatz, Klaus: Forschungsfeld Realismus.Zu Horst Redekers Essay 'Abbild und Aktion'.In:NDL.14.Jg.(1966).H.9.S.140.
5 Vgl. z.B. Abusch, Alexander: Die nationale Repräsentanz unserer sozialistischen Kultur.In:Schubbe.Dok.350.S.1270 und Goldhahn, Johannes:Zur Umsetzung wesentlicher Erkenntnisse von Marx und Engels in der kulturellerzieherischen Konzeption des Bitterfelder Weges.In:WB.15.Jg.(1969).Sonderheft.S.80., im folgenden zit. als Goldhahn, Umsetzung.
6 Lange, Marianne:(Diskussionsbeitrag.).In:NDL.15.Jg.(1967).H.4.S.17.
7 Ulbricht, Walter:(Rede , VII.Parteitag der SED 1967).In:Schubbe.Dok.347.

Die vorrangige Forderung an den Schriftsteller, über "exaktes Wissen"[2] naturwissenschaftlicher Art zu verfügen und seine Funktion im "Teilsystem Literaturgesellschaft"[3], im "Subsystem des gesellschaftlichen Gesamtsystems"[4] zu suchen, um so innerhalb eines streng durchrationalisierten kybernetischen Gesellschaftsmodells zu "Effektivität"[5] und "Rentabilität"[6] der gesellschaftlichen Entwicklung beizutragen, ist nur die konsequente Variante eines Systemdenkens, das Ökonomie, Politik und Kultur voneinander abtrennt und so nach Meinung einiger Kritiker der Gefahr einer "Entideologisierung"[7] Vorschub leistet. Wenn demgegenüber andere Autoren daran festhalten, daß es der Kultur zukomme, auf die "menschliche Ganzheit"[8] zu zielen: "Ideologie und Kultur sind jedoch nicht nur auf die künstlerischen Bereiche beschränkt; sie durchdringen vielmehr alle Teilsysteme des gesellschaftlichen Gesamtsystems."[9], so deutete sich damit eine Differenzierung an, die im zuvor genannten Fall auf die konsequente Einregelung der Literatur hinzielt, im zweiten Fall tendenziell nach der Gleichrangigkeit von Wissenschaft und Kunst verlangt.

Der Bitterfelder Weg wird nunmehr stärker als kulturpolitisch langfristig angelegte Konzeption angelegt,[10] "die den sozialistischen Menschen als den Hauptgegenstand sozialistischer Gegenwartsliteratur",[11] das "Erfassen des Revolutionärs unserer Tage"[12] verlangt. Dieser bilde sich vorrangig im "Zen-

---

2 Ulbricht, Walter:(Rede auf der 13.Sitzung des Staatsrates 1968).In:Schubbe.Dok.375.S.1395.; vgl. auch Abusch, Alexander:(Rede auf dem VII.Bundeskongreß des Deutschen Kulturbundes 1968).In:Schubbe.Dok.360.S.1377.
3 Jarmatz, Klaus: Literaturpolitische Probleme der 2,Bitterfelder Konferenz. In:WB.14.Jg.(1968).H.3.S.470.
4 Kuhnt, Hannelore: Gedanken zur Kontinuität sozialistischer Kulturpolitik. In:WB.14.Jg.(1968).Sonderheft 2.S.189.; vgl. auch Burghardt, Max:(Rede auf dem VII.Bundeskongreß des Deutschen Kulturbundes 1968).In:Schubbe. Dok.361.S.1352.
5 Neubert, Werner: Bitterfeld als schöpferische Arbeitsform.In:NDL.16.Jg. (1968).H.4.S.165.
6 Ebenda S.167.
7 Haase, Horst:(Diskussionsbeitrag).In:WB.14.Jg.(1968).H.4.S.714.
8 Gysi, Klaus:(Rede auf der 13.Sitzung des Staatsrates 1968).In:Schubbe. Dok.376.S.1405.
9 Goldhahn, Umsetzung.S.78.
10 Vgl. ebenda S.76 sowie Gysi, Klaus:(Rede vor dem Rat des Ministers der Kultur 1969).In:Schubbe.Dok.394.S.1480ff.
11 Jarmatz, Klaus: Literaturpolitische Probleme der 2.Bitterfelder Konferenz. In:WB.14.Jg.(1968).H.3.S.468.; vgl. auch:"Auch die Führungskräfte unserer Gesellschaft nehmen noch nicht den ihnen gebührenden Platz in der sozialistischen Gegenwartsliteratur ein."(Herting, Helga:Zum Heldischen in der sozialistisch-realistischen Literatur.In:WB.15.Jg.(1969).Sonderheft.).
12 Gysi, Klaus:(Rede vor dem Rat des Ministers der Kultur 1969).In:Schubbe. Dok.394.S.1481.

trum gesellschaftlich vorwärtsdrängender Entwicklungen unserer Republik".[1]
Die latente Forderung, sich unmittelbar um die Zentren der sozialistischen
Großproduktion zu bekümmern, wird aber nun durch die These diffenrenziert,
der Schriftsteller habe schon vor dem Eintreten in diesen Erfahrungsbereich
sich umfassende wissenschaftliche und gesellschaftspolitische Kenntnisse an-
zueignen: "... heute (verlangt) die Methode des Bitterfelder Weges vom
Künstler, daß er bereits als Wissender seinem Partner gegenüber treten muß,
wenn er von ihm wesentliche Hinweise, die seine künstlerische Phantasie
wirklich befruchten, herausfordern will."[2]

3.1.1.5 Der VI.Schriftstellerkongreß (1969)

Der VI.Deutsche Schriftstellerkongreß von 1969 bildete in gewisser Weise
einen gewissen Höhepunkt in der Tendenz, die Ergebnisse der wissenschaftlich-technischen Revolution über die Kunst zu stellen, signalisierte aber
zugleich das Unbehagen einiger Schriftsteller über die ständige Forderung
nach wissenschaftlich fundierter Prognostik auch in der Literatur, die die
Literatur dem Zugzwang einer sich auf technologischem Gebiet rasch entwickelnden Gesellschaft zu unterwerfen droht.[3] Die Berufung auf den Bitterfelder Weg im Abschlußdokument des Kongresses kennzeichnet nur sehr unzureichend die vorwaltende Interpretation des Bitterfelder Weges auf dem VI.
Schriftstellerkongreß: "Die Grundlagen unseres Schaffens haben sich bewährt.
Den progressiven Traditionen der humanistisch-demokratischen und der prole-
tarisch-revolutionären Literatur verpflichtet gehen wir den Bitterfelder
Weg."[4] Vorherrschend bleibt dagegen eine durchaus stärker normierende Position, die nach der "Verbindlichkeit des Themas"[5] verlangt: "Unter maßstab-
setzenden Leistungen unserer Literatur verstehen wir die Werke, die die Tiefe der lebendigen gestalthaften Erkenntnis u n s e r e n   L e b e n s am
glücklichsten vereinbaren mit der Breite der Wirkung."[6] Daß der Verweis
auf die Stoffwahl als Anregung verstanden werden soll, die gegenwärtige
wissenschaftlich-technische Entwicklung in den Mittelpunkt zu rücken, zeigen zahlreiche Außerungen, die ein "Ineinandergreifen von Geschichtsbewußt-

---

1 Gysi, Klaus:(Rede vor dem Rat des Ministers der Kultur 1969).In:Schubbe.
  Dok.394.S.1481.
2 Ebenda.
3 Vgl, dazu die programmatische Rede von Schulz, Max Walter:Das Neue und
  das Bleibende in unserer Literatur.In:DSV,Schriftstellerkongreß.S.43.,
  im folgenden zit. als Schulz, Das Neue.; vgl. auch Gysi, Klaus:(Rede).In:
  DSV, Schriftstellerkongreß.S.253.
4 Erklärung der Delegierten ... In:Ebenda S.334.
5 Neutsch, Erik:(Rede).In:Ebenda S.7o 6 Schulz, Das Neue.S.23f.

sein und wissenschaftlicher Prognostik"[1] zur unbedingten Voraussetzung der individuellen schriftstellerischen Tätigkeit machen.[2] Der Tendenz, die strengste Ökonomisierung auch des Einsatzes von Literatur für Gegenwart und Zukunft vorzunehmen, die mit der Abrechenbarkeit von Ergebnissen einer ein-funktionalisierten Literatur rechnet,[3] muß die stärkere Individualisierung in der neueren Literatur ('Christa T.'), die eben diese vorgegebene Zweck-Mittel-Relation problematisiert, zum Hemmnis werden. Ebenso spricht diese Konzeption das Verdikt über die Kategorie des "Anspruchshelden"[4]. Sie miß-versteht die Grundlegung dieser Kategorie als Folge einer Position, "die von einer Autonomie des Individuums und seiner Ansprüche an die Gesell-schaft ausgeht."[5] und verdächtigt sie des Rückfalls in eine strenge Entge-gensetzung von Individuum und Gesellschaft, die sich den gegenwärtigen ge-sellschaftlichen Bedingungen zu entziehen trachte.

Die drohende Reduktion des Bitterfelder Weges auf die Erfüllung prognostisch voraussehbarer Aufgabenfelder knüpft, nunmehr unter den Vorzeichen der wis-senschaftlich-technischen Revolution, an die verengende Interpretation der Frühphase des Bitterfelder Weges an. Wenn sich gleichzeitig Unbehagen an dieser Reduktion meldet,[6] so indiziert dies das Bedürfnis nach Weiterführung einer Diskussion über das Verhältnis von Wissenschaft und Kunst,[7] dem sich die Prognoseeuphorie zu stellen haben würde:

---

1 Schulz, Das Neue.S.26.
2 Vgl. auch die Äußerung von Martin Selber:"Für mich scheint doch das Wich-tigste die Erkenntnis zu sein, daß der Schriftsteller von heute den Ent-wicklungsgang der allgemeinen Qualifizierung mitzugehen hat, daß ihm die Aufgabe zuwächst, sein Leserpublikum überzeugend davon zu unterrichten, daß wir uns mit der Tatsache ununterbrochenen Lernens befreunden müssen." (Selber, Martin;(Rede).In:DSV,VI.Schriftstellerkongreß.S.126.).
3 Vgl. dazu den Beitrag Gysis, in dem nunmehr zu diesem Zweck eine "e i n - d e u t i g e   P a r t e i l i c h k e i t" verlangt wird.(Gysi, Klaus: (Rede).In:Ebenda S.245, Hervorhebung von M.B.),
4 Vgl. die Beiträge von Jarmatz, Klaus:(Rede).In:Ebenda S.275-282.; Röhner, Eberhard:(Rede).In:Ebenda S.299-307; Selbmann, Fritz:(Rede).In:Ebenda S.155-162, hier insbesondere S.158/159.
5 Jarmatz, Klaus:(Rede).In:Ebenda S.281.
6 Dieses Unbehagen reflektiert sich durchaus auch in dem Beitrag von Max Walter Schulz, der sich gegen Technologisierungstendenzen wenden muß (vgl. Schulz, Das Neue.S.31), gleichzeitig aber, wie sich an der Wort-wahl zeigt, eben diesen Tendenzen besonders stark erliegt; so heißt es in seinem Beitrag, die Literatur müsse "Schwingungen"(Ebenda S.25) er-zeugen, einen "normativen Hochwert"(Ebenda S.42) als "Impulsgeber"(Ebenda S.25) erzielen, auf der richtigen "weltanschaulichen Frequenz"(Ebenda) liegen und über "disponibles prognostisches Wissen"(Ebenda S.34) verfügen.
7 Vgl. den Beitrag von Hammel, der die monologisierende Grundanlage des Kongresses kritisiert.(Hammel,Claus:(Rede).In:DSV, VI.Schriftstellerkon-greß.S.199-203.).

... wer die berechtigte Forderung, der Schriftsteller müsse an Wissen und Bildung auf der Höhe seiner Zeit sein, die er künstlerisch gestaltet, dahingehend interpretiert, daß er von ihm verlangt, er müsse es an Kenntnissen mit einem Ingenieur, Physiker, Wirtschaftsleiter oder Chirurgen aufnehmen, diesen Spezialisten gar noch etwas vormachen und ihnen womöglich ein Stück voraus sein, der mißversteht die Aufgabe und Funktion der Literatur.[1]

Und an anderer Stelle heißt es "Der Schriftsteller soll nicht ein Allround-Fachmann im Taschenformat sein, sondern Fachmann auf seinem ureigenen Gebiet, nämlich dem der Menschengestaltung."[2] Damit wird an eine umfassende Funktionsbestimmung des Bitterfelder Weges für die Persönlichkeitsbildung gemahnt, die nicht das Mittel (die technologische Entwicklung) schon zum Ziel selbst deklariert.

3.1.1.6 Vom VI.Schriftstellerkongreß zum VIII.Parteitag (1969-1971)

Die latenten Auseinandersetzungen des VI.Schriftstellerkongresses werden zunächst nicht weitergeführt. Die theoretischen Bemühungen der Literaturwissenschaft stagnieren weiter; mit der Konstatierung dieser Stagnation[3] aber deutet sich die Möglichkeit ihrer Überwindung an.

Die Leitlinie des VI.Schriftstellerkongresses, das Verständnis des Bitterfelder Weges als Hilfe für die Stimulierung der Ergebnisse der wissenschaftlich-technischenRevolution gerät in Zweifel;[4] unter deutlicher Abgrenzung nach links (Verständnis des VI.Schriftstellerkongresses) und rechts (Forderung nach Aufgabe der unmittelbaren Wirklichkeitsdarstellung) formulier Inge von Wangenheim:

> Dürften wir die berechtigte Hoffnung hegen, es würden die neuen, bedeutenden Kunstwerke, die das Wirkliche u n s e r e r Wirklichkeit von h e u t e und h i e r wirklich meistern, wie die Pilze nach dem Regen aufschießen, wenn wir nur das 'Prinzip Bitterfeld' und den ihm zugrundeliegenden 'sozialistischen Realismus' fallenließen, so sollten wir das in Gottes Namen tun und nach dem wohlgemeinten Rat der Revidierer und Erneuerer verfahren.[5]

---

1 Joho, Wolfgang:(Rede).In:DSV, VI.Schriftstellerkongreß.S.129.
2 Ebenda S.130.
3 Vgl. dazu auch den Aufsatz von Thurm, Brigitte: Vom Netzwerk ästhetischer Kategorien.Zu M.Kagans 'Vorlesungen zur marxistisch-leninistischen Ästhetik'.In:TdZ.25.Jg.(1970).H.11.S.8-11.
4 Das 'Kulturpolitische Wörterbuch' nennt als Charakteristikum der Entwicklung nach der 2.Bitterfelder Konferenz die Einführung der 'Planer- und Leiterperspektive' (Kulturpolitisches Wörterbuch.Berlin.1970.S.81.)und formuliert als Aufgabe:"Der Bitterfelder Weg wird in der DDR immer mehr zur hauptsächlichen kulturpolitischen Organisationsweise.."(Ebenda S.82.).
5 Wangenheim, Inge von: Die Verschwörung der Musen.Gedanken eines Schriftstellers.Halle(Saale).(1970).S.19f., Hervorhebung von I.W.

Ein Festhalten an der Gegenwartsdarstellung und das Verlangen nach realistischer, nicht-illustrativer Wirklichkeitsdarstellung werden erneut als Prinzipien des recht verstandenen Bitterfelder Weges in Erinnerung gerufen, Die
Diskreditierung des Bitterfelder Weges durch die vorherrschenden ökonomisti-
schen Mißverständnisse dürfe nicht, so Wangenheim, generell von der literarischen Gestaltung des "Protagonisten des neuen Zeitalters"[1] zurückschrecken
lassen: "Ein Künstler jedoch, der aufsteht und sagt: Ich bin impotent, weil
die Eunuchen die Theorie kastriert haben, betrügt sich selbst."[2]

Die Überwindung theoretischer Stagnation setzt so recht eigentlich erst mit
dem VIII.Parteitag der SED 1971 ein. Die Kritik an der harmonisierenden
Formel von der "sozialistischen Menschengemeinschaft"[3], an der Abtrennung
von Sozialismus und Kommunismus, die den dynamischen Charakter einer notwendigen Weiterentwicklung der gegenwärtigen Gesellschaftsordnung zu unterschlagen geneigt war, die Kritik an einem statischen Gesellschaftsbild, das
technokratische Züge aufzuweisen begann und sich unter pseudowissenschaft-
lichen Formeln[4] der Kritik entzog, fordert nunmehr dazu auf, "die r e a -
l e n Bedürfnisse und Interessen der Arbeiterklasse gründlich zu erforschen."
Die Akzentstzung der Planung zugunsten son Sozialleistungen und Konsumgüter-
industrie verdeutlicht auf der ökonomischen Ebene ein Anliegen, das auch
auf der ideologischen Ebene nach einer Politik der Illusionslosigkeit über
die tatsächlichen Differenzen innerhalb der Bevölkerung verlangt. Hatten
frühere Tagungen (so u.a. die 2.Bitterfelder Konferenz und der VI.Schrift-
stellerkongreß) voreilig die Aufhebung der Trennung von Kunst und Leben behauptet, so ist jetzt in Honeckers Rede vor dem VIII.Parteitag die Akzent-
setzung deutlich verschoben: als Aufgabe besteht demnach weiterhin die
"H e r a u s b i l d u n g der allseitig entwickelten Persönlichkeit"[6],
womit einer vorher teilweise behaupteten Realisierung des Ideals eine deutliche Absage erteilt wird.

Wenn diese Diskussionen um den VIII.Parteitag mit der Herausforderung zum

---

1 Wangenheim, Verschwörung.S.21   2 Ebenda.
3 Vgl. dazu beispielsweise Hager, Kurt:Arbeiter und Künstler.Vortrag auf
  der Plenartagung der Deutschen Akademie der Künste zu Berlin am 2.März 1972.
4 Vgl. dazu Selbmann, Fritz: Über zwei Parteitage.In:NDL.19.Jg.(1971).H.8.
  S.13/14., im folgenden zit. als Selbmann, Parteitage.
5 Koch, Hans/Hejzlar, Hans: Nach dem Parteitag.In:WB.17.Jg.(1971).H.10.S.7.;
  vgl. auch Martin, Werner/Herden, Werner: Vor neuen Afgaben.Gedanken zur
  Auswertung des VIII.Parteitages der SED.In:WB.17.Jg.(1971).H.11.S.6.
6 Honecker, Erich:(Rede auf dem VIII.Parteitag 1971).In:NDL.19.Jg.(1971).
  H.8.S.70, Hervorhebung von M.B.

Meinungsstreit und einer allgemeinen Absage an administratives Verhalten[1]
verbunden werden, so bedeutet das für die Handhabung des Bitterfelder Weges
eine Absage an offizielle Empfehlungen für die Darstellung bestimmter The-
menkomplexe;[2] an der Vorbedingung parteilichen Wirklichkeitsverständnisses
wird selbstverständlich festgehalten.[3] Von einer Position her, die das Par-
teilichkeitsverständnis im Sinne des sozialistischen Realismus für allge-
meinverbindlich ansehen kann,[4] wird entsprechend den schon seit geraumer
Zeit auf der philosophischen Ebene geführten Diskussionen um den spezifischen Gegenstand von Wissenschaft und Kunst,[5] nunmehr eine Hierarchisierung
der Erkenntnismöglichkeiten zugunsten der Wissenschaft zurückgewiesen: "Wir
können weder auf die Entdeckungen der Wissenschaften noch auf die Entdeckungen der Künste verzichten."[6]

Damit wird für die Autoren, für Literaturwissenschaft und Literaturkritik
der Weg frei für eine Neubestimmung des Gegenstands und der Funktion der
Literatur.[7] Notwendig müssen auch zurückliegende kulturpolitische Etappen
einer Kritik unterzogen werden. Der "zurückhaltende Gebrauch des Begriffes
'Bitterfelder Weg'"[8] wird zum Indikator einer Entwicklung, die sich des Zusammenhangs von Kunst und Gesellschaft neu versichern will: Neben der Tendenz, mit dem DDR-spezifischen Bitterfelder Weg häufig internationale sozialistische Diskussionen abgeschnitten zu haben,[9] gerät insbesondere die
Erwartungshaltung der 6oer Jahre, an die Möglichkeit von Literatur ökonomische Hoffnungen zu binden, ins Schußfeld der Kritik. Es habe, so heißt es
jetzt, die Gefahr bestanden, "die Künste zu überfordern, d.h. von ihnen
Leistungen zu erwarten, die nur das Resultat einer komplexen, das breite
Spektrum kultureller Aufgaben erfassenden Tätigkeiten sein können."[10]

1 Vgl. Selbmann, Parteitage.S.13.; vgl. auch Hager, Kurt: Zu Fragen der
Kulturpolitik der SED.6.Tagung des ZK der SED, 6.-7.Juli 1972. Berlin.
1972., im folgenden zit. als Hager, Fragen.
2 Vgl. Hentschel, Franz: Dem Volke verbunden.Nach dem VIII.Parteitag der
Sozialistischen Einheitspartei Deutschlands.In:TdZ.26.Jg.(1971).H.10.S.5.
3 Vgl. Honecker, Erich:(Rede auf dem VIII.Parteitag der SED 1971.In:NDL.
19.Jg.(1971).H.8.S.76.
4 Vgl. dazu NDL:Ein Jubiläum-eine Verpflichtung.In:NDL.20.Jg.(1972).H.4.S.5.
5 Vgl. dazu Hohendahl, Peter Uwe:Ästhetik und Sozialismus:Zur neueren Literaturtheorie der DDR.(Manuskript).
6 Hager, Fragen.S.31.
7 Vgl. dazu Neubert, Werner:Die schöpferische Unruhe des sozialistischen
Realismus.Zum 6.Plenum des ZK der SED.In:NDL.20.Jg.(1972).H.10.S.158ff.
8 Hirdina/Krenzlin/Schröder/Thierse/:Ensemble der Künste und kulturelle
Entwicklung der Arbeiterklasse.Ein Diskussionsbeitrag zu aktuellen Aufgaben der marxistisch-leninistischen Ästhetik.In:WB.18.Jg.(1972).H.5.S.30.
9 Vgl. ebenda S.31   10 Ebenda.

Der Hinweis auf eine umfassende kulturpolitische Praxis[1] als Voraussetzung einer Realisierung von gesellschaftlichen Forderungen impliziert eine Polemik gegen eine Literaturtheorie, die sich von der literarischen Gestaltung der fortgeschrittensten Produktionsbereiche die günstigste Bewußtseinsentwicklung erhoffte, zumal dann, wenn die Lösung der aufgeworfenen Probleme schon im Werk vorgeführt wurde. Dagegen heißt es jetzt: "Nicht wenige Künstler sind mit Recht unzufrieden über simplifizierende und verflachende Gestaltungen, über manchmal recht äußerliche Darstellungen arbeitender Menschen."[2] Mit dem Wie der Gestaltung gerät zugleich das Was, die Einengung der Themenwahl auf den Produktionsbereich, in die Diskussion. Karl-Heinz Jakobs hat in konzentrierter Form die Vielschichtigkeit einer historisierenden Kritik[3] an der Entwicklung der DDR-Literatur und die Probleme ihrer aktuellen Entwicklung in einer auch später vielbeachteten Rede[4] benannt: ausgehend von einer zunehmenden Differenzierung der "Struktur der Arbeiterklasse"[5] in der DDR müsse die Vielfalt koexistierender Ideologien in Rechnung gestellt werden.[7] Die gleichzeitige Absage an einen Adressatenbezug, der sich lediglich dem Kern der Arbeiterklasse verpflichtet weiß und sich nicht sowohl den Veränderungen des Bewußtseins in der Arbeiterschaft als auch in anderen Schichten der Bevölkerung stellt,[7] ist als Zurückweisung einer Schematisierung von Gut und Böse[8] zu verstehen. Auf der Grundlage einer stabilen Gesellschaftsordnung komme nun nicht den äußeren spektakulären Entwicklungen (hier ist eine Polemik gegen die Planer- und Leiter-Perspektive eingeschlossen[9]) die ausschließliche Aufmerksamkeit zu, sondern den sich im Inneren abspielenden Konflikten, den Entwicklungen im privaten Bereich, dem Weltanschauungsgespräch. Ein Mehr an Alltäglichkeit, die Darstellung der

---

1 Vgl, die Ausführungen Fühmanns auf dem VII.Schriftstellerkongreß.
2 Hager, Fragen.S.39.
3 Historisierend ist eine Kritik, die konkret auf Entwicklungen Bezug nimmt, die historische Bedingtheit von Fehlern diskutiert; im schlechten Sinne ideologisches Verhalten zur Geschichten begnügt sich damit, Abstraktheiten zu formulieren, läßt den konkreten Charakter von Fehlern, Weiterentwicklungen außer acht; vgl. zu einem Verfahren im letzteren Sinne die Ausführungen Erhard Johns zur Herausbildung kultureller Lebensgewohnheiten in der DDR:"Dieses Problem wurde-jeweils konkreten Bedingungen und Aufgaben entsprechend-in den Beratungen der ersten und zweiten Bitterfelder Konferenz und auf dem V.,VI. und VII.Parteitag behandelt. In einer qualitativ neuen Form wurde es in den Beratungen des VIII.Parteitags behandelt." (John, Ästhetik.S.179).
4 Jakobs, Karl-Heinz: Das Wort des Schriftstellers - über den Arbeiter in unserer Literatur.In:NDL.20.Jg.(1972).H.10.S.152ff., im folgenden zit. als Jakobs, Wort.   5 Ebenda S.153.   6 Vgl. ebenda
7 Vgl. ebenda.   8 Vgl.ebenda S.154.   9 Vgl.ebenda S.157.

einfachen Arbeit[1] wird gefordert, denn nur so könnten dem Realismus neue
Wirklichkeitsdimensionen hinzugewonnen werden. In diesem Sinne kann Jakobs
auf Claudius und Neutsch rekurrieren[2]. Die enge Verbindung von Literatur
und eingreifendem Handeln benennt das Primat der gesellschaftsverändernden
Praxis und weist eine wirklichkeitsbeschönigende Literatur, die ihren Leser
verfehlen müsse,[3] zurück.

Der Zugewinn an Historizität, der sich hier andeutet, kann nicht ohne Auseinandersetzungen zum Allgemeingut werden. Die durch die Diskussion des
VIII.Parteitages öffentlich gebilligte Auseinandersetzung um den Stand der
kulturellen Entwicklung, den Gegenstand und die Funktionsbestimmung der Literatur führt notwendig zu einer umfangreichen Romanliteratur, in der die
Abgrenzung von Literatur und Politik unter dem Vorzeichen einer gleichge-
richteten Weltanschauung zu einem gewichtigen Gegenstand werden muß. Die
Suche nach einer Selbstverständigung über die Funktion der Literatur führt
zu einem Zugewinn an Subjektivität in Gegenstandswahl und individueller
'Handschrift'[4]. Dieser Prozeß, der um den VI.Schriftstellerkongreß herum
noch administrativ abgebrochen wurde, fordert zwar weiterhin Subjektivismus-
Ängste heraus, verfällt nunmehr allerdings nicht mehr der Denunziation, sondern provoziert historisches Bewußtsein.

3.1.1.7 Der VII.Schriftstellerkongreß (1973)[5]

Der VII.Schriftstellerkongreß bkräftigt die Abgrenzung gegen einen mißverstandenen Bitterfelder Weg, geht aber insofern über die vorgängigen Diskussionen hinaus, als er in konzentrierter Form zu einer detaillierten Neubewertung der kulturpolitischen Entwicklung und Aufgabenstellung vorstößt.
Kant weist darauf hin, daß der ökonomistische Ansatz mancher Verlage mitunter ideologisch nicht genehme Werke dem Rotstift anheimfallen ließ,[6] so daß
"Auffassungen, die die Arbeit behinderten, ja verhinderten."[7], sich ausbrei-
ten konnten. Insbesondere die Literaturkritik gerät ins Blickfeld der Kri-

---

1 Vgl. Jakobs, Wort.S.157   2 Vgl. ebenda.
3 Vgl. ebenda S.154.
4 Vgl. zu diesem Begriff den Schlußteil dieser Arbeit.
5 Zitiert wird nach dem Protokoll des Kongresses: Schriftstellerverband der
  Deutschen Demokratischen Republik.Protokoll.(Berlin,Weimar).(1974)., im
  folgenden zit. als Schriftstellerverband, VII.Schriftstellerkongreß.
6 Kant, Hermann: Unsere Worte wirken in der Klassenauseinandersetzung.In:
  Ebenda S.41., im folgenden zit. als Kant, Worte.
7 Seghers, Anna: Der sozialistische Stanpunkt läßt am weitesten blicken.
  In: Ebenda S.21., im folgenden zit. als Seghers, Standpunkt.

tik: "Appelationen an außerliterarische Instanzen sollten aus der Praxis verschwinden."[1]

Unter Berufung auf den VIII.Parteitag,[2] der die "Unaustauschbarkeit"[3] künstlerischer Arbeit bestätigt habe, wird die Relation von konkreter historischer Wirklichkeit und Literatur problematisiert. Gegenüber einem Konzept, das die realen gesellschaftlichen Probleme unter Entfaltung sämtlicher Bezüge im Werk auftauchen und die Lösung der Probleme mitgeliefert haben möchte, wird eine Selbstverständigungsfunktion der Literatur gesetzt, deren Wert schon darin bestehen kann, "eine echte, bisher nicht recht bewußte Schwierigkeit entdeckt und bewußt gemacht zu haben."[4]; denn da reale gesellschaftliche Widersprüche nicht aufgehoben sind, kann es der Literatur nicht zukommen, die Einlösung der Ideale immer wieder zu behaupten:[5] es könne, so Fühmann, "eine würdige Aufgabe der Literatur sein, das gesellschaftliche Ideal zu zeichnen, wobei es über konkrete Züge des Ideals Meinungsverschiedenheiten geben kann, doch in jedem Fall wäre das Ideal als Vorgegebenes zu zeichnen, als Ziel, als Sehnsucht, als Verlangen, als Stern, als Ideal eben, und nicht als bereits existierender Alltag, dessen Größe wir ebensowenig wie dessen Härten vermindern können, ohne die Literatur selbst Preiszugeben."[6] Die Betonung des Wirklichkeitsprimats[7] impliziert die Aufforderung, die Fehler gesellschaftlicher Entwicklungen nicht primär bei den Individuen zu suchen, sondern in der Realität der gesamtgesellschaftlichen Entwicklungen, denn, so Fühmann, es sei ein Fehler, "daß man alles Gelungene in der Literatur dem Einfluß der Gesellschaft zuschreibt und alles Mißlungene oder Nicht-

---

1 Fühmann, Franz:(Diskussionsgrundlag).In:Schriftstellerverband der Deutschen Demokratischen Republik (Hrsg.):VII.Schriftstellerkongreß der Deutschen Demokratischen Republik.Protokoll(Arbeitsgruppen).(Berlin,Weimar). (1974)., im folgenden zit. als Fühmann, Diskussionsgrundlage.; das Protokoll der Arbeitsgruppen wird zitiert als Schriftstellerverband, Schriftstellerkongreß(A).
2 Vgl. die Warnung Endlers, den VIII.Parteitag als A b s c h l u ß einer Entwicklung anzusehen; es seien allerdings "Ansätze zur Besserung" festzustellen.(Endler, Adolf:(Diskussionsbeitrag).In:Ebenda S.313.).
3 Kant, Worte.S.32; vgl. die Bezugnahme auf den VIII.Parteitag bei Neutsch, die die Spezifik dieses Parteitages außer acht läßt.(Neutsch, Erik:(Diskussionsbeitrag).In:Schriftstellerverband, VII.Schriftstellerkongreß.S.140).
4 Seghers, Standpunkt.S.20; vgl. entsprechend Fühmann, Diskussionsgrundlage. S.258.
5 Fühmann charakterisiert die Forderungen einer dogmatischen Literaturkritik, sie verlange "ein tief aufwühlendes Werk, nur die Fragen müssen alle schon gelöst sein."(Fühmann, Diskussionsgrundlage.S.200.).
6 Ebenda S.261.
7 Vgl. ebenda S.256; vgl. auch Kant, Worte.S.31 sowie Keisch, Henryk:(Diskussionsbeitrag).In:Schriftellerverband,VII.Schriftstellerkongreß(A)S.269.

gelöste ausschließlich im Versagen des Schriftstellers sucht."[1]
Da aber die praktische Auslegung des Bitterfelder Weges weiterhin, auch nach
häufiger programmatischer Kritik, einem so gelagerten Verständnis der Literatur verpflichtet blieb, bei den Autoren sich diese Praxis assoziativ mit
dem 'Weg' verbindet, verliert der Begriff 'Bitterfelder Weg' seine ursprünglich produktive Funktion:

> ... der Abschied von einem Namen wie 'Bitterfelder Weg' (ist) nicht als
> ein Abschied von der S a c h e oder H a l t u n g zu verstehen ...;
> eine Bezeichnung wurde aufgegeben, weil es so leichter war, von bestimm-
> ten Einseitigkeiten und Verengungen fortzukommen.[2]

Das grundsätzliche Festhalten an der Orientierung auf die gegenwärtige Wirklichkeit unter dem Vorzeichen sozialistischer Parteilichkeit[3] ermöglicht
eine Kritik, die die Verabsolutierung bestimmter Wege für die Annäherung
an die Arbeiterklasse (z.B. die Mitarbeit in einer Brigade) ablehnt:[4]"Sich
der Wirklichkeit zu nähern, am Leben teilzunehmen, dafür gibt es für jeden
Schriftsteller andere, s e i n e r   I n d i v i d u a l i t ä t   e n t -
s p r e c h e n d e   Möglichkeiten."[5]   Die Veräußerlichung der Auftrags-
kunst, die mit dem Verweis auf einen gesellschaftlichen Gereich eine mögliche schriftstellerische Praxis schon genügend motiviert zu haben glaubte,
weicht einem Verständnis, das die Sozialisation der Autoren, die jeweils spezifische Suche nach der Selbstverständigung, einkalkuliert; der Weg in die
Produktion verliert seinen präskriptiven Charakter.[6]
Die Kommunikationsschwierigkeiten zwischen Arbeiterklasse und Intelligenz,[7]

---

1 Fühmann, Diskussionsgrundlage.S.256.
2 Kant, Worte.S.41, Hervorhebung von M.B.
3 Kohlhaase spricht von einem "Dauerauftrag, (der) kein anderes Thema ausschließt."(Kohlhaase, Wolfgang:(Diskussionsgrundlage).In:Schriftsteller-
  verband, VII.Schriftstellerkongreß (A).S.12.).
4 Neumann, Margarete:(Diskussionsbeitrag).In:Ebenda S.123.
5 Holtz-Baumert, Gerhard:(Diskussionsbeitrag).In:Ebenda S.231., Hvg. v. M.B.
6 Schubert, Dieter:(Diskussionsbeitrag).In:Ebenda S.56/57 ; Neutsch beansprucht mit seiner Ankündigung " ... demnächst werde ich auch mal wieder
  nach Leuna gehen."(Neutsch, Erik:(Diskussionsbeitrag).In:Ebenda) allerdings eine größere Kompetenz für die Einschätzung der Bewußtseinsentwicklung in der Arbeiterklasse.; vgl.entsprechend auch Otto, Herbert:(Diskussionsbeitrag).In:Ebenda.S.72.
7 Vgl. Jakobs, Karl-Heinz:(Diskussionsbeitrag).In:Ebenda S.115 in Auseinandersetzung mit wirklichkeitsbeschönigenden Kritikern:"Dieser sture und
  engstirnige Arbeiter, muß der unbedingt drin sein? So eine Äußerung tut
  natürlich weh. Das ist das, was unter Umständen stören kann und was ich
  meine. Ich glaube aber, daß wir uns davon nicht stören lassen dürfen, wenn
  wir entschlossen sind, den VIII.Parteitag zu verwirklichen, nämlich an die
  lebendige Arbeiterklasse näher heranzugehen. Ich weiß, daß dazu starke
  Nerven gehören und Standfestigkeit auch."

die in einer Gesellschaft, die sich nicht mehr als "sozialistische Menschengemeinschaft", sondern als Klassengesellschaft mit divergierenden Interessen versteht, werden jetzt nicht mehr einseitig den Autoren angelastet, sondern verdeutlichen die noch zu leistende, die Widersprüche aufhebende Anstrengung der Gesamtgesellschaft! Aufforderungen zu Produktionsaufhalten,
wohlmeinend von Gewerkschaftsvertretern auf dem VII.Schriftstellerkongreß
ausgesprochen,[1] werden mit starken Vorbehalten aufgenommen, da sie einem
literarischen Wirkungsmodell geschuldet erscheinen, das im unmittelbaren
Wiedererkennen des Lesers in der literarischen Gestaltung die höchste Wir-
kungspotentialität angelegt sieht:

> Die Meinung ..., es müsse sich der Leser, Hörer und Zuschauer in dem
> Kunstwerk, dessen stoffliches Milieu in dem Bereich angesiedelt wurde,
> in dem der Leser selbst zu Hause ist, unbedingt wiedererkennen, diese
> Meinung halte ich, so rundheraus als Apodictum vorgeurteilt, für falsch
> und irreführend.[2]

Diese Gegenposition kann sich auf erste Ergebnisse der Wirkungsforschung
berufen,[3] die ein starkes Leserinteresse gerade für ältere Werke bezeugen
(Werke der eigenen sozialistischen Tradition). Die langandauernde, emotio-
nal und rational stark aktivierende Rolle dieser Werke wird nunmehr nicht
primär der Stoffwahl, sondern der Einheit von Stoffwahl und literarischer
Qualität zugeschrieben. Insbesondere die Inflation des Heldentums in der
Produktion,[4] die Akkumulation sämtlicher positiver Eigenschaften der Arbeiterklasse auf ein Individuum,[5] habe, so wird jetzt argumentiert, eine Verzeichnung des Bewußtseinsstandes der DDR-Bevölkerung zur Folge gehabt.
Wenn mit diesen Feststellungen nicht die Gegenwartsdarstellung, die Darstellung der Produktion schlechthin abgelehnt wird, so doch die Verbindlichkeit
einer Literaturkritik, die eine derartige Themenwahl schon als Wert an sich
versteht.[6] Dagegen fordern jetzt Abraham: "Wesentlich ... ist, daß sich un-

---

1 Vgl. dazu Tenner, Harry:(Diskussionsbeitrag).In:Schriftstellerverband,
VII.Schriftstellerkongreß(A).S.222/223 und Grollmich, Edmund:(Diskussionsbeitrag).In:Ebenda S.187.
2 Wangenheim, Inge von:(Diskussionsbeitrag).In:Ebenda S.278f. Vgl. auch
Seghers, Standpunkt.S.15., die auf veränderte Rezeptionsweisen hindeutet.
3 Vgl. Reinhard, Annemarie:(Diskussionsbeitrag).In:Ebenda S.215.
4 Vgl. Heiduczek, Werner:(Diskussionsbeitrag).In:Ebenda S.189.
5 Vgl. Nowotny, Joachim:(Diskussionsbeitrag).In:Ebenda S.26; vgl. auch die
Äußerung Wogatzkis:"Mitunter wird über die Arbeiterklasse gesprochen, als
stehe da ein Tempel."(Wogatzki, Benito:(Diskussionsbeitrag).In:Ebenda
S.17.
6 Vgl. Abraham, Peter:(Diskussionsbeitrag).In:Ebenda S.57 sowie Fühmann,
Diskussionsgrundlage.S.253.

ser Leben, unsere Wirklichkeit in aller Differenzierung, aber auch in grosser Vielfalt in der Literatur findet. Nur so wird die Literatur ihrer Aufgabe gerecht, Zeuge der Epoche zu sein."[1] und noch zugespitzter Fühmann: "Nichts, aber nichts Menschliches sollte ihr (der Literatur-M.B.) fremd sein, damit auch sie dem Menschen nicht fremd sei..."[2] die allgemeine Humanisierungsfunktion der Literatur, der sich die Stoffwahl unterordnen muß. Gleichzeitig wird dieser Konzeption der vorherrschende Gegenwartsbegriff problematisch.[3] Der Zusammenhang von Historizität und Aktualität,[4] auf der Ebene der literaturtheoretischen Diskussion schon durch Wirkungsforschung und Rezeptionstheorie ins Spiel gebracht, wird für die Auseinandersetzung um den Bitterfelder Weg fruchtbar gemacht, gewinnt aus einem marxistischen Vorverständnis die Historizität der Kategorien zurück:

> Diesen dialektischen Sprung der Geschichte konnte nur die sozialistische Literatur mitvollziehen. Sie konnte es, weil sie die w i r k l i c h e n Zusammenhänge erfaßt, die Kraftlinien zwischen heute und einst. Weil sie so das Bewußtsein der Möglichkeiten geschichtlichen Handelns gibt (und es ist gleich, ob sie sich historischen oder gegenwärtigen Stoff nimmt; d e r   B e g r i f f   G e g e n w a r t s l i t e r a t u r   i s t   e i n e   T a u t o l o g i e).[5]

Die Orientierung auf die gegenwärtige Praxis aber macht auch die Aufarbeitung der Historie notwendig, setzt die Selbstverständigung über die Genese der eigenen Entwicklung voraus:

> Bei einer Arbeit, die zunächst diese Zeit (die des Faschismus-M.B.) zu betreffen scheint, erfährt man interessanterweise, daß sie genauso die Gegenwart betrifft, und zwar in folgendem Sinn: Eine ernsthafte Auseinandersetzung mit dieser Vergangenheit ist nur möglich, wenn sich der Autor gleichzeitig der andauernden ernsten Auseinandersetzung mit der Gegenwart stellt, die er als 'seine Zeit' empfindet.[6]

Die Auseinandersetzung mit den Widersprüchen in Vergangenheit und Gegenwart, die vor den "noch nicht ausgesprochenen Widersprüchen"[7] nicht Halt machen darf, muß sich, wie es Fühmann ausdrückt, der "ungenügenden Ausarbeitung

---

1 Abraham, Peter:(Diskussionsbeitrag).In:Schriftstellerverband, VII.Schriftstellerkongreß(A).S.59.
2 Fühmann, Diskussionsgrundlage.S.254., vgl. auch ebenda S.255.
3 Vgl. Brezan, Jurij:(Diskussionsbeitrag).In:Ebenda S.147 sowie Küchenmeister, Claus:(Diskussionsbeitrag).In:Ebenda S.86 und Tille, Peter:(Diskussionsbeitrag).In:Ebenda S.241.
4 Vgl. dazu insbesondere Braun, Diskussionsvorlage.
5 Ebenda S.79., Hervorhebungen des letzten Satzes von M.B.
6 Wolf, Christa:(Diskussionsbeitrag).In:Schriftstellerverband, VII.Schriftstellerkongreß (A).S.148.
7 Ebenda S.148. Christa Wolf arbeitet zu dieser Zeit schon an ihrem Roman 'Kindheitsmuster'.

einer Theorie des Widerspruchs[1] als gesellschaftlicher Entwicklung, vor allem der Rolle nichtantagonistischer Widersprüche"[2] bewußt werden: die irrige Annahme nämlich, "wonach die Konflikte sukzessive kleiner werden."[3], sei die Grundlage für die"Vorstellung einer monolithischen Gesellschaft"[4], die für die Literatur unterschlagen konnte, daß "diese nichtantagonistischen Widersprüche ... den einzelnen im Augenblick genauso hart (betreffen können), als wenn es antagonistische wären."[5]

Die vom VII.Schriftstellerkongreß aufgeworfenen Fragen, die die realen Differenzen in der Gesellschaft der DDR berühren, können die in Theorie und Praxis zu erfüllenden Aufgaben nur andeuten; das Unbehagen an einem gesellschaftlichen Mangel impliziert aber schon das Bedürfnis, nunmehr eine wirklich historisierende Aufarbeitung der eigenen geschichtlichen Entwicklung vorzunehmen.Wenn Kohlhaase in Bezug auf den Bitterfelder Weg formuliert: "Vielleicht kann mal jemand darüber schreiben, wie es manchmal kommt, daß ein vernünftiger, schlanker Gedanke, wenn man ihn nur entschlossen genug verwaltet, so unförmig wird, daß er jedem anderen Gedanken im Wege steht."[6], so benennt er damit genau den Ansatzpunkt, dem sich die auf dem sich die auf dem Schriftstellerkongreß geforderte Literaturgeschichte der DDR stellen muß,[7] wenn sie Geschichte in ihrer realen Geschichtlichkeit reflektieren will.

3.1.1.8 Aspekte der Entwicklung nach dem VII.Schriftstellerkongreß

Die Absage an eine normierende Gegenstandwahl durch den VII.Schriftstellerkongreß zwingt Literaturkritik[8], Literaturwissenschaft[9] und Autoren zur Überprüfung ihrer theoretischen Prämissen. Diese Herausforderung wird aber in

---

1 Vgl. Braun, Diskussionsgrundlage.S.78.
2 Fühmann, Diskussionsgrundlage.S.263.
3 Richter, Helmut:(Diskussionsbeitrag).In:Schriftstellerverband, VII.Schriftstellerkongreß(A).S.37.
4 Ebenda.
5 Eckart, Gabriele:(Diskussionsbeitrag).In:Ebenda S.129.
6 Kohlhaase, Diskussionsgrundlage.S.12.
7 Vgl. Kant, Worte.S.42/43.
8 Verwiesen sei an dieser Stelle auf die seit 1971 nicht mehr abreißende Diskussion um die Literaturkritik in Suf und WB.
9 Vgl. als zusammenfassende Darstellung zur Entwicklung der Literaturtheorie Starke, Manfred: Zu den Literaturdebatten der letzten Jahre.In:SuF.27.Jg. (1975).H.1.S.183-199.
Die 1976 erschienene Literaturgeschichte der DDR vermag den hier gestellten Forderungen nicht zu genügen. Auf diese Literaturgeschichte wird der Verf. in einer eigenen Darlegung der literarischen Debatten zwischen 1960 und 1975 Bezug nehmen.

sehr unterschiedlichem Maße wahrgenommen.

Hans Koch gelangt in dem vom ihm herausgegebenen Band 'Zur Theorie des sozialistischen Realismus'[1] in Bezug auf den Bitterfelder Weg nicht über eine
Reproduktion der schon dargelegten DDR-Kritik hinaus.[2] Das Werk fällt darüberhinaus hinter den Diskussionsstand des VII.Schriftstellerkongresses insofern zurück,als die Aufarbeitung der eigenen Tradition unter einem vordergründigen Aktualitätsdrang, der sich in der Wahl der Beispiele aus der Sekundärliteratur zeigt, insgesamt sehr unzureichend gelingt. Indikator einer
mangelnden theoretischen Fundierung für die Erklärung beispielsweise der
neuesten DDR-Literatur bleibt die sich an den VI.Schriftstellerkongreß an-
schließende Warnung vor "Verinnerlichungsgefahren"[3].

Dagegen gelingt dem Autorenkollektiv der schon zum Standardwerk der DDR-Literaturwissenschaft gewordenen Arbeit 'Gesellschaft-Literatur-Lesen'[4] durch
den Rückgriff auf das Konzept Bechers von der Literaturgesellschaft[5] der Anschluß an die Diskussion um die u m f a s s e n d e persönlichkeitsbildende "Humanisierungsfunktion"[6] der Literatur:

> Der Literatur können alle durch das Bewußtsein hindurchgegangenen natür-
> lichen und gesellschaftlichen Erscheinungen und auch das Bewußtsein selbst,
> die Gedanken und die Sprache zum Gegenstand werden: die Natur, beliebige
> Objekte, Ereignisse und Vorgänge, ideologische und materielle gesellschaft-
> liche Verhältnisse, zwischenmenschliche Beziehungen, das gesamte Handeln
> und Tätigsein der Menschen, ihre Sprache, ihre Weltanschauungen, Ideolo-
> gien, Religionen, Mythen, ihre philosophischen und wissenschaftlichen Er-
> kenntnisse, ihre politischen Einstellungen, ihre Ideale, ihre Bedürfnis-
> se, Interessen und Fähigkeiten, ihre Empfindungen und Wahrnehmungen, ihr
> Gedächtnis, ihre Erinnerungen und Träume, ihre Einbildungskraft, ihre
> Emotionen, ihr Wille, ihre Temperamente, ihre Charaktere - alles materiel-
> le und geistig-psychische ... Wirkliche (worin auch die Vorstellungen
> von Vergangenem und Zukünftigem enthalten sind),soweit es mittels der
> Sprache ausdrückbar ist.[7]

Die Gegenstandswahl wird hier der allgemeinen Funktionsbestimmung von Literatur untergeordnet. Jedoch geht in dem Verweis auf die a l l g e m e i -
n e Funktionsbestimmung der Kunst der Kampf um das mögliche P r i m a t
einer Literaturfunktion in der jeweiligen historischen Etappe verloren.

---

1 (Koch, Hans (Hrsg.)): Zur Theorie des sozialistischen Realismus.Berlin.
  1974., im folgenden zit. als Koch, Theorie.
2 "Wenn die Partei später-um den VIII.Parteitag-die Losung vom Bitterfelder
  Weg nicht mehr verwandte, so deswegen, um in Übereinstimmung mit der Ge-
  samtpolitik auch auf kulturpolitischem Gebiet den allgmein gültigen, inter-
  national gültigen Charakter ihrer marxistisch-leninistischen Prinzipien
  außerhalb jeden Zweifels zu stellen..."(Ebenda S.262).
3 Ebenda S.294.
4 Naumann, Manfred u.a.: Gesellschaft-Literatur-Lesen.Literaturrezeption
  in theoretischer Sicht.Berlin,Weimar.1973.
5 Vgl. ebenda S.291ff. 6 Vgl. ebenda S.24ff. 7 Ebenda S.45f.

3.1.2   Die Rezeption des Bitterfelder Weges in der BRD

Die Darlegung der Rezeption des Bitterfelder Programms folgt der Chronologie. Zur Vermeidung von Redundanzen werden lediglich die von den Interpreten neu in die Diskussion eingebrachten Thesen referiert.

3.1.2.1   Die Rezeption des Bitterfelder Weges von 1961-1967

Bei der Darlegung der Rezeption von epischer DDR-Literatur von 1961-1967
hatte sich eine deutliche Differenzierung der Kritik am Bitterfelder Weg gezeigt.

R e i c h - R a n i c k i hatte noch programmatisch die Ignorierung des
Bitterfelder Weges betrieben und und dieses Vorgehen auf einer sehr allgemeinen Ebene zu rechtfertigen versucht: "Die eigentliche Aufgabe des Schriftstellers (in der neueren DDR-Literatur-M.B.) besteht ... lediglich darin,
die Thesen der Partei mit künstlerischen Mitteln anschaulich zu machen. Die
Literatur soll Werkzeug der Propaganda sein."[1] Die Konfrontation mit den
Thesen der 1.Bitterfelder Konferenz zeigt, daß damit in völlig unzureichendem Maße die Funktionsbestimmungen der Literatur sowohl in Bezug auf die
schriftstellerische Individualität als auch auf die umfassenden ideologischen Aufgaben der Literatur, die in der propagandistischen nicht aufgehen,
benannt werden. Es konnte gezeigt werden, daß Reich-Ranickis Zweifel an
einer möglichen Herausbildung von Schriftstellern aus der Arbeiterbewegung
angemeldet und die Einbeziehung der Arbeitsliteratur negativ bewertet hatte.[2]
Diese Ablehnung war zwar nicht theoretisch begründet werden, konnte allerdings als den Normen eines esoterischen Literaturbegriffs verpflichtete
charakterisiert werden.

Auch R a d d a t z , dessen Stellung zum Bitterfelder Weg sich später
leicht wandelt, spart den Bitterfelder Weg zunächst aus seinem Bild der DDR-
Literatur aus. In grober Verkennung der ideologischen Entwicklungen in der
DDR findet Raddatz zur These vom totalen Traditionsbruch dieser Literatur;
diese These unterschlägt sowohl die personellen Kontinuitäten als auch den
hier wichtigen Zusammenhang von Wiederbelebung der BPRS-Tradition und Bitterfelder Weg. Raddatz bleibt wie Reich-Ranicki einer Ablehnung von neuen
Leserschichten verpflichtet, wenn in abwertender Absicht von einer "Leser-

---

1 Reich-Ranicki, Deutsche Literatur.S.463.
2 Vgl. etwa Reich-Ranicki, Literarisches Leben.S.169 über Wolf und Strittmatter:"(Es) sind mehr oder weniger aufschlußreiche Zeitdokumente, als
  ... Kunstleistungen kommen diese Bücher ... nicht in Betracht."

brief-Ästhetik"[1] der DDR-Literaturtheorie die Rede ist. Das Verhältnis von
Leserforderung und literaturtheoretischem und schriftstellerischem Anspruch,
das einem historischen Wandel unterliegt, wird nicht zum theoretischen Problem.

Die mangelhafte Information bei Reich-Ranicki und Raddatz,[2] die dem Leser
nur noch die Schlußfolgerungen der Literaturkritiker übermittelt, versucht
P e d d e r s e n in einem sehr beschränkten Maße zu durchbrechen. Peddersens Darlegung benennt als erste auf der Seite der den Bitterfelder Weg prinzipiell ablehnenden Literaturwissenschaftler eine wesentliche Determinante
dieser kulturpolitischen Phase: Peddersen erklärt das Anliegen des Bitterfelder Weges mit der strengen ideologischen Ablehnung internationaler Entwicklungen, die sich nunmehr veranlaßt sieht, an spezifisch deutsche Literaturtraditionen anzuknüpfen.[3] Peddersen legt dar, daß der Bitterfelder Weg
sowohl auf Berufskünstler als auch auf schreibende Arbeiter abzielte. Er
gibt allerdings nur eine innerliterarische Begründung für das Bitterfelder
Konzept: "Neuerdings wird versucht, der im Klischee versinkenden Trivialliteratur durch die Bewegung 'Schreibender Arbeiter' Impulse zuzuführen ...
Es zeigt sich aber, daß auf diese Weise bestenfalls literarischer Rohstoff

---

1 Raddatz, Tradition.S.670.
2 Erwähnt seien hier einige Veröffentlichungen in den 'Deutschen Studien'
  1963/64, die von strikten totalitarismustheoretischen Vorstellungen ausgehen. Bei Gehrmann wird Bitterfeld lediglich als ökonomische Stimulanz
  verstanden:"Sicher ist, daß die Versuche, wie sie auf dem 'Bitterfelder
  Weg' unternommen werden, dazu führen sollen, den 'Werktätigen' in ein po-
  sitives Verhältnis zu seiner Arbeitswelt zu bringen, indem diese zum Raum
  seiner Neigungen als Amateur wird."(G(ehrmann), K(arl)-H(einz):Literatur
  und Kritik im Dienste der Kulturpolitik.In:Dt.Stud.1.Jg.
  (1963).H.1.S.145); am deutlichsten zeigen sich die Totalitarismustheorie
  verhaftete Vorstellungen bei Lehnecke, Julian:Der 'Bitterfelder Weg'.In:
  Dt.Stud.1.Jg.(1963).H.2.S.161-170; Lehnecke versteigt sich zu der Behauptung, Liebesbeziehungen würden im Bitterfelder Roman nur dann dargestellt,
  wenn die ökonomische Effektivität dieser Beziehung zur Debatte stünde.
  (Vgl. ebenda die Exemplifizierung dieser These am Beispiel von Jakobs'
  Roman 'Beschreibung eines Sommers'). Sticken, Werner: Die Kulturpolitik
  der SED.In:Dt.Stud.2.Jg.(1964).H.8.S.393-410 datiert die 1.Bitterfelder
  Konferenz auf den 15.Mai 1960(!) und interpretiert im übrigen die Kultur-
  politik unter dem Vorzeichen möglicher "Zersetzungsarbeit"(Ebenda S.403)
  in der BRD; vgl. auch Heldmann, Hans Christoph/Richter, Karl: Der Deutsche
  Kulturbund.In:Dt.Stud.2.Jg.(1964).H.8.S.417-427. Die Redaktion der 'Deutschen Studien' geht davon aus, daß die gesamte Bitterfelder Bewegung als
  Propagandabewegung eine reale Substanz zu werden ist. Nach ironisierendem
  Abdruck eines Beitrags des schreibenden Arbeiters Hans Recla heißt es in
  Dt.Stud.2.Jg.(1964).H.8.S.437:"Wir wissen nicht, wer Hans Recla ist. Wir
  wissen nicht einmal, ob es Hans Recla überhaupt gibt."
3 Vgl. Peddersen, Situation.S.750.

zutage gefördert wird, wenngleich aus der Feder von Arbeitern weniger präpariert als bei ihren professionellen Kollegen."[1] Damit verfehlt Peddersen sowohl den ideologischen Zusammenhang, nämlich die Initiierung des Bitterfelder Weges als Abwehrmaßnahme der SED gegen 'revisionistisch' genannte Positionen, als auch die mögliche positive Bedeutung einer kritischen Auseinandersetzung mit der Gegenwart in einer den Produktionsbereich nicht aussparenden Literatur. Die Etnwicklung des Bitterfelder Weges wird ohne Beleg als nicht erfolgreich gedeutet und eine Aufgabe seiner Grundideen angenommen:

> Die zweite Bitterfelder Konferenz (1964) bestätigte dann auch wesentliche Gedanken, die Alfred Kurella 1959 programmiert hatte, nicht mehr, nicht zuletzt allerdings, weil die beträchtlichen Bitterfeld/Investitionen die Erwartungen nicht erfüllt haben.[2]

Die Spezifik der Modifikationen bleibt außerhalb der Darstellung.

Von einem immer stärkeren Auseinanderklaffen von Theorie und Praxis des Bitterfelder Weges geht A n d e r l e aus. Im Gegensatz zu Peddersen stellt er mit einem apodiktischen Satz eine Bekräftigung des 1959 eingeschlagenen Weges der Kulturpolitik durch die 2.Bitterfelder Konferenz fest,[3] deutet aber für die literarische Praxis divergierende Tendenzen an:

> (Die Bitterfelder Bewegung) verliert bei näherem Betrachten viel von ihrer vor allem westlicherseits geargwöhnten Vormachtstellung,.Zwar hatte sie ursprünglich dem Doppelziel zu dienen, Berufsschriftsteller in die industrielle Thematik einzuführen ... und neue Schichten für die künstlerische Produktion zu interessieren ..., doch verlagert sich ihr Gewicht heute mehr und mehr auf die Entwicklung eines allgemeinen Literaturklimas, um das Publikum für die nach marxistischer Auffassung gegebene volkspädagogische Funktion der Literatur empfänglich zu machen,[4]

Dem wäre entgegenzuhalten, daß Anderle damit nur eine Teilfunktion der Bitterfelder Programmatik benennt, die immer schon in dieser enthalten ist, sich aber nicht zu d e r Bitterfelder Programmatik im Widerspruch befindet. Auch Anderle gelingt es nicht, die tatsächlichen Verschiebungen in der Bitterfelder Programmatik auf den Begriff zu bringen. Die mangelnde Vermittlung von Theorie (ihre mangelnde Kenntnis) und Praxis der jüngeren Autoren bleibt Indizien für die These von der Überwindung des "Bitterfelder Trauma(s)"[5] in der neueren DDR-Literatur schuldig.

---

1 Peddersen, Situation.S.753.   2 Ebenda S.751.
3 Anderle, Erzähler.S.13.; vgl. die zustimmende Äußerung von Drewitz: "... Anderle (baut) die Vorstellung von der Ausschließlichkeit des 'sozialistischen Realismus' ab und räumt mit der Überschätzung der 'Bitterfelder Bewegung' auf, die beide das Vorurteil des westlichen Lesers bestimmen." (Drewitz, Ingeborg:Erzähler von drüben.In:Der Monat.17.Jg.(1965).H.206. S.72-74.
4 Anderle, Erzähler.S.13f.   5 Ebenda S.24.

S c h o n a u e r kommt von einer ähnlichen Position her zu einer ablehnenden Haltung der Bitterfelder Theorie und Praxis gegenüber:

> Den stupiden Provinzialismus dieses Programms, der die Begabten unter ih-
> nen entweder steril macht oder zu allerlei unwürdigen Tricks verführt,
> darzustellen, wäre sehr wohl der Mühe wert gewesen. Warum ... fällt kein
> Wort über Versuche, die proletarische Tradition in der Literatur fortzu-
> setzen? Versuche, die gerade ihres Anachronismus wegen für die geistige
> Situation in der DDR so aufschlußreich sind.[1]

Schonauer kommt, dieser Kritik an Reich-Ranicki folgend, das Verdienst zu,
dem Bitterfelder Weg die erste Spezialuntersuchung gewidmet zu haben. Im Gegensatz zur vorangegangenen Rezeption versteht Schonauer diese kulturpolitische Etappe nicht nur als innerliterarisches, sondern als umfassendes kulturpolitisches Programm,[2] das der ideologischen Angleichen an das NÖSPL dienen sollte[3]. Schonauer sieht die Funktion dieses Programms in Bezug auf die
Berufsschriftsteller als ein Mittel zur Verhinderung von Cliquenbildungen[4]
und zur stärkeren ideologischen Kontrolle der Autoren[5] nach einer Phase
"ideologischen Tauwetters",[6] das insbesondre Autoren mittleren und jüngeren Alters einbegreifen sollte. Der Vorteil der Interpretation Schonauers
liegt in der bisher intensivsten Aufarbeitung zum Bitterfelder Weg vorlie-
gender Veröffentlichungen. Auf diese Weise gelingt es ihm, die politisch-
ideologische Funktion der Bitterfelder Bewegung in die Analyse einzubeziehen, wenn auch unter den ihm eigenen stark ablehnenden Prämissen, die eine
grundsätzliche Ablehnung eines Zusammenhangs von Politik und Literatur zur
Grundlage haben.[7] Undifferenziert sind die Wertungen Schonauers immer dann,
wenn sie die engere Funktion der Literatur des Bitterfelder Weges sowie den
ästhetischen Anspruch dieser Literatur thematisieren. Ihre Funktion kann nur
unter Vernachlässigung von Programmatik und Praxis als Mittel "die Richtig-
keit politischer und ökonomischer Maßnahmen zu illustrieren."[8] verstanden
werden. (Es sei denn, man interpretierte die Werke von Christa Wolf und Erik
Neutsch als Illustrationsprodukte bzw. als im Gegensatz zur Programmatik
stehende.). Ebenso bleiben die Diskussionen um die Q u a l i t ä t der Literatur, die nicht erst mit der 2.Bitterfelder Konferenz einsetzten, uner-
wähnt.

Hatten Peddersen und Reich-Ranicki für die 2.Bitterfelder Konferenz einen

---

1 Schonauer, Reich-Ranicki.S.160.   2 Vgl. ebenda S.91.
3 Vgl. ebenda S.95. Schonauer verfällt in den Jargon des Kalten Krieges,
  wenn er in diesem Zusammenhang von "Kriegsmusik" spricht.
4 Vgl. ebenda S.102.   5 Vgl. ebenda.
6 Ebenda S.108.   7 Vgl. ebenda S.117.
8 Ebenda S.116.

Verzicht auf die verengenden Funktionsbestimmungen,[1] die die 1.Bitterfelder
Konferenz nach Auffassung dieser Interpreten der Literatur zugemessen hatte,
angenommen, so verlegt C o n r a d y den Beginn der sich um das 11.Plenum
des ZK der SED 1965 zuspitzenden ideologischen Auseinandersetzungen schon
auf eben diese 2.Bitterfelder Konferenz.[2] Auch Conrady verzichtet auf eine
Begründung seiner These. Zwei Aspekte seines Beitrags erscheinen aber geeignet, das Bild von Entstehung und Aufgaben der Bitterfelder Bewegung weiter
zu differenzieren: (a) weist Conrady auf den ideologischen Offensivcharak-
ter des Konzepts hin, das sich als antirevisionistisches verstanden habe
und durch die Kulturkonferenz 1957 sowie durch den V.Parteitag der SED 1958
eingeleitet worden sei,[3] und (b) versucht Conrady eine Bestimmung des neuen
Gegenstandes dieser literaturpolitischen Etappe:

> Jetzt liegt der Nachdruck des Erzählens nicht mehr auf der Entscheidung
> für den Kommunismus, die die Gestalten zu fällen haben, sondern auf den
> Fragen und Komplikationen, die sich mit dem Leben in der sozialistischen
> Ordnung selbst ergeben.[4]

Auch M a y e r weist für die Konstituierungsphase des Bitterfelder Weges
auf die Zusammenhänge mit der Kulturkonferenz 957 hin.[5] Er versteht darüberhinaus Bitterfeld als "Transformationsprozeß vom lesenden zum schreibenden Arbeiter"[6], allerdings dies alles als bloße Reproduktion der Traditionen des BPRS.

Die sich in den 6oer Jahren herausbildende Gegenposition zur hier umrisse-
nen Rezeption hatte bei v o n d e r G r ü n und dem k ü r b i s -
k e r n - Kreis zur kritischen Auswertung des Bitterfelder Weges für die
eigene literarische Praxis geführt und in der a l t e r n a t i v e ein
ernsthaftes Bemühen um ein kulturpolitisches und literaturwissenschaftli-
ches Verstehen dieser Entwicklungen provoziert. Das Interesse richtet sich
ertmals auf die institutionellen Voraussetzungen in den Zirkeln für schreibende Arbeiter[7] und am Johannes R.Becher-Institut[8]: "Neu ist die offiziöse

1 Vgl. Reich-Ranicki, Literarisches Leben.S.192/193.
2 Vgl. Conrady, Zur Lage.S.747.   3 Vgl. ebenda S.743.
4 Ebenda S.747.
5 Vgl. Mayer, Zur deutschen Literatur.S.351.
6 Ebenda.
7 Vgl. dazu den Bericht über die Zirkel 'Alex 64' und 'Prenzlauer Berg' in:
  alternative.7.Jg.(1964).H.35.
8 Strutz, Weg. Die Analogie zur Gruppe 47, die Strutz herstellt(vgl.ebenda
  S.124) verkennt das Verhältnis von Staat und Literatur sowie das Rekru-
  tierungsfeld für den Schriftstellernachwuchs (Intellektuelle bei der Gruppe 47, Mitglieder aus der Bewegung schreibender Arbeiter im anderen Falle).

derartig breit angelegte Mobilisierung von Talenten in der DDR."[1] Die Ergebnisse dieser institutionalisierten Mobilisierung werden nun allerdings recht
unterschiedlich bewertet. N e u r i e g schätzt die Erfolge dieser Bewegung als eher gering ein. Er begründet seine Aussage mit der Absage Fühmanns
an die verengende Konzeption des Bitterfelder Weges,[2] mit dem Verweis auf
die Kritik an Hacks und Müller,[3] dem statischen Volkstümlichkeitsbegriff,
der Brechts These vom Volkstümlich w e r d e n neuer Formen nicht einbe-
ziehe.[4] Der schwerwiegendste Vorwurf aber richtet sich gegen die für die
Bitterfelder Theorie weiterhin konstitutive optimistische Perspektive für
die gesellschaftliche Entwicklung: "Die Gefahr besteht, daß auch Repression
als 'vom Leben vorgeformte Schönheit' gefeiert wird."[5]
G e n t e dagegen sieht in der Bitterfelder Bewegung ein diskutierenswer-
tes"Modell von Kunstentwicklung ..., das, ebenso entschieden entworfen wie
formuliert, geeignet erscheint, die Funktion von Kunst in einer prä-kommu-
nistischen Gesellschaft zu bestimmen und ihren Wahrheitsbegriff zu ermit-
teln."[6] Gente betont den ideologisch offensiven Charakter der Bewegung,
die nach 1956 einen Beitrag zur Durchsetzung des sozialistischen Realismus,
zur Schaffung einer Massenkultur durch eine demokratisierte Brigadearbeit
zu leisten hatte:[7]

> Jenseits von (versöhnenden) Scheinlösungen[8] das Problem der Entfremdung
> von Kunst in seiner Bedeutung für die Literatur aufgezeigt und die Funk-
> tion einer sozialistischen Gegenwartsliteratur benannt zu haben: darin
> liegt die theoretische Leistung des Bitterfelder Konzepts.[9]

Gente erblickt im Bitterfelder Programm eine ernstzunehmende alternative
Funktionsbestimmung für die Literatur, die sich von Autonomievorstellungen
löst und ein unmittelbares Eingreifen in gegenwärtige gesellschaftliche Entwicklungen anstrebt.

3.1.2.2   Die Rezeption des Bitterfelder Weges 1968/1969

Wie insgesamt für die Rezeption der DDR-Literatur in den Jahren 1968/69 gilt
gerade auch für die Diskussion um den Bitterfelder Weg, daß Umfang und Qua-

---

1 Strutz, Weg.S.122.   2 Neurieg, Seitenwege.S.131   3 Vgl. ebenda S.132
4 Vgl. ebenda S.134   5 Ebenda.
6 Gente, Versuch.S.126.   7 Vgl. ebenda S.127/128.
8 Gente grenzt den Bitterfelder Weg vom Roman der 5oer Jahre ausdrücklich
   ab:"... die menschlichen und gesellschaftlichen Probleme dieser Literatur
   würden eben nicht in der Erfüllung des Plansolls enden, wie es in den sogenannten Betriebsromanen vielfach geschah, sondern ... eine Art Noch-
   Nicht bilden, in dem das Ungelöste, indem es neuen Widerspruch hervorruft,
   als geschichtstreibende Kraft sichtbar wird..."(Ebenda S.130f.).
9 Ebenda.

lität der Veröffentlichungen als nur äußerst unzureichend angesehen werden können.

B r o k e r h o f f , B i l k e und D r e w i t z bekräftigen die These von der Überlebtheit des Bitterfelder Weges. Brokerhoff stellt die Frage, ob sich nicht der "'Bitterfelder Weg' als Sackgasse erweis(e)."[1] Bilke verzeichnet grob die Wirklichkeit, wenn er behauptet: "Auf der zweiten 'Bitterfelder Konferenz' im April 1964 war vom schreibenden Arbeiter keine Rede mehr, das Ziel einer 'gebildeten Nation' war aufgegeben."[2] Drewitz, die den Bitterfelder Weg nur sehr allgemein als "Sozialisierungsprozeß"[3] begreift, kommt zu der Auffassung: "Die 'Kumpel, greif zur Feder'-Parolen scheinen endgültig überwunden."[4]

Neben dieser nicht näher belegten These von der Überwindung des Bitterfelder Weges tritt bei diesen Autoren eine unzureichende Erwähnung von Entstehung und Entwicklung dieser Bewegung. Brokerhoff versteht den Bitterfelder Weg als Ruf nach dem positiven Helden,[5] Bilke führt Fühmann als Zeugen gegen die Grundideen dieser Etappe an,[6] Drewitz interpretiert sie nur als "Reglement".[7] Damit unterschlagen diese Autoren die kritische Funktion des Bitterfelder Weges, die in der unterstellten Eindimensionalität von Parteiauftrag-Illustration nicht aufgeht.

Lediglich H ö l s k e n gelangt in dieser Phase zu einer differenzierten Einschätzung des Bitterfelder Weges: "Die parteilicherseits erwünschte Ausdehnung des poetischen Gegenstandes auf den Produktionsbetrieb ist nur ein und nicht etwa der wesentliche Aspekt der Bitterfelder Bewegung."[8] Die Programmatik des Bitterfelder Weges zielt nach Hölsken auf "alle moralischen Eigenschaften des sozialistischen Menschen."[9] und verfolgt nur "in erster Linie ökonomische Ziele."[10] Dieser gesellschaftspolitischen Zielsetzung wären die Parallelen zwischen der Entwicklung des Bitterfelder Weges und der Entwicklung der Literaturtheorie bei Redeker zuzurechnen: "... dabei macht sie (die Literaturtheorie-M.B.) den schöpferischen Gesamtprozeß, der zwischen

---

1 Brokerhoff, Geschichten.S.10.   2 Bilke, Spuren.S.38.
3 Drewitz, Metamorphosen.S.151. Die terminologischen Schwierigkeiten Drewitz' zeigen sich auch an anderer Stelle:"Die kühle, fast sektiererische Strenge, mit der die gesellschaftsverändernden Vorgänge(?) ausschließlich als literarisch ambivalent (relevant?-M.B.) gewertet werden, wird offenbar von den jungen Autoren als Einengung empfunden."(Ebenda S.151).
4 Ebenda S.153.   5 Vgl. Brokerhoff, Geschichten.S.10.
6 Vgl. Bilke, Spuren.S.38.   7 Drewitz, Metamorphosen.S.158.
8 Hölsken, Romane.S.64.   9 Ebenda S.63.
10 Ebenda S.62.

dem Subjekt der künstlerischen Produktion und dem Subjekt der Rezeption stattfindet, zum zentralen Gegenstand der Ästhetik."[1] Die Modelltheorie Redekers ziel vor allem auf eine Leseraktivierung, die u.a. durch die Thematisierung der systemeigenen internen Widersprüche[2] provoziert würde. Der stärkeren Individualisierung der Charakterisierung sei es zu danken, daß der sonst üblichen Schwarz-Weiß-Zeichnung ein bedeutsamer Zugewinn an Realismus gegenüberstehe.

3.1.2.3   Die Rezeption des Bitterfelder Weges 1970-1974

Die meisten der nach 1970 erschienenen Arbeiten zur DDR-Literatur erwähnen den Bitterfelder Weg, bewerten seine Bedeutung in kulturpolitischer und literaturtheoretischer Hinsicht aber sehr unterschiedlich. Konzeptionelles Gewicht für die literaturgeschichtliche Wertung der DDR-Literatur gewinnen diese Ausführungen lediglich bei Rothe, Franke, Raddatz, Trommler sowie in den Spezialuntersuchungen zum Bitterfelder Weg von Pareigis, Greiner und Gerlach, auf deren Thesen hier näher einzugehen sein wird.[3]

Die ablehnende Haltung, die R o t h e zum Bitterfelder Weg einnimmt, steht unter höchst widersprüchlichen Vorzeichen. Wird einerseits die Abgrenzung, die zur Konstituierung des Bitterfelder Weges geführt hatte, gutgeheißen: "Die Bitterfelder Konferenz steht in einem engen Zusammenhang mit der Restauration bürgerlicher Theorien innerhalb der Intelligenz..."[4], so wird er auf

---

1 Hölsken, Romane.S.64.   2 Vgl. ebenda S.65.
3 Um eine möglichst vollständige Übersicht zur Rezeption des Bitterfelder Weges in der Literaturwissenschaft zu geben, seien hier die Stellungnahmen erwähnt, in denen der Bitterfelder Weg nur eine marginale Bedeutung gewinnt. Brettschneider, dem theoretische Diskussionen als eher unbedeutend erscheinen, da sie für sein segmentierendes Generationenprinzip keine Bedeutung gewinnen, führt nur sehr gelegentlich aus:"Inzwischen hatte die 1.Bitterfelder Konferenz vom Juni 1959 deutlich gemacht, daß es um mehr ging als darum, die Schriftsteller an die Arbeitsstätten und die Arbeiter an die schriftstellerische Produktion heranzuführen, daß nämlich die Kultur aus ihrer Isolation herausgeführt und von den letzten Resten ihres Eingebettetseins in die Bedürfnisse einer privilegierten Klasse befreit werden sollte."(Brettschneider, Autonomie.S.33). Bezüge zu den übrigen Teilen seiner Arbeit stellt Brettschneider von hier aus nicht her. Canitz, behandelt aus Werkkreis-Perspektive primär organisatorische Probleme der Bewegung schreibender Arbeiter (Canitz, Hanne-Lore:Schreibende Arbeiter in der DDR.In:Dokumente.28.Jg.(1972).H.1.S.22-26.). Hermand weist auf das interessante Phänomen der kritischen Auseinandersetzung mit dem Bitterfelder Weg in Kants 'Aula' hin (Hermand, Unbequeme Literatur. S.184.). Bohm wiederholt lediglich die schon 1963/64 in den 'Deutschen Studien' vertretenen Auffassungen zum Bitterfelder Weg, wodurch diese zweifellos nicht richtiger werden(Bohm, Gunhild...In:Dt.Stud.9.Jg.(1971).
4 Rothe, Sozialistischer Realismus.S.205.   /H.35.S.305.

der anderen Seite in seinen konkreten Auswirkungen abgelehnt und sowohl in
den bekannter gewordenen Romanen (hier als Beispiel 'Spur der Steine'[1]) als
auch in der Bewegung schreibender Arbeiter[2] als "bürgerlich" denunziert. Die
gesellschaftspolitischen Harmonisierungstendenzen ("sozialistische Menschengemeinschaft"), die die Entwicklungen in der DDR entscheidend mitbestimmten,
geben Rothe zwar auf der Beschreibungsebene Recht, wenn er darin eine mangelnde Charakterisierung der sozialistischen Gesellschaftsordnung als einer Klassengesellschaft sieht,[3] jedoch scheinen seine vulgärmarxistischen Bewertungskriterien wieder durch, wenn alle Formen gesellschaftlicher Phänomene, die
sich in der bürgerlichen Gesellschaftsordnung herausgebildet haben, als dadurch diskreditierte der Überlebtheit überführt werden sollen; so heißt es
bei Rothe beispielsweise über die Zirkel schreibender Arbeiter, daß diese
"in der b ü r g e r l i c h e n O r g a n i s a t i o n s f o r m d e r
l i t e r a r i s c h e n Z i r k e l von den sich entfaltenden Produk-
tionsformen abgesondert (seien)."[4] Die unmittelbare Verbindung von Produktion und Literatur sieht Rothe lediglich im Brigadetagebuch realisiert:

> ... es ist nicht nur die Wiedergabe der unmittelbaren Lebensbedingungen
> der Arbeiterklasse, sondern zeigt die Umsetzung der strategischen Per-
> spektive der Partei in der täglichen Praxis der Arbeiterklasse durch die
> revolutionäre Selbsttätigkeit des Proletariats.[5]

Die einengende Funktionsbestimmung für die Literatur, die sich in der Forderung nach der unmittelbaren Stimulierung des Produktionsprozesses erschöpft,
darf wohl als der Tradition des Proletkult verpflichtete verstanden werden.
Gegen diese Tradition wendet sich der Bitterfelder Weg in Theorie und Praxis,
ohne damit aber zum "bürgerlichen" Weg zu werden. Das streng antithetische
Denken Rothes zeigt sich gerade hier noch einmal sehr deutlich.

Neben eine umfassende Dokumentation von Redebeiträgen der 1. und 2.Bitter-
felder Konferenz,die weitgehend unkommentiert bleibt, treten bei F r a n -
k e einige wenige Erkenntnisse, die eine historische Bewertung der Bitterfelder Bewegung zu berücksichtigen hätte. Franke weist darauf hin, daß das
Bitterfelder Konzept u.a. aus der betrieblichen Wettbewerbsbewegung hervor-
gegangen war: "Parteilinie, Nationalkultur und die Brigade 'Nikolai Mamai'
sollten zusammengebracht werden..."[6] Die Zusammenführung dieser schon
vorher existierenden Teilaspekte würde demnach das Spezifische der Entwick-

---

1 Vgl. S.73/74 dieser Arbeit.   2 Vgl. Rothe, Sozialistischer...S.203.
3 Vgl. ebenda S.201.   4 Ebenda S.203.
5 Ebenda S.210.
6 Franke, Literatur.S.98.

lung seit 1959 ausmachen. Die Herausforderung von öffentlichen Literatur-
diskussionen durch kulturpolitische Instanzen[1] zielt, nach Franke, auf die
Herausbildung einer Literaturgesellschaft, die als "Kulturrevolution"[2] umfassender Art einzuschätzen wäre, und hat in diesem Sinne bis heute ihre
ungebrochene Gültigkeit. Frankes Segmentierung kulturpolitischer Entwicklungen geht allerdings, wie wir zeigen konnten, eine genauere Bestimmung des
Status von individuellen Äußerungen verschiedener Kulturpolitiker verloren.
Die kritischen Äußerungen zum Bitterfelder Weg wären aber auf die ihnen zu-
grundeliegenden Prämissen zu befragen. Die Problematisierung von Teilaspek-
ten des Bitterfelder Weges, so z.B. bei Fühmann die Zurückweisung von Anforderungen, die auch seiner Generation den betrieblichen Erfahrungsbereich
anempfehlen, wäre zurückzuvermitteln auf Theorie und Praxis der jeweiligen Etappe der "Kulturrevolution". Erst von daher könnten verbindliche Aussagen über den Diskussionsstand gemacht werden. Franke verharrt auf einer
These, die zwar die Bitterfelder Bewegung als noch andauernde im allge-
meinsten Sinne richtig charakterisiert, die aber nicht weit genug vordringt,
so daß ihr die abnehmende öffentliche Propagierung des Bitterfelder Weges
zum theoretischen Problem werden könnte.

R a d d a t z wertet die Konstituierung der Bitterfelder Bewegung als von
gesamtgesellschaftlichen Entwicklungen abgetrennte,[3] durch die SED insze-
nierte Propagandakampagne mit dem Ziel einer stärkeren Kontrolle der Literatur: "Das Einschwören der Literatur als Teil eines allumfassenden Produk-
tionsvorganges ist wiederum zu verstehen als Versuch, im Sinne dieser Eng-
führung Literatur und Politik zu synchronisieren..."[4]. Im Unterschied zu
seiner Stellungnahme von 1965 wird jetzt nicht mehr die Einbeziehung der
Arbeitswelt in die Literatur grundsätzlich abgelehnt, weiterhin aber in der
spezifischen Konkretion der Bitterfelder Bewegung zurückgewiesen. Das "Pub-
likum als Stichwortgeber"[5] und ein "entspannter Leserbrief-Dialog"[6] erscheinen Raddatz als wesentliche Komponenten des gegenwärtig erreichten Standes
der proklamierten Literaturgesellschaft, deren Perspektive aber gerade, so
Raddatz, in einer Literatur liegt, die den Produktionsbereich ausspart. Da
Raddatz in den Einzelanalysen nicht auf die kulturpolitischen Maximen des
Bitterfelder Weges zurückkommt, gewinnen seine knapp gehaltenen Ausführun-

---

1 Vgl. Franke, Literatur.S.107.   2 Ebenda S.108.
3 Vgl. dazu Trommler, DDR-Erzählung, der als erster Rezipient die Differenziertheit der Aussage Fühmanns zum Bitterfelder Weg überhaupt erfaßt.
4 Vgl. Raddatz, Traditionen.S.58   5 Ebenda S.63.   6 Ebenda S.66.

gen im einleitenden Teil seiner Arbeit nur den Wert einer Negativfolie, die
als quantité négligeable für den Analyseteil ohne Relevanz bleibt.

Demgegenüber versucht T r o m m l e r die ideologische Programmatik des
Bitterfelder Weges ernstzunehmen und sie mit den durch sie gezeitigten literarischen Versuchen zu konfrontieren. Als zentrales Anliegen des Bitterfelder Weges definiert Trommler zwar nur sehr allgemein "die sinnbildliche
Zusammenfassung gesellschaftlich bedeutsamer Prozesse"[1] und erfaßt mit dieser Formulierung nur sehr unzureichend die Neuartigkeit der Konzeption, entgegen der Ansicht von Raddatz billigt er aber den Versuch, durch eine Anteil-
nahme an gesellschaftlich bedeutsamen Prozessen den Erfahrungsbereich des
Schriftstellers auszuweiten.[2]

Trommlers Einwand gegen den größten Teil der Erzählungen, Novellen und Reportagen des Bitterfelder Weges richtet sich gegen die unkritische Darstellung der Widersprüche zwischen Schriftstellern und Produktionsarbeitern:
die Integration der schriftstellerischen Individualität in den Produktions-
prozeß erfolge bei Regina Hastedt[3] u.a. mühelos, so daß der "Eindruck gut-
gelöster Mathematikaufgaben"[4] entsteht, deren Schlüssel in der ideolischen
Vorentscheidung liege; diese Konfliktkonstellation wird nach Trommler häufig in novellistischer Form dargeboten,[5] die dadurch zum Schema erstarrt,
daß sie die Schürzung des Knotens immer wieder im schließlichen "Ankommen"
des Schriftstellers findet. Nur in seltenen Fällen, so z.B. in Fühmanns Reportage 'Kabelkran und blauer Peter',[6] geht, was allgemein zu verlangen wäre, die Reflexion es neuen Erfahrungsprozesses in die Darstellung ein.
Trommlers Ansatz[7] ist insofern wertvoll, als er die in der Bitterfelder Konzeption programmierten Konfliktmöglichkeiten, die sich dem Schriftsteller
durch die Aufnahme neuer Wirklichkeitsbereiche bieten, nicht von vornherein
als unfruchtbare abtut.

Wie Raddatz und Trommler gehen auch Pareigis, Greiner und Gerlach als Autoren von Spezialuntersuchungen zum Bitterfelder Weg von einer Zurücknahme
der Bitterfelder Konzeption aus.

P a r e i g i s nimmt an, daß durch die Aufforderung Ulbrichts auf der 2.
Bitterfelder Konferenz, die gesellschaftliche Entwicklung aus dem "Blick-

---

1 Trommler, DDR-Erzählung.S.76   2 Vgl. ebenda S.89.
3 Vgl. ebenda S.92f.   4 Ebenda S.76.
5 Vgl. ebenda.   6 Vgl. ebenda S.80ff.
7 Die Frage nach der veränderten Möglichkeit der in der DDR aufgewachsenen
  Schriftstellergeneration bleiben bei Trommler unerörtert.

winkel des Planers und Leiters" darzustellen, die Bitterfelder Bewegung "be-
graben"[1] wurde; die Periode des Bitterfelder Weges wäre so mit der 2.Bitter-
felder Konferenz beendet. Pareigis relativiert diese apodiktische Bemerkung,
wenn er bei der Interpretation von Kants 'Aula' formuliert:

> 1965 erschienen, fällt die 'Aula' unter die die Schriftsteller-in-die-Be-
> triebe revidierende, von der 2.Bitterfelder Konferenz geleistete Inter-
> pretation des 'Bitterfelder Weges' und kann deshalb von der DDR-Kritik
> trotz der inhaltlichen Differenzen zu bitterfeldtypischen Romanen wie
> 'Spur der Steine' und 'Beschreibung eines Sommers' den Erfolgen des 'Bit-
> terfelder Weges' zugerechnet werden.[2]

Das resignierende "Egal aber, wie die 'Aula' eingeordnet wird..."[3], das dieser Relativierung bei Pareigis folgt, deutet darauf hin, daß er literaturgeschichtliche Zuordnungsprobleme als relativ unbedeutend für die Einzelanalyse einschätzt. Damit aber gerät die Konzeption dieser Arbeit in Zweifel.

Das Ziel, zu zeigen, "Was unter 'Bitterfelder Weg' verstanden wird, welchen
Einfluß er auf die Entwicklung der Kunsttheorie des sozialistischen Realismus in der DDR gehabt hat, wie diese Theorie sich in der Kulturpolitik der
DDR herausgebildet und welche Wirkung sie auf die Kunstproduktion ausgeübt
hat"[4] erscheint in drei Aspekten uneingelöst:

(a) verzichtet Pareigis auf die Diskussion des weiteren Schicksals des Bitterfelder Weges in der kulturpolitischen Konzeption der SED - auch die
Modifikationen und partiellen Zurücknahmen firmieren ja immerhin noch
unter dem Schild 'Bitterfelder Weg';

(b) kann der Begriff "bitterfeldtypisch", den Pareigis verwendet, die Zuordnungsprobleme der Romane von Christa Wolf[5] und Hermann Kant nicht lösen;

(c) muß bezweifelt werden, ob die Vorbemerkungen zur Kulturpolitik der SED
von 1945-1964 konzeptionelle Bedeutung für die Analyse der Romane gewinnen.

Der Rückgriff auf die Genese der kulturpolitischen Entwicklung als Mittel
zur Selbstverständigung über die Prämissen der DDR-Literatur erscheint legitim, jedoch erscheint die spezielle Bedeutung des Bitterfelder Weges nur unzureichend charakterisiert: "Aber das Spezifische am 'Bitterfelder Weg' ist,
daß er den sozialistischen Realismus kulturpolitisch total integriert und
historisch funktional für eine bestimmte geschichtliche Situation konkretisiert."[6] Das zentrale Anliegen dieser historischen Konkretisierung sieht
Pareigis in der Aufforderung, Gegenwartsprobleme unmittelbar in die Darstellung einzubeziehen. Hier wäre zu bedenken, daß schon die 'Aufbauromane' sich

---

1 Pareigis, Analyse.S.110.   2 Ebenda S.201.
3 Ebenda.   4 Ebenda Vorbemerkung.
5 Der Vorbemerkung zufolge rechnet Pareigis wiederum Christa Wolfs Roman zu
  den 'bitterfeldtypischen' Romanen.(Vgl.Ebenda)
6 Ebenda S.201.

sich dieser Thematik zuwandten. Auch die Interpretation, entscheidend für
den Bitterfelder Weg sei der Auftrag an die Schriftsteller, in die Betriebe
zu gehen, verabsolutiert wiederum einen Aspekt als d i e entscheidende
Determinante des Bitterfelder Weges. Eine differenzierte Analyse der Bitterfelder Bewegung hätte ferner genauer zu bestimmen, an welcher Stelle der
Entwicklung die "Revidierung mancher radikaler literaturtheoretischer Position"[1] erfolgte; sie hätte zu fragen, welche Prinzipien unangetastet blieben, um so auch der neueren Entwicklung gerecht zu werden.

Dabei könnte für eine solche Analyse der Rückgriff auf die Vorgeschichte
des Bitterfelder Weges durchaus fruchtbar sein. Einige wesentliche Aspekte
werden in dieser Richtung angedeutet, nämlich die Wiederaufnahme der Traditionen des Nachterstedter Briefes[2] und des BPRS[3] als Komponenten, die,
durch die Kulturkonferenz bekräftigt,[4] 'revisionistische' Ansätze zurück-
drängen sollten. Im Unterschied zu Mayer begreift Pareigis die Wiederaufnahme der BPRS-Traditionen nicht als bloße Neuauflage proletkultischer Tendenzen, sondern als Weiterentwicklung dieser nur inhaltorientierten Tradition.
Die Bitterfelder Programmatik verzichtet dagegen nicht auf die Qualitätsfor-
derung,[5] sondern nimmt die ständige Reflexion von Form und Inhalt in die
Programmatik hinein.

Die Forderungen der 1.Bitterfelder Konferenz werden von Pareigis ausführ-
lich benannt,[6] gerade aber um die in der Programmatik enthaltene Aufforderung, die Konflikte der sozialistischen Gesellschaft literarisch zu gestalten, verkürzt. So geht bei Pareigis die von Trommler erkannte neue i n -
h a l t l i c h e Qualität der Bitterfelder Bewegung verloren: "Der Aneignung gefilterten Wissens und der normierten künstlerischen Betätigung des
Volkes haben die kulturellen Institutionen, die Künstler und Schriftsteller
nur unter dem Aspekt der Systemstabilisierung zu dienen..."[7]. Die von Trommler herausgearbeitete Thematisierung innersozialistischer Konflikte bleibt
als eine wesentliche Komponente des Bitterfelder Weges ohne konzeptionelle
Bedeutung, so daß er (a) der Tendenz unterliegen muß, einen Widerspruch
zwischen Autoren und parteilicher Programmierung anzunehmen und (b) jede
Einzelkritik als Transzendierung des Bitterfelder Weges zu interpretieren.
Die Identifikation aber beispielsweise Christa Wolfs mit dem grundsätzli-

---

1 Pareigis, Analyse.S.97. 2 Vgl. ebenda S.82.
3 Vgl. ebenda S.87.   4 Vgl. ebenda S.88.
5 Vgl. ebenda S.95.   6 Vgl. ebenda S.94ff.
7 Ebenda S.99.

chen Anliegen des Bitterfelder Weges wird durch die schon zitierten Äußerungen dieser Autorin zu Stefan Heym deutlich. Die Abwertung der Bitterfelder Romane durch Stefan Heym, die Pareigis billigt,[1] geht nicht überein mit der grundsätzlichen Bejahung der Position Christa Wolfs, die eine Gegenwartsorientierung der Literatur im Bitterfelder Sinne gutheißt. Der wechselnde Standpunkt bei Pareigis läßt ihn die eigenen (legitimen) Differenzen zur Theorie und Praxis der Bitterfelder Bewegung unterschlagen.

G r e i n e r geht mit seinem Ansatz noch ausdrücklicher von einer strikten Phaseneinteilung der literarischen Entwicklung um den Bitterfelder Weg herum aus. Die Bitterfelder Bewegung wird auf der einen Seite vom "stalinistischen Modell" des sozialistischen Realismus in den 5oer Jahren, auf der anderen Seite von der zum Idyll neigenden Literatur der entwickelten sozialistischen Gesellschaft abgetrennt,[3] so daß diese Bewegung nach Greiner die Phase von 1959-1965 (11.Plenum des ZK der SED) umfaßt. Die Literaturtheorie des Bitterfelder Weges versteht Greiner als Theorie einer Literatur, die die Realität "als Probe" auffaßt:

> Geht man von dem Ziel aus, den Dualismus allegorischer Wirklichkeitsdarstellung zu überwinden, so impliziert dies einmal, der jeweils empirisch erfahrbaren, historisch konkreten Situation als dem Besonderen Eigenrecht zuzuerkennen als Probe der gesellschaftlichen Erwartungen und Zielsetzungen, d.h. des Bildes der gesamtgesellschaftlichen Entwicklung als des Allgemeinen.[4]

Versteht man diesen Definitionsversuch als Umschreibung einer durch 'Bitterfeld' geforderten Auseinandersetzung mit der unmittelbaren Gegenwart, die die gegenwärtigen Widersprüche nicht in einer vordergründigen Harmonisierung auflöst, so erscheint er zunächst akzeptabel. Greiner bleibt es aber versagt, die theoretischen Prämissen der Bitterfelder Bewegung von ihren gesellschaftstheoretischen Voraussetzungen her genauer zu erfassen. Die erkenntnistheoretische Grundannahme Greiners lautet: "Eine primäre Orientierung am Bild einer gesetzhaften geschichtlichen Entwicklung entsprechend materialistischer Geschichtstheorie führt zu schematischer Wirklichkeitsdarstellung."[5] Es ist offensichtlich, daß Greiner den Zusammenhang von Orientierung am Bild einer materialistischen Geschichtstheorie und schematischer Wirklichkeitsauffassung als einen n o t w e n d i g e n

---

1 Vgl. Pareigis, Analyse.S.112.
2 Daß diese Differenzen grundsätzlicher Art sind, zeigt nicht zuletzt die Einschätzung:"Die Schriftsteller werden in die Pflicht genommen."(Ebenda S.94.)
3 Vgl.Greiner, Allegorie.Einleitung. 2 Ebenda S.104. 3 Ebenda S.14.

begreift und damit die Möglichkeit dialektischer Wirklichkeitsbewältigung
aus dieser Theorie heraus grundsätzlich in Frage stellt. Das Bild eines vul-
gärmaterialistischen Zweckoptimismus, das der marxistischen Theorie generell
zugemessen wird, verlegt Greiner den Weg zu einer theoretischen Analyse der
Bitterfelder Bewegung. Die gesellschaftstheoretische Berufung auf die mate-
rialistische Geschichtstheorie,die Kulturpolitikern und Autoren in der DDR
gemein ist, wäre auf den konkret erreichten Stand ihrer Realisierung in Theorie und Praxis bei den Individuen zu überprüfen. Wenn ein grundsätzlicher
Schematismus dagegen schon der Theorie unterstellt wird, wie das Greiner geschieht, werden auch seine positiven Wertungen einzelner Werke zweifelhaft.
Eine Trennung von philosophischer Fundierung und literarischer Praxis der
Autoren kann zwar die in ihren Werken dargestellten Widersprüche b e -
s c h r e i b e n , muß aber vor einer Erklärung dieser Widersprüche versagen, wie an Greiners Interpretation der 'Christa T.' zu zeigen sein wird.
Die Einwände gegen die Thesen Greiners sollen aber nicht unterschlagen, daß
Greiner auf einen sehr wesentlichen Aspekt für das Verständnis des Bitterfelder Weges hinweist, der in dieser Deutlichkeit in der bisherigen Interpretation des Bitterfelder Weges nicht formuliert worden war: Die Auseinandersetzungen um die Interpretation des Bitterfelder Weges in der DDR sind
nach Greiner immer als Interpretationskonflikte um den Begriff der Parteilichkeit zu verstehen.[1]

Periodisierung und Funktionsbestimmung in Bezug auf den Bitterfelder Weg,
die im Mittelpunkt der vorliegenden Auseinandersetzung mit der Rezeption
stehen, weisen bei G e r l a c h noch einmal in konzentrierter Form alle
Schwächen der hier behandelten Arbeiten auf. Die Periodisierungsthesen Ger-
lachs sind äußerst widersprüchlich:

> ... der (im Westen nur sehr eng gefaßte) Begriff wird in der DDR mehr und
> mehr zur Bezeichnung einer bestimmten Phase der kulturpolitischen Entwick-
> lung. Gewisse Grundzüge, die für die DDR-Literatur im allgemeinen kenn-
> zeichnend sind, sollen d a h$_2$e r (?) kurz und ohne Anspruch auf Voll-
> ständigkeit skizziert werden.[2]

Unter dieser Zielsetzung gehen nun im Gegensatz zu anderen Arbeiten die Grenzen zur historisch vor dem Bitterfelder Weg liegenden Entwicklung verloren.
Das nur behauptete Spezifische ("Literatur einer bestimmten Phase") geht im
Allgemeinen ("Grundzüge, die für die DDR-Literatur im allgemeinen kennzeichnend sind") auf. Werden als Determinanten des Bitterfelder Weges die unmit-

---

1 Vgl. Greiner, Allegorie.S.107.   2 Gerlach, Bitterfelder Weg.S.1.

telbare Gegenwartsorientierung,[1] die Abgrenzung zum Aufbauroman,[2] die Überwindung künstlerischer Isolation,[3] der Zusammenhang mit dem XX.Parteitag der
KPDSU[4] durchaus zutreffend gesehen, so ist auf der anderen Seite davon die
Rede, daß "Durch die Einführung der Perspektive des Planers und Leiters ...
die Bitterfelder Literatur im engeren Sinne (d.h. die Romane der in die Produktion gegangenen Schriftsteller) ihren Gegenstand und ihre Darstellungsweise gefunden (habe)."[5] Die erst durch die 2.Bitterfelder Konferenz maßgeb-
lich stimulierte Diskussion um den 'Planer und Leiter' wird somit mit der
schon 1959 geforderten Betriebsorientierung identisch gesetzt, obwohl gerade zu zeigen wäre, daß die Planer-und-Leiter-These diese enge Betriebsanleh-
nung der Schriftsteller ablösen sollte. Wird die weit und eng zugleich defi-
nierte kulturpolitische Orientierung der Bitterfelder Bewegung als noch gül-
tige angesehen, so heißt es anderer Stelle im Anschluß an Raddatz bei Gerlach:

> Es scheint, ... , daß sich der Impetus der Bitterfelder Bewegung er-
> schöpft hat. Die Schriftsteller jedenfalls haben sich anderen Themen zu-
> gewendet, und das Diktum vom 'sozialistischen Biedermeier' einer in die
> Innerlichkeit gegangenen Literatur dürfte auch hier seine Berechtigung
> haben.[6]

Die Hilflosigkeit der Interpretin ihrem Gegenstande gegenüber erreicht den
Kulminationspunkt, wenn sie behauptet: "Zu eng ist die Bitterfelder Bewegung mit Lukács' Literaturkonzept verbunden, als daß sie bedenkenlos akzeptiert werden könnte."[7] Eine derartige These verkennt sowohl die Auseinandersetzung Lukács mit dem BPRS und der Entwicklung der sozialistischen Literatur nach 1945 als auch die ausdrückliche politisch-ideologische Abgrenzung
der SED-Kulturpolitik zum Literaturkonzept von Lukács. Gerlach kann für ihre These nur die äußerst problematische Beobachtung beibringen, im Bitterfelder Literaturkonzept existiere "der Widerspruch zwischen der kulturpolitischen Intention - eine Literatur von Arbeitern für Arbeiter zu schaffen -
und der Ausführungsbestimmung, daß diese Literatur keine spezifisch prole-
tarische sein dürfe."[8] da Gerlach auch hier Begriffsbestimmungen schuldig

---

1 Vgl. Gerlach, Bitterfeld.S.24.   2 Vgl. ebenda S.26.
3 Vgl. ebenda S.32.   4 Vgl. ebenda S.44.
5 Ebenda S.117.; vgl. entsprechend auch ebenda S.149.
6 Ebenda S.119.; vgl. dagegen etwa ebenda S.151.:"Die ersten Anfänge der
  Ära Honecker lassen wieder eine stärkere Politisierung erkennen, man pro-
  pagiert erneut (?) die Rolle der Arbeiterschaft als der ausschlaggebenden
  Kraft auf dem Weg zum Kommunismus." und an anderer Stelle völlig unabge-
  leitet:"Die Bedeutung der Bitterfelder Bewegung mußte sich ... bald auf
  eine relativ unpolitische Funktion reduzieren."(Ebenda S.36).
7 Ebenda S.161.   8 Ebenda S.10.

bleibt, kann angenommen werden, daß sie die Möglichkeit einer Weiterentwicklung als 'proletarisch' gesetzter Normen durch eine Integration bürgerlicher Literaturentwicklung ablehnt.

Neben diese sehr allgemein gehaltenen Funktionsbestimmungen der Literatur des Bitterfelder Weges treten einige Aussagen, die diesen Horizont kaum überschreiten: "Man geht davon aus, daß der Schriftsteller als 'Ingenieur der menschlichen Seele'(Stalin) einen wichtigen Beitrag zur Bewußtseinsentwicklung leiste."[1] Diese Literaturauffassung dürfte in der neueren DDR-Literatur wohl an Einfluß von verloren haben. Weiter heißt es bei Gerlach, die Literatur zeige die "Mühen der Ebenen"[2], sei aber "keine Kampfliteratur mehr"[3], dann wird dem wieder entgegengehalten:

> Die Bitterfelder Literatur spornt zum Kampf an, aber nicht gegen den ...
> Klassengegner, sondern gegen den Feind in den eigenen Reihen, gegen Trägheit, Nachlässigkeit und Privategoismus.[4]

In diesen Aussagen erschöpfen sich die Bestimmungen des Bitterfelder Anliegens.

<u>Zusammenfassung IV:</u> Die Frage nach Kontinuität und Diskontinuität der Bitterfelder Programmatik kann nach ausführlicher Auswertung der DDR-Debatten von 1959-1974 wie folgt beantwortet werden:

Zu unterscheiden wäre zwischen einer 'engen' und einer 'weiten' Auslegung des Bitterfelder Programms für eine Zusammenführung von Kunst und Leben. Die Verfechter einer 'engen' Auslegung versuchen, die Literatur an kurzfristige ökonomische und politische Interessen zu binden. Die Parteilichkeit des Berufsschriftstellers für seine Gesellschaft soll in diesem Konzept durch eine unmittelbare Bindung der schriftstellerischen Individualität an den Produktionsbereich erzielt werden.

Die Verfechter einer 'weiten' Auslegung verfolgen unterschiedliche Konzeptionen. Gemeinsam ist ihnen die These von der umfassenden kulturpolitischen Bedeutung des Programms für eine ganze historische Etappe. Diese zweite Gruppe läßt sich nun wiederum differenzieren in Interpreten, die in diesem allgemeinen kulturpolitischen Kontext sich eine jeweils kurzfristige Wirkung der Literatur erhoffen, und Interpreten, die die Literatur an eine langfristige Humanisierungsfunktion binden. Diese letztere Position spricht sich für die gleichrangige Bedeutung der Wirklichkeitserkenntnis von Wissenschaft und Kunst aus. Historisch verläuft die Auseinandersetzung als

---

1 Gerlach, Bitterfeld.S.41. 2 Ebenda S.25.
3 Ebenda S.11. 4 Ebenda S.13.

Debatte zwischen den genannten Hauptpositionen. Es läßt sich beobachten,
daß im Kontext internationaler Krisensituationen (bei der Initiierung des
Bitterfelder Weges nach 1956, auf dem 11. Plenum des ZK der SED 1965 nach
Kafkakonferenz und Entfremdungsdiskussion, nach den Auseinandersetzungen
um die CSSR) jeweils die enge Interpretation einen verbindlicheren Charakter gewinnt, während in Situationen wachsender innerer Stabilität der DDR
die letztgenannte Position an Boden gewinnt. Die Diskussionen um den Bitterfelder Weg wären demnach immer als Diskussionen um das 'Parteilichkeits'-
Verständnis zu verstehen, die dem nationalen und internationalen Kräftever-
hältnis entsprechend, durch administrative Maßnahmen oder durch umfassende
Diskussionen gelöst werden. Die an diesen Auseinandersetzungen Beteiligten
verstehen sich als Sozialisten, die im Rahmen einer grundsätzlich akzeptier-
ten Gesellschaftsordnung die Funktion der Literatur zu bestimmen versuchen.
Erst durch eine kulturpolitische Sanktionierung der Gleichrangigkeit von
Wissenschaft und Kunst wird im Verlaufe der historischen Entwicklung die
Durchsetzung einer 'weiten' Auslegung möglich. Diese Auslegung ist aber
nicht als Option für eine gesellschaftlich bindungslose Kunst zu werten.

Insofern hat die Rezeption in der BRD durch die scharfe Entgegensetzung
von 'Bitterfeld' und 'Nachbitterfeld' die grundsätzliche Kontinuität der
Diskussion um die Funktionsbestimmung nicht in ausreichendem Maße zur Kenntnis genommen. Die Privatisierungsthese, die gerade auch von den Kennern
des Bitterfelder Weges (Hölsken, Trommler, Pareigis) vertreten wird, bezeugt
diese Verzeichnung der Auseinandersetzungen. Diese Interpreten haben allerdings im Anschluß an die Rezeption des Bitterfelder Weges bei Gente und im
'kürbiskern' die prinzipielle Bedeutung einer Literatur, die den Produktionsbereich einbezieht, anerkannt. Die unmittelbare Gegenwartsorientierung des
Bitterfelder Weges wird nicht mehr - wie in der Frühphase der Rezeption -
einem allgemeinen Verdikt überantwortet.
Es darf aber gleichzeitig nicht verkannt werden, daß die These von der Absage an den Bitterfelder Weg einen wahren Kern in sich trägt. Die 'enge'
Auslegung hat zweifellos, wie spätestens der VII. Schriftstellerkongreß
zeigt, an Einfluß verloren. Es wäre nun die Aufgabe für eine Literaturgeschichtsschreibung der DDR-Literatur genau die Zäsuren zu bestimmen, die den
fruchtbaren Gedanken einer Verbindung von Literatur und Leben einer admi-
nistrativen Einschränkung unterliegen ließen, sowie andererseits die Kräfte
zu benennen, die jeweils zur Überwindung dieser Verengungen beitrugen.

3.2 D i e g e s e l l s c h a f t s t h e o r e t i s c h e G r u n d -
     l e g u n g : D i e R e z e p t i o n v o n C h r i s t a
     W o l f s ' N a c h d e n k e n ü b e r C h r i s t a T.'
     a l s B e i s p i e l

An einem Einzelbeispiel, an der Rezeption der 'Christa T.' in der BRD und
der DDR, soll die Frage nach der philosophisch-gesellschaftswissenschaft-
lichen Fundierung der Kritik am neueren Roman der DDR untersucht werden.
Der Roman von Christa Wolf steht für einen Entwicklungsprozeß, der in der
DDR mit einem Zugewinn an literarischer Subjektivität umschrieben, in der
BRD zumeist als Überwindung des Bitterfelder Weges[1] oder Herausbildung
eines unveräußerlichen Anspruchs auf Autonomie der Persönlichkeit[2] verstanden wird.

3.2.1 Die unzureichende Interpretation des Verhältnisses von Individuum und Gesellschaft in der BRD-Rezeption der 'Christa T.'

Wenn die positive Aufnahme der 'Christa T.' in der BRD hier hinterfragt
wird, dann geschieht es aus dem Grunde, weil sich die Frage aufdrängt, ob
diese positive Bewertung in einem zwingenden Zusammenhang von gesellschaftstheoretischen Prämissen der Interpreten und denjenigen der Christa Wolf
steht. Zu fragen ist, ob nicht die Anerkennung der Tatsache, daß die
'Christa T.' als DDR-spezifische Prosa interpretiert werden müßte, bei diesen Rezipienten nur sehr oberflächlich den Bedingungsrahmen der DDR-Literatur anerkennt, letztlich aber für die Gesamtkonzeption der Rezipienten fol-
genlos bleibt; denn würde die Reflexion über den gesellschaftlichen Rahmen
mitgeleistet, dann wäre eine Ablehnung des Koordinatensystems, das die Autorin für ihre Fragestellungen ausdrücklich zur Grundlage nimmt,[3] zunächst
die unabdingbare Konsequenz.

---

1 Vgl. dazu u.a. Wohmann, Gabriele:Frau mit Eigenschaften.Christa Wolfs
  vielerörterter Roman.In:Christ und Welt vom 5.12.1969., im folgenden zit.
  als Wohmann, Frau.; Mayer, Christa Wolf.; Nolte, Jost:Grenzgänge.Berichte
  über Literatur.(Wien).(1972)., im folgenden zit. als Nolte, Grenzgänge.
  Diese Autoren setzen besonders deutlich die 'Christa T.' dem sozialistischen Realismus entgegen; vgl. dagegen den Widerspruch bei Raddatz, Tra-
  ditionen.S.390 sowie Mandelkow, DDR-Literatur II.S.25.
2 Vgl. z.B. Walwei-Wiegelmann, Hedwig (Hrsg.): Neuere DDR-Literatur.Texte
  und Materialien für den Deutschunterricht.Paderborn.(1973).S.11.
3 Vgl. hierzu das 'Selbstinterview' von Christa Wolf:"Die tiefe Wurzel der
  Übereinstimmung zwischen echter Literatur und sozialistischer Gesellschaft
  sehe ich eben darin:Beide haben das Ziel, dem Menschen zu seiner Selbstverwirklichung zu verhelfen."(Wolf, Christa:Selbstinterview.In:C.W.:Lesen
  und Schreiben.Aufsätze und Prosastücke.(Darmstadt,Neuwied).(1972).S.77f.

Die Gruppe der Interpreten, die sich ausdrücklich gegen eine politische Ver-
einnahmung der Autorin für die eigene Gesellschaftsordnung wendet,[1] gerät in
ein Dilemma, das sie selbst nicht bemerkt: Sie erkennt mit der Zustimmung
zur 'Christa T.' u n d dem gleichzeitigen Verweis auf den Entstehungszusam-
menhang dieses Werkes eine gesellschaftspolitische Realität im E i n -
z e l f a l l als n o t w e n d i g e Voraussetzung dieser Literatur
an, die sie aber insgesamt als Voraussetzung ablehnt.

Hatte die Rezeption der DDR-Literatur in schon genannten Fällen diesen Zusammenhang von gesellschaftspolitischer Ansiedelung der Autoren und den
von diesen Autoren produzierten Werken zerrissen, um dann nur noch über das
Werk zu sprechen, so gerät sie mit der ausdrücklichen Benennung des gesellschaftlichen Entstehungszusammenhanges nur noch tiefer in die Aporie. Würde sich die Rezeption allerdings dem benannten Widerspruch stellen, so stünde sie vor einem neuen Legitimationsproblem; sie hätte dann, gegen eine politische Ablehnung des Textes, die eigene Affinität zur 'Christa T.' neu
zu überdenken.

Einen entscheidenden Beleg für ihre These von der Wiedereinsetzung des auto-
nomen Individuums (unter anderem Aspekt: der Hinwendung vom Produktionsbereich zur Privatsphäre[2]) hat der Großteil der Rezipienten in der BRD in der

---

1 Vgl. dazu Drewitz, Metamorphosen.S.158; Beckelmann, Jürgen:Der Versuch,
man selbst zu sein.Zu christa Wolfs neuem Roman.In:SZ vom 26./27.Juli
1969., im folgenden zit. als Beckelmann, Versuch.; Kersten, Heinz:Christa
Wolfs 'Nachdenken über Christa T.'.Zu einem literarischen und kulturpolitischen Ereignis.In:FR vom 21.6.1969.; Michaelis, Rolf:Der doppelte Him-
mel.Christa Wolfs zweites Buch:'Nachdenken über Christa T.'.Der umstrittene Roman aus der 'DDR'.In:FAZ vom 28.Mai 1969.; Wallmann, Jürgen Peter:
Christa Wolf:Nachdenken über Christa T.In:NDH.16.Jg.(1969).H.124.S.150.,
im folgenden zit. als Wallmann, Christa Wolf.; Schonauer, Franz:Selbst-
sein und Sozialismus.Christa Wolfs 'Nachdenken über Christa T.'In:Stutt-
garter Zeitung Nr.269 vom 22.11.1969., im folgenden zit. als Schonauer,
Selbstsein.; Engel, Willem P.:Die Schwierigkeit, 'Ich' zu sagen-Christa
Wolfs neuer Roman.In:dpa-Rundbrief/Kultur vom 11.August 1970.S.6/7.;
Werth, Wolfgang:Nachrichten aus einem stillen Deutschland.In:Der Monat.
21.Jg.(1969).H.253.S.90.; Franke, Literatur.S.378.; Durzak, Roman.S.263.;
Mohr, Sehnsucht.S.213.; Wilmans, Gerda:Christa Wolf.In:Benno von Wiese
(Hrsg.):Deutsche Dichter unserer Zeit.(Berlin).(1973).S.618.; Cosentino,
Christine:Eine Untersuchung des sozialistischen Realismus im Werk Christa
Wolfs.In:G.Qu.47.Jg.(1974).S.245ff., im folgenden zit. als Cosentino, Un-
tersuchung.; Jäger, Sozialliteraten.S.96.; Huyssen, Andreas:Auf den Spu-
ren Ernst Blochs.Nachdenken über Christa Wolf.In:Basis.5.Jg.(1975).S.101.;
Mayer, Christa Wolf.S.181.; Mandelkow, DDR-Literatur II.S.25.
2 Vgl. z.B. Greiner:"Zu sich selbst kommen die Figuren nicht im Ausüben ihrer Funktion in der Arbeitswelt, sondern im ausgesparten Raum."(Greiner,
Allegorie.S.212).

durch Christa Wolf vorgenommenen Stoffwahl zu sehen vermeint.

Anderle sieht in der Darstellung des Rückzugs der Christa T. eine Provokation für eine Gesellschaft, der jegliche Privatisierung suspekt erscheine,[1] Zehm paralellisiert die von ihm angenommene Aufforderung zu neuer Privatheit durch Christa Wolf mit den Intentionen bei de Bruyn ('Buridans Esel') und Irmtraud Morgner ('Die Hochzeit in Konstantinopel');[2] das Ernstnehmen der Idylle[3] wird u.a. auch bei Nolte[4], Raddatz[5], Cosentino[6], Michaelis[7], Wallmann[8], Klausenitzer[9], Steinbeck[10], Bosse[11], Mayer[12], Durzak[13], Brettschneider[14] und Pareigis[15] als einem gesamtgesellschaftlichen Verhalten entsprechend gedeutet, das

---

1 Vgl. Anderle, Rendevous sowie Schonauer, Selbstsein, der die 'Christa T.' als Versuch versteht "... zu sich selber zu kommen in einer Gesellschaft, die bisher allem Privaten, allem Nichtöffentlichen ... misstraute." Diese These erscheint insofern unzureichend, als andere Romane, wie z.B.de Bruyns 'Buridans Esel', die sich ebenfalls auf den Privatbereich konzentrieren, keine Ablehnung durch die DDR-Kritik erfuhren.

2 Vgl. Zehm, Günter:Rückzug ins private Glück im Winkel.In:Die Welt vom 3.7. 1969., im folgenden zit. als Zehm, Rückzug. Gerade de Bruyns gegen selbstzufriedene Privatheit gerichtete Intention ist selten so verkannt worden.

3 Vgl. Trommler, Stalin.S.188 sowie entsprechend Trommler,Erzählung.S.96.

4 Nolte erklärt schlicht:"Sie setzte persönliche Erfahrungen gegen das staatlich verfügte Schema."(Nolte, Grenzgänge.S.178.).

5 Vgl. Raddatz, Traditionen.S.389.   6 Vgl. Cosentino, Untersuchung.S.258.

7 Michaelis, Himmel ist der Auffassung:"Christa Wolfs Elegie auf die tote Freundin (ist) poetische und politische Herausforderung einer Funktionärsgesellschaft, die Lebensfreude staatlich verordnet."

8 Vgl. Wallmann, Christa Wolf.S.155.

9 Vgl. dazu Klausenitzer, der auf den interessanten Widerspruch hinweist, daß "Christa T. ... in tiefer Übereinstimmung mit dieser Zeit an dieser Zeit (verzweifelt)"(Klausenitzer, Hans/Peter:Das sterbende Ich...In:Publik. Nr.40 vom 3.10.1969., im folgenden zit. als Klausenitzer, Ich.).

10 Vgl. Steinbeck.

11 Bosse stellt die Behauptung auf, es ginge Christa Wolf "um die Relvanz dessen, was gesellschaftlich nutzlos ist."(Bosse, Heinrich:Nachdenken über Christa T.In:Literatur und Kritik.1970.H.46.S.374., im folgenden zit. als Bosse, Nachdenken.).

12 Vgl. Mayer, Christa Wolf.S.185.Mayer begreift den Rückzug der Christa T. als Protest gegen die Subsumption des Individuums sowohl in der kapitalistischen wie auch in der sozialistischen Gesellschaft.

13 Vgl. Durzak, Roman.S.271.

14 Vgl. Brettschneider, Autonomie.S.126, der ähnlich wie später Greiner die Loslösung aus allem gesellschaftlichen Bindungen als Charakteristikum der 'Christa T.'befreift.

15 Vgl. Pareigis, Analyse.S.241/242. Ergänzung zu Steinbeck: Er unterliegt einer Typisierungsvorstellung, der er gerade vehement entgegenzutreten vermeint. Die exemplarische Bedeutung des Falles der Christa T. wird zunächst problematisiert:"Vielleicht hat sie für ihre als exemplarisch angegebene Kritik am Sozialismus gerade die falsche Figur gewählt.", um dann grundsätzlich in Zweifel gezogen zu werden:"... die Marxistin Christa Wolf (macht) durch ihre Hauptfigur ihre größtenteils berechtigte Kritik selbst weitgehend wieder fragwürdig...".

sich der sozialistischen Gesellschaftsordnung entziehen möchte und sie damit grundsätzlich in Frage stellt.[1] Hinter diesem Verhalten stünde nach dem Interpretationsansatz dieser Rezipienten der Ruf nach einem "Freiraum"[2] und der "Autonomie"[3] der Persönlichkeit.

Diese Interpreten setzen Sujet (hier den Rückzug der Christa T.) und von der Autorin anvisiertes gesellschaftliches Verhalten identisch und folgern, wenn auch nicht immer mit der Deutlichkeit von Marcel Reich-Ranicki: "Sie glaubten den Sturm der Revolution entfesselt zu haben, doch was kam war nur der Mief der DDR."[4] Die Wiederbelebung von Idylle und Elegie interpretieren diese Kritiker als Kennzeichen einer resignativen Tendenz der neueren DDR-Literatur. So heißt es bei Pareigis:

> Mit ihren Differenzierungen der gesellschaftlichen Realität und Widerlegungen der parteiamtlichen Klischees vom sozialistischen Leben betritt sie (Christa Wolf-M.B.) einen Weg, der, fast resignativ, zunächst mit dem Rückzug aus der Gesellschaft (?) hin zum einsamen Haus am einsamen Meer der Christa T.[5]

Der Legitimation dieser These, gilt nicht die Stoffwahl als solche, dient der Rekurs auf die im 'Selbstinterview' von Christa Wolf angedeutete geistige Verwandtschaft von Autorin, Erzählerin und Romanheldin: "Später merkte ich, daß das Objekt meiner Erzählung gar nicht so eindeutig ist, Christa T., war oder blieb. Ich stand auf einmal mir selbst gegenüber, das hatte ich nicht vorhergesehen."[6] Diese Äußerung wird als totale Identifikation von Autoren- und Figurenperspektive gedeutet.[7] Darüberhinaus gilt Drewitz,[8] Steinbeck[9] und anderen Rezipienten die Auseinandersetzung mit Storm, die in der 'Christa T.' stattfindet, als weiterer Beleg für die Privatisierungsthese. Nur in wenigen Fällen ist, von der Basis einer solchen Interpretation,

---

1 Am deutlichsten vertritt diese These Wallmann; vgl. Wallmann, Wellm.S.158.
2 Vgl. Steinbeck, Rudolf:Biographie eines gescheiterten Lebens.In der DDR heftig befehdet:Christa Wolfs Buch:'Nachdenken über Christa T.' In:Tagesspiegel Nr.7403 vom 18.Januar 1970., im folgenden zit. als Steinbeck, Biographie.
3 Vgl. Michaelis, Himmel sowie Wallmann, Christa Wolf.S.154, Bosse, Nachdenken.S.374, Mayer, Christa Wolf.S.185, Durzak, Roman.S.271, Brettschneider, Autonomie.S.125.
4 Reich-Ranicki, Zur Literatur.S.117.   5 Pareigis, Analyse.S.241.
6 Wolf, Selbstinterview.S.76.
7 Vgl. dazu Michaelis, Himmel; Beckelmann, Versuch; Wallmann, Christa Wolf. S.152, Klausenitzer, Das sterbende Ich; Wohmann, Frau; Steinbeck, Biographie; Vormweg, Heinrich:Ein weites Feld. Neuerscheinungen Herbst 1969 und Frühjahr 1970.In:Jahresring 70/71.S.358., im folgenden zit. als Vormweg, Feld.
8 Vgl. Drewitz, Metamorphosen.S.158. 9 Vgl. Steinbeck, Biographie.

der Weg der Christa T. (Christa Wolfs) als Rückfall in die sogenannte
'deutsche Misere', verstanden als unpolitische "machtgeschützte Innerlichkeit"[1] gedeutet worden: "Mit dieser Ichbezogenheit ... (wird) etwas ganz und
gar Unzeitgemäßes versucht ..."[2], heißt es bei Vormweg; deutlicher noch wird
Zehm: "Es ist viel altdeutsche Misere in dieser Bewegung, machtgeschützte
Innerlichkeit, spießbürgerliche Idyllik, die geballte Faust im Sack."[3]

Im Gegensatz zu diesen vorgenannten Interpreten verstehen M o h r und J ä -
g e r die 'Christa T.' nicht als proklamierte neue Innerlichkeit, die sich
von der Welt abwendet.

Mohr begreift die Mobilisierung moderner erzählerischer Mittel und die Verwendung des 'Nachdenken'-Motivs als produktivitätsheischenden Vorgang, der
der Leseraktivierung auf die Bewältigung der Zukunft hin[4] zuzuschlagen wäre:
"Das Personal des Romans, Leser und Erzählerin sind einander nah. Gemeinsame, zeit- und generationsspezifische Erlebnisse und Erfahrungen und Kenntnisse werden vorausgesetzt."[5] Die Benennung dieser engen Beziehung von Autor
und Leser verweist in Mohrs Interpretation darauf, daß nur in der DDR dieses
"Buch der Utopie"[6] sein Anliegen konkretisieren kann.[7] Dieses Anliegen ist
auf menschliche Selbstverwirklichung[8] gerichtet in einer Gesellschaft, die
der Gefahr unterliegt, eine Eigengesetzlichkeit der wissenschaftlich-technischen Entwicklung anzunehmen[9] und so von den Eingriffsmöglichkeiten der
menschlichen Individualität zu abstrahieren.

Von diesem Bezugspunkt her gewinnt Mohr die Möglichkeit, den Rückgriff auf
die Idylle nicht eindimensional als resignierende Weltflucht zu deuten, sondern die dialektischen Möglichkeiten der Idylle zu benennen; die Rehabilitie-
rung der Idylle wäre zu verstehen als produktive Aufhebung dieses Genres, indem der Zusammenhang von Erinnerung und Sehnsucht wiederhergestellt wird.[10]
Gegen ein Rezptionsmodell, das die Darstellung der Idylle mit der Aufforderung zum Rückzug aus der Gesellschaft, zur Passivität, gleichsetzt, setzt
Mohr damit ein Modell, das die von Christa Wolf gewählten Stoffe und Erzähltechniken als zur aktiven Bewältigung von Wirklichkeit mobilisierende deutet.
War dem erstgenannten Modell eine platte Identifikations- und 'Aussagen'-Kon-
zeption eigen, so gelingt es Mohr, dieses Modell partiell zu überschreiten.

---

1 Vgl. Wohmann, Frau.   2 Vormweg.Feld.S.358.
3 Zehm, Rückzug.   4 Vgl. Mohr, Sehnsucht.S.194.
5 Ebenda S.201.   6 Ebenda S.233.
7 Vgl. ebenda S.213.   8 Vgl. ebenda.
9 Vgl. ebenda S.232.   10 Vgl. ebenda S.194.

Partiell kann dieses Überschreiten genannt werden, weil Mohr nicht der Gefahr entgeht, die Figur der Christa T. als nicht weiter kritisierbare Identifikationsfigur zu deuten, so daß die Formen ihres Verhaltens dem Leser als verbindliche erscheinen müssen. Die Figur der Christa T. aber wäre als Verhaltensangebot zu deuten, das, von der Autorin auf Auslegbarkeit hin konzipiert, den Widerspruch zwischen Identifikation und Distanzierung als immer neue Interpretationsaufgabe stellen soll.

Folgte man Mohr, der behauptet: "Christa Wolf ist, was Christa T. sein sollte."[1], so wäre die Dialektik von Distanzierung und Identifikation einseitig zugunsten einer Identifikation mit der Autorin aufgelöst. Die Dialektik der Interpretationsaufgabe würde auf die Imitation des von der Autorin beschrittenen Weges reduziert. Eine solche Interpretation ginge der immer neu zu lösenden, aus der gesellschaftlichen Praxis sich speisenden Interpretation der Textvorlage verlustig.

Die Ursachen für die spezifische Begrenzung der Interpretation Mohrs liegen in einer unzureichenden theoretischen Fundierung des Verhältnisses von Individuum und Gesellschaft. Wenn "Christa Wolf ist, was Christa T. sein sollte," wenn sie diese Entwicklung in ihrer Gesellschaft nehmen konnte, so kann nicht gleichzeitig gelten, daß der Selbstverwirklichung der Christa T. eben diese Gesellschaft grundsätzlich entgegensteht.[2] Die Entgegenstzung von Individuum und Gesellschaft, die sich bei Mohr andeutet, läßt unaufgeklärt, aus welchen Bedingungszusammenhängen die Selbstverwirklichung der Christa Wolf einerseits und die nicht erreichte Selbstverwirklichung der Christa T. andererseits zu erklären wären.

Unter Einbeziehung der literaturtheoretischen Entwicklung Christa Wolfs betont Jäger im Unterschied zu Mohr[3] stärker die Prozeßhaftigkeit der Entwicklung gesellschaftlicher Erkenntnis[4], die sich gerade auch in der Entwicklung Christa Wolfs reflektiert.

Die Autorin der 'Christa T.' stellt eine Weiterentwicklung des Rezeptionsvermögens beim Leser in Rechnung[5]. Jäger ordnet die Wahl der Erzähltechnik dem Grundanliegen Christa Wolfs zu, nämlich eine zu früh zu den Akten gelegte Vergangenheit[6] neu zu thematisieren, um so den gegenwärtigen Gesellschaftszustand von seinen Voraussetzungen her zu durchleuchten. Gegenwartsbewälti-

---

1 Mohr, Sehnsucht.S.215.   2 Vgl. ebenda.
3 Vgl. Jäger, Sozialliteraten.S.45f.
4 Vgl. ebenda.   5 Vgl. ebenda S.101:"Dem durchschnitt-
   lichen Rezeptionsvermögen einholbar voraus zu sein, ist in einer nicht-
   elitären Literaturgesellschaft eine ... Herausforderung." 6 Vgl.ebenda S.87.

gung bleibt dabei das erste Ziel: "Letztlich gibt die sozialistische Gesellschaft p o t e n t i e l l alle Entfaltungsmöglichkeiten, woran gearbeitet werden muß, auch mit Hilfe der Literatur. Es wird kein erreichter Zustand beschrieben, sondern ein Prozeß, der aktives Eingreifen erfordert."[1] Die Betonung einer nur potentiellen Selbstverwirklichungsmöglichkeit, die sich nicht mit dem Vorgefundenen zufriedengibt und die Verwirklichung der gesellschaftlichen Individualität als dauernden Prozeß begreift, bleibt bei Jäger aber nur abstrakt; da der Zugewinn an literarischer Subjektivität[2] nicht aus der Veränderung der gesellschaftlichen Umstände, sondern als spezifische Errungenschaft bei Christa Wolf und einigen anderen Autoren angesehen wird, bleiben die Aussagen zum Verhältnis von Individuum und Gesellschaft unzureichend: Wenn bei Jäger davon die Rede ist, daß die "Grundhaltung der Autorin bis heute gleichgeblieben ist: der ungebrochene Wille zur Veränderung,..."[3], so gehen einer solchen Bestimmung die Spezifika des literaturtheoretischen Konzepts von Christa Wolf verloren. Jäger leistet einen Beitrag zu einer umfassenden Dokumentation von Christa Wolfs Literaturkonzept, kann dieses aber nicht mit der Individualitätsproblematik vermitteln, die als a l l g e m e i n e der neueren DDR-Literatur zu diskutieren wäre.

3.2.2 Die Fehlinterpretation des Verhältnisses von Individuum und Gesellin der DDR-Rezeption der 'Christa T.'

Die Darstellung der DDR-Rezeption wird die Hypothesen Mohrs und Mandelkows zu überprüfen haben, die von der Annahme ausgehen, die DDR-Kritik an der 'Christa T.' habe deshalb eine derartige Schärfe hervorgebracht, weil Christa Wolf wesentliche Funktionsbestimmungen der damals herrschenden Literaturtheorie nicht einlöste. In der Formulierung Mandelkows:

> ... dessen (des Romans-M.B.) eigentliche revolutionäre Neuerung (ist) nicht die vielerörterte Innerlichkeitsproblematik ..., sondern der Versuch, im Raum des sozialistischen Realismus transzendental zu erzählen. ... das Erzählen (macht) sich selbst zum Gegenstand ..., derart, daß Wirklichkeit sich immer erst in der Brechung der problematisierten Möglichkeit ihrer Darstellbarkeit konstituiert.... Dem Totalitätsanspruch kybernetischen Systemdenkens antwortet Christa Wolf mit der Mobilisierung ästhetischer Autonomie, die keine freie und bindungslose ist, die sich jedoch dagegen verwahrt, 'eingeregelt' zu werden.[4]

Diese Neubewertung der Diskussion um die 'Christa T.' liefert einen bedeutsamen Erklärungsversuch für die DDR-internen Auseinandersetzungen, hier insbesondere die Auseinandersetzung mit der Systemtheorie. Die mit dem 6.Ple-

---

1 Jäger, Sozialliteraten.S.85, Hervorhebung von M.J.
2 Vgl. ebenda S.100.   3 Ebenda S.83.   4 Mandelkow, DDR-Literatur.S.25.

num des ZK der SED 1972 ausdrücklich hervorgehobene Gleichrangigkeit von
wissenschaftlicher und künstlerischer Welterkenntnis sowie die Belebung der
literaturtheoretischen Diskussion nach dem VIII.Parteitag der SED 1971 wäre
dieser These zufolge nicht zuletzt durch die Auseinandersetzung um die
'Christa T.'provoziert worden.

Mandelkow geht davon aus, daß der Anspruch auf künstlerische Autonomie, den
Christa Wolf erhebt, sich nicht grundsätzlich gegen die Verpflichtung des
Schriftstellers der eigenen Gesellschaft gegenüber wendet, sondern vielmehr
im Rahmen dieser Gesellschaftsordnung einer Mißinterpretation des Verhältnisses von Individuum und Gesellschaft anzweifelt.

Auf dem VI.Schriftstellerkongreß 1969 hatte Max Walter Schulz wie schon
zuvor der Verleger Heinz Sachs[1] die Individualitätskonzeption Christa Wolfs
heftig kritisiert. Schulz hatte subjektive Parteilichkeit und objektive Wirkung der 'Christa T.', die zur Resignation führen müsse, gegeneinandergehal-
ten,[2] hatte ein Anrühren an eine "bewältigte Vergangenheit"[3] zurückgewiesen
und die Aussage des Buches "doppelbödig"[4] genannt. Neben der Hypostasierung
einer notwendigen Abfolge von gewähltem Thema (individueller Rückzug) und
Leserreaktion (Resignation) und dem unhaltbaren Einwand, die Entwicklung
der DDR sei in all ihren Entwicklungsetappen einer ausreichenden historisierenden Kritik unterzogen worden, neben der Anrufung Marcel Reich-Ranickis
als Kronzeugen[5] für eine Uneindeutigkeit der Aussage, figuriert eine Grund-
these zur Individualitätsproblematik bei Christa Wolf:

> Betonte Innerlichkeitsproblematik läuft von alters her immer noch Gefahr,
> sich individualistisch zu belasten. Von solchen a l t e n B e -
> l a s t u n g e n muß sich unsere Literatur frei machen.[6] denn:
> Sozialistische Literatur verfügt weder über den inneren noch über den
> äußeren Auftrag, dem Individualismus auf ihrem gesellschaftlichem Gelän-
> de sonstwie schöne Denkmäler zu setzen.[7]

Schulz wie auch Röhner[8] unterstellen Christa Wolf eine Entgegensetzung von

---

1 Vgl. Sachs, Heinz: Verleger sein heißt ideologisch kämpfen.In:ND vom
14.5.1969.
2 Vgl. Schulz, Das Neue.S,55   3 Ebenda   4 Ebenda.
5 "Wir lassen uns unser Urteil nicht vom Gegner diktieren. Wenn aber (?)
ein Mann wie Reich-Ranicki, der Anna Seghers' neuen großen Roman aufs nie-
derträchtigste beschimpfte und besudelte, gleichzeitig das 'Nachdenken
über Christa T.' so kommentiert:'Sagen wir klar, Christa T. stirbt an Leu-
kämie, aber sie leidet an der DDR'-dann muß uns das auch zu denken geben,
um so mehr, als eine alte Methode wieder einmal praktiziert wird:Die DDR-
Schriftsteller sind gegeneinander auszuspielen... Wir wären Prügel wert,
wenn wir die diversante Absicht nicht durchschauten. Wo es die subjektiv
ehrliche Absicht zu schützen gilt, werden wir sie lieber selbst schützen."
6 Ebenda, Hvg.v.M.B.   7 Ebenda   8 Vgl. Röhner.In:Ebenda S.303/304.

Individuum und Gesellschaft, die zur Entgesellschaftlichung der Individualität geführt habe und als bloßer Rückfall in bürgerliches Autonomiestreben zu deuten wäre. Der psychologisch vertieften Reflexion Christa Wolfs wird eine auf sichtbare gesellschaftliche Aktionen drängende Konzeption entgegengestellt:

> ... in unserer Zeit entwickeln sich sozialistische Persönlichkeiten gerade im Kampf um die neue Gesellschaft, und neue Züge sozialistischer Persönlichkeiten bilden sich gerade bei denen heraus, die sich den Aufgaben dieser Zeit stellen und sie - oft unter großen Schwierigkeiten - k ä m p f e n d   m e i s t e r n.[1]

Die Kritik des VI.Schriftstellerkongresses an Christa Wolfs Roman wird in dieser Schärfe von anderen Rezensenten nicht vorgetragen. Die Besprechungen von Haase[2] und Kähler[3] gelangen, worauf in der Kritik der BRD schon hingewiesen wurde,[4] zu durchaus differenzierten Einschätzungen der Individualitätsproblematik. Die vertiefte psychologische Darstellung des Individuums Christa T. wird von Haase positiv bewertet; denn "kaum bisher wurde in das Innere eines Menschen so tief hineingeleuchtet."[5] und bei Kähler heißt es noch programmatischer: "Nachdenken über den Mitmenschen - eine sozialistische Pflicht."[6] Haase geht davon aus, daß das Anliegen Christa Wolfs, das "Streben nach Wahrhaftigkeit"[7] als Charakteristikum ihrer Protagonistin als positiv herauszustellen, als völlig legitime Fragestellung erst unter neuen gesellschaftlichen Bedingungen formuliert werden konnte, da erst hier die Aufhebung der Entfremdung real möglich werde.[8] Haase hebt weiter hervor, daß es Christa Wolf gelingt, bei aller Subjektivität der Darstellung die "Geschichtlichkeit der Darstellung"[9] zu wahren. Auch bei Kähler wird die Einbeziehung des Privatlebens als legitime Stofferweiterung im Rahmen des sozialistischen Realismus angesehen: "Das 'Privatleben' der Menschen im Sozialismus ist keineswegs eine Rückzugsebene - es will literarisch wie menschlich vor allem 'erobert' sein."[10] Die Interpretationen von Haase und Kähler unterscheiden sich demnach in der Bewertung des von Christa Wolf gewählten Stoffes von denjenigen des VI.Schriftstellerkongresses. Die Frage nach der Stellung des Individuums in der sozialistischen Gesellschaft gilt diesen Interpreten nicht als ein für allemal beantwortete.

---

1 Röhner, Eberhard:(Diskussionsbeitrag).In:DSV, VI.Schriftstellerkongreß.S.304.
2 Haase, Horst:Nachdenken über ein Buch.In:NDL.17.Jg.(1969).H.4.S.174-185., im folgenden zit. als Haase, Nachdenken.
3 Kähler, Hermann:Christa Wolfs Elegie.In:SuF.21.Jg.(1969).H.1.S.251-261., im folgenden zit. als Kähler, Elegie.
4 Vgl. Mohr, Sehnsucht.S.218. 5 Haase, Nachdenken.S.175 6 Kähler, S.259
7 Haase, Nachdenken.S.177. 8 Vgl. ebenda 9 Ebenda.S.175 10 Kähler, S.257.

Charakteristisch aber für beide Rezensionen bleibt eine strenge Trennung von
Form und Inhalt: Heißt es einerseits bei Haase: "Von den Stärken und Schwächen des Beispiels soll gelernt werden."[1] und bei Kähler: "Die Menschen dieser Welt und dieses Buches sind bestimmt, treu zu sein. Nicht vor Gefahren
gefeit, Irrtümern unterlegen - aber sie sind nicht allein; sie haben eine gemeinsame Sprache."[2], womit in beiden Fällen die Herausforderung zur produktiven Selbstreflexion schon akzeptiert wäre, so bleiben die Interpreten andererseits jedoch einer literaturtheoretischen Position verpflichtet, die die
Darstellung der Christa T. als Identifikationsangebot an den Leser mißverstehen muß. Die enge Zusammenführung von Autorin, Erzählerin und Heldin, als
mangelnde Distanzierung der Autorin von ihrer Heldin angemahnt,[3] fordert eine
Interpretation der Rezipienten heraus, die unterstellt, mit dieser Zusammenführung würde von Christa Wolf schon auf eine neue Eindeutigkeit der Aussage
abgezielt, nämlich auf eine Aufforderung an den Leser, sich mit der Heldin
total zu identifizieren. Die Suche nach Identifikationsangeboten in der literarischen Vorlage versperrt in diesem Falle eine interpretative Integration
der eigenen Beobachtungen; die Feststellungen Haases, die eine nicht eine
ausreichende Identifikationsmöglichkeit mit der Heldin[4] und eine permanente
Verunsicherung durch die von Christa Wolf eingesetzten Erzähltechniken betreffen,[5] werden nicht als Herausforderung zur Auseinandersetzung mit der Wirklichkeit, sondern als uneingelöste Hoffnung, sich ganz in einer Identifikationsfigur wiederfinden zu können, gedeutet. Folgerichtig wird für Haase die
Aufhebung der konstatierten Widersprüche nicht zu einer Aufgabe der produktiven Tätigkeit in der Gesellschaft, sondern lediglich zu einer Anforderung an
Christa Wolf, in der literarischen Gestaltung diese Widersprüche aufzuheben:
"Die Probleme dieses Buches, soweit sie als unbewältigt betrachtet werden müssen, sind ... letztlich wiederum nur in künstlerischer Gestaltung aufhebbar."[6]

Die Hemmung der wissenschaftlichen Auseinandersetzungen um die 'Christa T.'
als Folge der restriktiven Veröffentlichungspraxis, die sicherlich nicht zuletzt den mißverstehenden Interpretationen des VI.Schriftstellerkongresses
geschuldet war, zeigt sich in den weiteren Stellungnahmen zur 'Christa T',
die von 1969-1972 erfolgen. Die Interpretationen von Neubert[7], Simons[8] und

---

1 Kähler, Elegie.S.254.   2 Ebenda S.257.   3 Ebenda S.260.
4 Vgl.Haase,Nachdenken.S.178.   5 Vgl.ebenda S.180. 6 Ebenda S.185.
7 Vgl. Neubert, Werner:Zu einigen Entwicklungsproblemen der sozialistischen
  Epik von 1963-1968/69.In:NDL.17.Jg.(1969).H.9.S.156.
8 Vgl. Simons, Elisabeth:"Das Anderswerden von Grundauf".In:WB.15.Jg.(1969).
  Sonderheft.S.201.

Jarmatz[1] reproduzieren im wesentlichen die Thesen des VI.Schriftstellerkongresses, während sich das Autorenkollektiv der Publikation 'Parteilichkeit und Volksverbundenheit'[2] sowie Gugisch[3] auf die Interpretation Haases stützen. Dagegen hatten Hermlin 1969: "Ich bezeichne Christa Wolfs neuen Roman ... als avantgardistisch, weil er zeigt, daß der Aufbau des Sozialismus nicht nur eine ökonomische, sondern vor allem eine moralische Aufgabe ist."[4], Günter de Bruyn 1972: "Sie fordert auf, ihr beim Suchen behilflich zu sein, hilft dabei aber den anderen, da sie weit vorn sucht."[5] die produktive Herausforderung zur Auseinandersetzung mit der eigenen Gesellschaft als entscheidenden Interpretationsansatz erkannt.

Der VIII.Parteitag der SED 1971 ermöglichte eine Neuaufnahme theoretischer Diskussionen und eröffnete so die M ö g l i c h k e i t einer Neuinterpretation der Individualitätsproblematik in der 'Christa T.' Diese Möglichkeit aber wird in noch sehr unzureichendem Maße wahrgenommen, wie ein Blick auf die Zeugnisse zur Rezeption der 'Christa T.' zeigt.[6]
Während in dem umfänglichen, von Hans Koch herausgegebenen Kompendium 'Zur Theorie des sozialistischen Realismus' die Diskussion um die 'Christa T.'

---

1 Vgl. Jarmatz, Klaus (Hrsg.):Kritik in der Zeit.(Halle).(1970).S.76/77.
2 Vgl. Parteilichkeit und Volksverbundenheit.S.142/143 sowie 226-237.
3 Vgl. Gugisch, Peter:Christa Wolf.In:Hans-Jürgen Geerdts(Hrsg.):Literatur der DDR in Einzeldarstellungen.Stuttgart.(1972).S.405-412.Gugisch bleibt in seinen Aussagen äußerst widersprüchlich:"Die Fiktion vom allwissenden Autor, der über seinen Gegenstand verfügt und ihn nach bestem Gewissen vor dem Leser ausbreitet, wird konsequent durchbrochen."(Ebenda S.405) heißt es einerseits zustimmend, andererseits aber ablehnend:"'Christa T.' ist ein Buch großer persönlicher Betroffenheit. Sie führte zu einer sehr subjektiven Prosa; für die epische Objektivierung des Geschehens bleibt wenig Raum."(Ebenda S.411.).
4 Hermlin, Stephan:(Antwort an 'Action Poétique, 1969).In:Stephan Hermlin: Lektüre 1960-1971.Berlin,Weimar.1973.S.231.
5 de Bruyn, Günter:Fragment eines Frauenporträts.In:Liebes-und andere Erklärungen.Berlin,Weimar.(1972).S.415. Bei de Bruyn heißt es abschließend: "Vor dem Gesicht, das er erforschen wollte, stand er wie vor dem eigenen Gewissen. Er kann verstehen, daß mancher das nicht mag. Der wehrt sich dann mit Anschuldigungen - und charakterisiert sich selbst."(Ebenda S.416).
6 Haase hat später hervorgehoben, daß die administrativ abgeschnittene Diskussion um die 'Christa T.' seiner eigenen partiell ablehnenden Kritik eine Dimension hat zukommen lassen, die von ihm selbst nicht beabsichtigt worden war:"Ich möchte sagen, daß ich auch heute noch zu dieser Kritik stehe. Das Problem bestand damals ... darin, daß es nur zwei Kritiken gegeben hat und daß es zu keiner Diskussion gekommen ist, wie es unbedingt nötig gewesen wäre."(Haase, Horst:(Diskussionsbeitrag).In:Schriftstellerverband, VII.Schriftstellerkongreß(A).S.323.).

tabuiert bleibt, obwohl gerade in diesem Band im übrigen Beispiele aus der
Primärliteratur herangezogen werden, die aus der jüngsten DDR-Literatur stam-
men, haben andere Literaturwissenschaftler mit der Selbstreflexion über die
Rezeption der 'Christa T.' in der DDR begonnen. Jetzt heißt es bei Kaufmann:

> Man kann annehmen (es bleibt aber eine Annahme), daß bei der Wahl und An-
> lage des Sujets der 'Christa T.' unter anderem die Absicht eine Rolle
> spielte, in der Auseinandersetzung mit der seinerzeit bevorzugten künst-
> lerischen Behandlung von 'Planern und Leitern' die Aufmerksamkeit auf je-
> ne zu lenken, deren Tüchtigkeit und menschlicher Wert nicht auffällig zu
> Tage treten, die keinen Erfolg haben und nicht aufsteigen. Das ist ein
> weitreichendes, nicht nur die Literatur angehendes Problem.[1]

Es geraten bei Kaufmann sowohl der Kontext der innerliterarischen, kulturpolitischen Polemik Christa Wolfs als auch das grundsätzliche gesellschaftspolitische Anliegen der Autorin, die Fragen nach der individuellen Selbstverwirklichungsmöglichkeit, ins Blickfeld. Die Zustimmung, die die Bedeut-
samkeit einer Fragestellung, die immer neu auf das Verhältnis von Individuum
und Gesellschaft zielt, anerkennt, wird aber mit starken Relativierungen
verbunden, die wiederum den zuvor als durchaus legitim angesehenen Ansatzpunkt Christa Wolfs in Zweifel ziehen:

> Die Verfasserin der 'Christa T.' will jedoch nicht nur über einen Men-
> schen Aufschluß geben, sondern damit zugleich allgemeine Gesichtspunkte
> für einen solchen Aufschluß geben.[2]

Das selbstverständlich auf allgemeine gesellschaftliche Entwicklungen der
6oer Jahre abgestellte Programm, das Christa Wolf mit ihrem Roman entfaltet,
wird so von Kaufmann voreilig als Verabsolutierung eines Anspruchs zurückgewiesen, wo alles darauf angekommen wäre, den Ursachen der Polemik Christa
Wolfs genauer nachzuspüren.

Die Abgrenzung zu Christa Wolfs Konzeption ist aber bei Kaufmann nicht mehr
eine absolute, sondern Kaufmann anerkennt, wenn auch nicht konsequent durchgehalten, die Notwendigkeit einer Diskussion des mißverstehenden Verhältnisses von Individuum und Gesellschaft, das sich in den 6oer Jahren gezeigt
hatte. Bei Kaufmann wird zugleich eine harmonisierende Tendenz deutlich,
wenn er in einer Zusammenschau von 'Christa T.' und 'Unter den Linden' bemerkt:

> Die Haltung, die die Erzählerin den aufgeworfenen Widersprüchen gegen-
> über einnimmt, unterscheidet sich in den beiden Werken vor allem durch
> den Ausgang: den Tod im einen, die Wiedereingliederung im anderen Fall.

---

1 Kaufmann, Hans: Zu Christa Wolfs poetischem Prinzip.In:WB.20.Jg.(1974).H.6.
S.118., im folgenden zit. als Kaufmann, Christa Wolf.
2 Ebenda S.119.

O b g l e i c h ausdrücklich utopisch, ja märchenhaft formuliert ...,
erhält das Schlußmotiv von 'Unter den Linden' großes Gewicht als ent-
schlossene Bekundung des Willens zu tätigem Leben.[1]

Es wäre zu fragen, ob nicht die unterschiedlichen Züge der Prosa Christa
Wolfs (Elegie und Utopie) e i n e r gleichbleibenden Haltung der Autorin
entspringen, die in beiden Fällen mit der literarischen Demonstration der
nichtrealisierten Übereinstimmung von Individuum und Gesellschaft die Tätigkeit der Leser herausfordern möchte.

An diesem Punkt hat denn auch Dieter Schlenstedt einen Ansatz für die Interpretation gefunden:

> Christa Wolf ... setzt einen entscheidenden Akzent auf den Beitrag der
> Literatur, vor allem der Prosa, zur Differenzierung der Menschen, zur
> Bildung des E i g e n e n d e r P e r s ö n l i c h k e i t. An der
> Darstellung von Möglichkeiten, auf menschliche Weise zu existieren, kön-
> nen wir vergleichende Erkenntnisse gewinnen, wir können uns und andere
> neu unter dem Gesichtspunkt der P r o d u k t i v i t ä t sehen.[2]

<u>Zusammenfassung V:</u> Die Gleichsetzung des Widerspruchs von Individuum und
Gesellschaft in DDR und Bundesrepublik, die sich in der BRD-Rezeption der
'Christa T.' zeigt, ist, ebenso wie eine dogmatische Auslegung des Verhält-
nisses von Individuum und Gesellschaft in der DDR, der Tendenz erlegen, den
Anspruch auf Selbstverwirklichung, den Christa Wolf für i h r e Gesell-
schaft anmeldet, zu enthistorisieren.

Hat die BRD-Rezeption den marxistischen Anspruch des Konzepts nicht in seinem gesellschaftstheoretischen Kontext diskutiert, so hat die DDR-Rezeption
fast durchgängig die eigenen marxistischen Prämissen ökonomistisch-mißver-
stehend interpretiert.

---

1 Kaufmann, Christa Wolf.S.115., Hervorhebung von M.B.
2 Schlenstedt, Dieter: Funktion der Literatur - Relation ihrer Bestimmung.
  In:WB.20.Jg.(1974).H.8.S.38., Hervorhebungen von M.B.

Abschließend sollen zwei Fragen erörtert werden:

(a) die Frage nach der realen Basis der von der Rezeption vorgenommenen Differenzierung der DDR-Literatur, die sich in einer deutlichen Konzentration auf einige wenige Autoren (hier insbesondere auf Christa Wolf) zeigt;

(b) die weiterführende Diskussion der grundsätzlichen methodologischen Probleme einer Rezeption von DDR-Literatur in der BRD.

Zum Problem (a) ließe sich die These aufstellen:

Die Partialität in der BRD-Rezeption ist solange legitim wie sie mit dieser Partialität nicht gleichzeitig neue Normen für die DDR-Literatur zu errichten trachtet.
Die gegenwärtige partielle Rezeption spiegelt die reale Differenziertheit der DDR-Literatur nur verzerrt wider.

Es konnte gezeigt werden, daß Hermann Kants 'Die Aula' sowie Christa Wolfs Romane mehrfach zum Gegenstand ausführlicher Einzelanalysen geworden sind. Die Rezipienten zeigten sich einig darin, daß diese Romane in formaler Hinsicht (Einführung mehrerer Erzählebenen, Rückblende- und Assoziationstechnik) als 'Durchbruch' der neueren DDR-Literatur zu werten wären, als Durchbruch von einem traditionellen, chronoloischen Erzählen eines Allwissenden Autors zu einem Erzählen, dem das Erzählen selbst zum Gegenstand der Reflexion wird. Hier liegen zweifellos wichtige, die neueste DDR-Literatur insgesamt charakterisierende Beobachtungen der Rezeption vor, zumal dann, wenn der Einsatz der erzählerischen Mittel in einen funktionalen Kontext der DDR-Literatur gestellt wird. Hinter diesem Einverständnis aber können sich Rezipienten von den unterschiedlichsten Argumentationsmustern her treffen (z.B. Anerkennung des formalen Durchbruchs bei gleichzeitiger Ablehnung der mitgeteilten Inhalte oder Anerkennung eines inhaltlichen und formalen Durchbruchs als Option gegen das herrschende System in der DDR). Gemein ist den Rezipienten aber allemal das "Na endlich"[1] einer von formalen Experimenten verwöhnten Literaturwissenschaft. Wenn sich aber von den unterschiedlichsten Argumentationssträngen her nur noch der Verweis auf ein Anknüpfen an favorisierte Erzähltechniken als kleinster gemeinsamer Nenner erwies, so gerät von einer Position her, die nach der praktischen Bedeutung der DDR-Literatur für den Rezipienten in der BRD fragt, die Relevanz dieser Gemeinsamkeit in Zweifel: In der Selbstbestätigung des präformierten Erwartungshorizontes bleibt der Weg zur gesellschaftlichen Praxis, der für die DDR-Literatur konstitutiv ist, ausgespart.

Die Alternative zu dieser Rezeptionshaltung liegt keineswegs in der Auffor-

---

1 Mandelkow, DDR-Literatur II.S.3.

derung, die formale Entwicklung der DDR-Literatur unbeachtet zu lassen und sich - unter Abstraktion von der Form - den 'Inhalten' dieser Literatur zu stellen. Eine derartige,in der Rezeption durchaus vorhandene (Rothe), Forderung abstrahiert von den Leseerfahrungen der Literaturwissenschaftler in der BRD und verbleibt in einem plakativen Ansatz, mit dem nach einem voluntaristischen Überspringen des Erwartungshorizontes verlangt wird.

Erst in einer Auseinandersetzung mit einer Kritik, die sich der kommunikativen Funktion von Literatur generell verweigern möchte, ist eine Literaturtheorie, die an eben dieser Funktion festhält, auf den Plan gerufen . Hinter diese prinzipielle Differenz treten die Auseinandersetzungen um die Wahl der erzähltechnischen Mittel zurück. Eine Verweigerung der Rezeption 'traditionell' erzählter Literatur erschiene nur dann legitim, wenn eben diese Verweigerung in die Reflexion eininge. Die Differenzierung der Kritik liegt hier auf einer Ebene, auf der sie noch nicht zum speziellen Problem der Rezeption von DDR-Literatur werden muß, da die Literatur der BRD ebenfalls die unterschiedlichsten formalen Strömungen in sich aufnimmt, denen sich die Kritik mehr oder weniger zugeneigt fühlt.

Mit der Affinität zur Prosa Christa Wolfs beispielsweise verbindet sich die Neigung, nunmehr, nachdem d i e sozialistische Literatur gefunden scheint, neue literarische Normen zu setzen. Die literaturwissenschaftliche Rezeption hat in dieser normativen Neigung den Anschluß an die breite Fächerung der Verlagsangebote, die sich dem Leser heute in Bezug auf die DDR-Literatur darbietet, wenn nicht verpaßt, so doch einmal mehr das Feld einigen wenigen Kritikern überlassen, deren Befähigung in literaturwissenschaftlicher Hinsicht stark angezweifelt werden mußte.

Dabei hätte eine Differenzierung der DDR-Literatur durch die BRD-Kritik durchaus eine reale Basis. Gerade in der Diskussion des Bitterfelder Weges hat eine erhebliche Auseinandersetzung um die Funktionsbestimmung der Literatur stattgefunden. Diese Auseinandersetzung dauert heute an.

Schlenstedt und Batt haben als exponierte Vertreter der Literaturwissenschaft in der DDR in der Diskussion um den in der DDR vielstrapazierten 'Handschriften'-Begriff auf den Kern der Auseinandersetzung hingewiesen. Die Forderung, die DDR-Literatur müsse viele 'Handschriften' in sich aufnehmen, kann verschieden interpretiert werden: einmal als bloße Akkumulation formaler Eigenheiten schriftstellerischer Individualitäten, zum anderen aber als Reflex einer sich auch in politisch-weltanschaulicher Hinsicht differenzierenden Literatur. Diese letztere Position, die der Entwicklungs-

etappe der DDR-Literatur nach dem VIII.Parteitag der SED zuzurechnen wäre,
während die erstgenannte dem Selbstverständnis der 'sozialistischen Menschengemeinschaft' entspricht, teilen Batt und Schlenstedt:

> Eine solche Verfahrensweise (die die Widersprüche zwischen den sozialisti-
> schen Schriftstellern nach außen nivellierte-M.B.) hat ihren historischen
> Sinn in einer Zeit, da sich die sozialistische Literatur konstituiert,
> sie verliert aber ihren Sinn, ja, sie birgt eine Reihe von Gefahrenmomen-
> ten in sich, sobald die sozialistische Literatur weltweite Anerkennung
> (wenn auch nicht liebe) gefunden hat. Denn auf solche Weise beschränkt
> man sich selbst darauf, die Einheit der Einheit festzustellen und über-
> läßt es dem Gegner, die Widersprüche hochzuschreiben.... Denn die Metapher
> Handschrift meint ja nicht irgendwelche stilistischen Schnörkel, sondern
> Substantielles, die künstlerische Individualität.[1]

und:

> Bei diesen Unterschieden handelt es sich nicht nur um verschiedene 'Hand-
> schriften' wie mitunter verharmlosend gesagt wird, sondern um die Ver-
> schiedenheit weltanschaulich-poetischer Konzeptionen, um die Verschieden-
> heit auch des Bildes von der Wirklichkeit und der Vorstellungen vom Weg
> ihrer Veränderung. Gerade dies steht zur Diskussion.[2]

Die Einheit der Autoren zeigt sich dort, wo sich die Literatur "als gesellschaftliches Instrument versteht, sich aber als besonderes Instrument weiß,
(das) Genuß und Produktivität, Spiel und Nützlichkeit zu vereinen strebt."[3]
Erst unter Reflexion auf diese Basisvoraussetzung wäre eine adäquate Differenzierung der DDR-Literatur auch durch die Rezeption in der BRD möglich.

Zum Problem (b) wäre von der These auszugehen:

> Die Rezeption der DDR-Literatur hat sich weitgehend abgetrennt von den
> methodologischen Diskussionen der Literaturwissenschaft entwickelt und
> die Ergebnisse dieser Diskussion nur in wenigen Fällen zur Kenntnis ge-
> nommen.
> Eine reflektierte Funktionsbestimmung der DDR-Literatur für den Rezipien-
> ten in der BRD kann nur vor dem Hintergrund einer allgemeinen Funktions-
> bestimmung von Literatur für die eigene Lebenspraxis sich vollziehen.

Bei genauerer methodologischer Überprüfung waren insbesondere die Überlegungen Arnolds und Mandelkows hervorzuheben gewesen. Mandelkow kann sich auf
erste Ergebnisse der allgemeinen Diskussion um die Rezeptionstheorie stützen.
Im Anschluß an Weimann[4] rückt hier zunächst das Studium der Produktionsbedingungen der DDR-Literatur als Voraussetzung einer wissenschaftlichen Grundlegung der Rezeption in den Mittelpunkt des Interesses. Allein schon in dieser
programmatischen Anerkennung des Produktionsprimats liegt im Kontext einer

---

1 Batt, Kurt: Voraussetzungen der Kritik.In:NDL.21.Jg.(1973).H.5.S.111.
2 Schlenstedt, Funktion.S.40f.   3 Ebenda S.38.
4 Vgl. Weimann, Robert:"Rezeptionsästhetik" und die Krise der Literaturge-
  schichte.In:WB.19.Jg.(1973).H.8.

wissenschaftlichen Diskussion um die DDR-Literatur eine wichtige Vorentscheidung, der sich die Rezeption nur sehr allmählich angenähert hat.
Mit der Anerkennung des Produktionsprimats ist aber das Problem der wirkungs-
geschichtlichen Dimension nicht gelöst. Die Funktionsbestimmung der DDR-Literatur für die Literaturwissenschaft in der BRD war von Mandelkow als diejenige einer Provokation für den Literaturbegriff bürgerlicher Literaturwissenschaft definiert worden.[1] Diese grundsätzliche Funktionsbestimmung
läßt einen methodologischen Schritt aus, der für die Rezeption von entschei-
dender Bedeutung ist. Schon bei der Darlegung der bisherigen Rezeption hatte sich gezeigt, daß die Rezipienten unterschiedlichen Literaturkonzeptionen verpflichtet waren, die von der Absage an die kommunikative Funktion
der Literatur (Raddatz) bis zur Apologie eines Literaturbegriffs im Brechtschen Sinne (alternative, kürbiskern, Pareigis) ein breites Spektrum möglicher Literaturfunktionen repräsentierten. Die Diskussion um die Rezeption
der DDR-Literatur hätte demnach, bevor sie sich hinter der Abstraktion
'bürgerlicher Literaturwissenschaft' verbirgt, die dann nur noch eine gemeinsame Funktion der DDR-Literatur für die Selbstverständigung über den
gemeinsamen Literaturbegriff zu suchen hätte, sich ihres bisherigen Vorver-
ständnisses in Bezug auf die allgemeine Funktion, die sie der Literatur zu-
zumessen wünscht, zu vergewissern. Erst von dieser Basis her kann eine reflektierte Integration der DDR-Literatur möglich werden. Die Auseinandersetzung um die Funktionsbestimmung der Literatur in der BRD hätte dann in
der DDR-Literatur nur einen weiteren Gegenstand.
Erst aus der Konfrontation der in der DDR-Literatur gestalteten Konflikte
mit denjenigen der eigenen Lebenspraxis, aus der Konfrontation des moralischen Selbstverständnisses dieser Literatur mit demjenigen der eigenen Umwelt, kann ein Genuß entstehen, der schon in der Erkenntnis der Historizität dieser Lebenserscheinungen liegen kann. Daß diese Erkenntnis Genuß be-
reiten kann, ist seit Brecht Gemeingut eines Literaturverständnisses, das
von einem engen Zusammenhang von Literatur und gesellschaftlicher Lebenspraxis ausgeht.

---

1 Vgl. Mandelkow, DDR-Literatur II.S.26

LITERATURVERZEICHNIS

A B u c h v e r ö f f e n t l i c h u n g e n

ABUSCH, Alexander: Zur Geschichte und Gegenwart unserer sozialistischen
Literatur. In: Alexander Abusch: Humanismus und Realismus in der
Literatur. Aufsätze. (Leipzig). (1969). S. 141-151.

ADORNO, Theodor W(iesengrund): Erpreßte Versöhnung. Zu Georg Lukács:
'Wider den mißverstandenen Realismus'. In: Theodor W(iesengrund)
Adorno: Noten zur Literatur II. (Frankfurt a.M.). (1961).
S. 152-187.

ANDERLE, Hans Peter: Mitteldeutsche Erzähler. Eine Studie mit Proben
und Portraits. Köln. (1965).

ANDERLE, Hans Peter: DDR. Der Zensurapparat im Kopf. In: Dieter E.
Zimmer (Hrsg.): Die Grenzen literarischer Freiheit. 22 Beiträge
über Zensur im In- und Ausland. (Hamburg). (1966). S. 150-158.

ANDERLE, Hans Peter: Stephan Hermlin. In: Deutsche Dichter der Gegenwart. Ihr Leben und Werk. (Berlin). (1973). S. 384-394.

AUTORENKOLLEKTIV FRANKFURT: Probleme sozialistischer Kulturpolitik
am Beispiel der DDR. (Frankfurt a.M.). (1974).

AUTORENKOLLEKTIV SOZIALISTISCHER LITERATURWISSENSCHAFTLER WESTBERLIN:
Zum Verhältnis von Ökonomie, Politik und Literatur im Klassen-
kampf. Grundlagen einer historisch-materialistischen Literaturwissenschaft. (Berlin). (1970).

BALLUSECK, Lothar von: Dichter im Dienst. Der sozialistische Realismus in der deutschen Literatur. Wiesbaden. (1956). (= Sonderauflage für das Bundesministerium für gesamtdeutsche Fragen.).

BILKE, Jörg Bernhard: Die Germanistik in der DDR: Literaturwissenschaft im gesellschaftlichen Auftrag. In: Manfred Durzak (Hrsg.):
Deutsche Literatur der Gegenwart. Aspekte und Tendenzen. Stuttgart.
(1971). S. 366-385.

BLUMENSATH, Heinz / UEBACH, Christel: Einführung in die Literaturgeschichte der DDR. Ein Unterrichtsmodell. (Stuttgart). (1975).
(Zur Praxis des Deutschunterrichts 5).

BRENNER, Hildegard: Nachrichten aus Deutschland. Lyrik-Prosa-Dramatik.
Eine Anthologie der neueren DDR-Literatur. (Reinbek). (1967).

BRETTSCHNEIDER, Werner: Die moderne deutsche Parabel. Entwicklung
und Bedeutung. (Berlin). (1971).

BRETTSCHNEIDER, Werner: Zwischen literarischer Autonomie und Staatsdienst. Die Literatur in der DDR. (Berlin). (1972).

BRETTSCHNEIDER, Werner: Zwischen literarischer Autonomie und Staatsdienst. Die Literatur in der DDR. 2. erw. Aufl. (Berlin). (1974).

BRETTSCHNEIDER, Werner: Erwin Strittmatter. In: Benno von Wiese
(Hrsg.): Deutsche Dichter der Gegenwart. Ihr Leben und Werk.
(Berlin). (1973). S. 250-260.

BROKERHOFF, Karl Heinz: Geschichten von drüben. 2. Erzählungen und Kurzgeschichten im anderen Teil Deutschlands. Bad Godesberg. (1968).

BRUYN,Günter de: Fragment eines Frauenportraits. In: Liebes- und andere Erklärungen. Berlin, Weimar. (1972).

DEMETZ, Peter: Die süße Anarchie. Deutsche Literatur seit 1945. Eine kritische Einführung. (Berlin). (1970).

DEUTSCHER SCHRIFTSTELLERVERBAND (Hrsg.): VI. Deutscher Schriftstellerkongreß vom 28. bis 30. Mai 1969 in Berlin. Protokoll. (Berlin, Weimar). (1969).

DURZAK, Manfred: Der deutsche Roman der Gegenwart. Stuttgart. (1971).

EMRICH, Wilhelm: Was geschieht drüben ? In: Wilhelm Emrich: Polemik. Streitschriften, Pressefehden und kritische Essays um Prinzipien, Methoden und Maßstäbe der Literaturkritik. Frankfurt a.M. 1968.

FISCHBECK, Helmut (Hrsg.): Literaturpolitik und Literaturkritik in der DDR. Eine Dokumentation. Frankfurt a.M., Berlin, München. (1976).

FLAKER, Alexander: Modelle der Jeans Prosa. Zur literarischen Opposition bei Plenzdorf und im östlichen Romankontext. Kronberg. 1975.

FRANKE, Konrad / LANGENBUCHER, Wolfgang R. (Hrsg.): Erzähler aus der DDR. Tübingen, Basel. (1973).

FRANKE, Konrad: Die Literatur der Deutschen Demokratischen Republik. München, Zürich. (1971). (= Kindlers Literaturgeschichte in Einzelbänden).

FRIESS, Ursula: Literatur als res publica. Kulturpolitik und Literaturbetrieb in der DDR. In: Dietrich Harth (Hrsg.): Propädeutik der Literaturwissenschaft. (München). (1973). S. 238-256. (= Uni Taschenbücher 205).

GALLAS, Helga: Marxistische Literaturtheorie. Kontroversen im Bund proletarisch-revolutionärer Schriftsteller. (neuwied, Berlin). 1971.

GEERDTS, Hans Jürgen: Literatur der DDR in Einzeldarstellungen. Stuttgart. (1972).

GERLACH, Ingeborg, Bitterfeld. Arbeiterliteratur und Literatur der Arbeitswelt in der DDR. (Kronberg). 1974.

GREINER, Bernhard: Von der Allegorie zur Idylle: Die Literatur der Arbeitswelt in der DDR. Heidelberg. (1974).

GUGISCH, Peter: Christa Wolf. In: Hans Jürgen Geerdts (Hrsg.): Literatur der DDR in Einzeldarstellungen. Stuttgart. (1972). S. 395-415.

HAGER, Kurt: Zu Fragen der Kulturpolitik der SED. 6. Tagung des ZK der SED vom 6./7. Juli 1972. Berlin. 1972.

HARTUNG, Harald: Literatur der DDR. In: Dieter Krywalski (Hrsg.): Handlexikon zur Literaturwissenschaft. (München). 1974. S. 252-259.

HERMAND, Jost: Unbequeme Literatur. Eine Beispielreihe. Heidelberg. 1971. (= Literatur und Geschichte. Bd. 3).

HERMAND, Jost: Synthetisches Interpretieren. Zur Methodik der Literaturwissenschaft. 4. erw. Aufl. (München). (1973).

HERMLIN, Stephan: (Antwort an 'Action Poètique). In: Stephan Hermlin: Lektüre. 1960-1971. Berlin, Weimar. 1973. S. 331-234.

HOHENDAHL, Peter Uwe / HERMINGHOUSE, Patricia (Hrsg.): Literatur und Literaturtheorie in der DDR. (Frankfurt a.M.). (1976).

HORST, Karl August: Neue Strömungen in der deutschen Literatur der Nachkriegszeit. In: Hermann Kunisch (Hrsg.): Handbuch der deutschen Gegenwartsliteratur. (München). (1965). S. 731-745.

INSTITUT FÜR GESELLSCHAFTSWISSENSCHAFTEN BEIM ZK DER SED. LEHRSTUHL FÜR MARXISTISCH LENINISTISCHE KULTUR- UND KUNSTWISSENSCHAFTEN: Parteilichkeit und Volksverbundenheit. Zu theoretischen Grundfragen unserer Literaturentwicklung. Berlin. 1972.

JÄGER, Manfred: Sozialliteraten. Funktion und Selbstverständnis der Schriftsteller in der DDR. Düsseldorf. 1973.

(JARMATZ, Klaus (Hrsg.)): Kritik in der Zeit. Der Sozialismus - seine Literatur - ihre Entwicklung. Halle (Saale). (1970).

JENS, Walter: Literatur und Politik. (Pfullingen). (1963).

JOHN, Erhard: Einführung in die Ästhetik. Halle (Saale). 1972.

KÄHLER, Hermann: Der Kalte Krieg der Kritiker. Zur antikommunistischen Kritik an der DDR-Literatur. Berlin. 1974.

KÄHLER, Ruth: Varianten ohne Perspektive. Zwei Jahrzehnte Bonner Kulturpolitik gegen die DDR. Berlin. 1972.

KOCH, Hans (Hrsg.): Georg Lukács und der Revisionismus. Berlin. 1960.

KOCH, Hans (Hrsg.): Zur Theorie des sozialistischen Realismus. Berlin. 1974.

KULTURPOLITISCHES WÖRTERBUCH. Berlin. 1970.

MARX, Karl: Zur Kritik der Hegelschen Rechtsphilosophie. Einleitung. In: MEW. Bd. 1. S. 378-391.

MARX, Karl: (Thesen über Feuerbach). In: MEW. Bd. 3. S. 533-535.

MAYER, Hans: Die Literatur und der Alltag. In: Hans Mayer: Ansichten. Zur Literatur der Zeit. Reinbek. 1962. S. 226-241.

MAYER, Hans: Zur deutschen Literatur der Zeit. Zusammenhänge, Schriftsteller, Bücher. (Reinbek). (1967).

NAUMANN, Manfred u.a.: Gesellschaft - Literatur - Lesen. Literaturrezeption in theoretischer Sicht. Berlin, Weimar. 1973.

NOLTE, Jost: Grenzgänge. Berichte über Literatur. (Wien). (1972).

OELLERS, Norbert: Johannes Bobrowski. In: Benno von Wiese: (Hrsg.): Deutsche Dichter der Gegenwart. Ihr Leben und Werk. (Berlin). (1973). S. 413-435.

PAREIGIS, Gottfried: Analyse der Realitätsdarstellung an ausgewählten Werken des 'Bitterfelder Weges'. Kronberg. 1974.

PEDDERSEN, Jan: Die literarische Situation in der DDR. In: Hermann Kunisch (Hrsg): Handbuch der deutschen Gegenwartsliteratur. (München). (1965). S. 746-758.

PONGS, Hermann: Dichtung im gespaltenen Deutschland. Stuttgart. (1966).

PROGRAMM DER SOZIALISTISCHEN EINHEITSPARTEI DEUTSCHLANDS. Berlin. (1963).

PROTOKOLL DER 2. BITTERFELDER KONFERENZ.(Berlin). (1964).

RADDATZ, Fritz J. (Hrsg): Marxismus und Literatur. Eine Dokumentation in drei Bänden. (Reinbek). (1969).

RADDATZ, Fritz J.: Zur Entwicklung der Literatur in der DDR. In: Manfred Durzak (Hrsg.): Deutsche Literatur der Gegenwart. Aspekte und Tendenzen. Stuttgart. (1971). S. 337-365.

RADDATZ, Fritz J.: Traditionen und Tendenzen. Materialien zur Literatur der DDR. (Frankfurt a.M.). (1972).

REICH-RANICKI, Marcel: Deutsche Literatur in West und Ost. Prosa seit 1945. München. (1963).

REICH-RANICKI, Marcel: Deutsche Literatur heute. (Gütersloh). (o.J.).

REICH-RANICKI, Marcel: Literarisches Leben in Deutschland. Kommentare und Pamphlete. München. (1965).

REICH-RANICKI, Marcel (Hrsg.): Erfundene Wahrheit. Deutsche Geschichte seit 1945. München. (1965).

REICH-RANICKI, Marcel: Über Ruhestörer. Juden in der deutschen Literatur. (München). (1973).

REICH-RANICKI, Marcel: Zur Literatur der DDR. (München). (1974).

RESO, Martin (Hrsg.): "Der geteilte Himmel" und seine Kritiker. Halle (Saale). 1965.

RÖHNER, Eberhard: Arbeiter in der Gegenwartsliteratur. Berlin. 1967.

ROTHE, Friedrich: Marxistische Ästhetik - ein Steckenpferd der Linksliberalen. In: W. Girnus / H. Lethen / F. Rothe : Von der kritischen zur historisch-materialistischen Literaturwissenschaft. Berlin. (1970). S. 30-57.

ROTHE, Friedrich: Sozialistischer Realismus in der DDR-Literatur. In: Wolfgang Kühlenheuler (Hrsg.): Poesie und Politik. Zur Situation der Literatur in Deutschland. Stuttgart, Berlin, Köln, Mainz. (1973).

RÜHLE, Jürgen: Der Schriftsteller und der Kommunismus in Deutschland. Mit Beiträgen von Sabine Brandt. Köln, Berlin. (1960). (= Sonderausgabe für das Bundesministerium für gesamtdeutsche Fragen).

SANDER, Hans-Diertich: Geschichte der schönen Literatur in der DDR. Ein Grundriß. Freiburg. (1972).

SCHMITT, Hans-Jürgen (Hrsg.): Einführung in Theorie, Geschichte und Funktion der DDR-Literatur. (Tübingen). (1975). (= Literaturwissenschaft und Sozialwissenschaften 6).

SCHNEIDER, Helmut J.: Anna Seghers. In: Benno von Wiese (Hrsg.): Deutsche Dichter der Gegenwart. Ihr Leben und Werk. (Berlin). (1973). S. 110-137).

SCHRIFTSTELLERVERBAND DER DEUTSCHEN DEMOKRATISCHEN REPUBLIK: VII. Schriftstellerkongreß der Deutschen Demokratischen Republik. Protokoll. (Berlin, Weimar). (1974).

SCHUBBE, Elimar (Hrsg.): Dokumente zur Kunst-, Literatur- und Kultur politik der SED. Stuttgart. 1972.

SEVE, Lucien: Marxismus und Theorie der Persönlichkeit. Frankfurt a.M. 1972.

TROMMLER, Frank: Der zögernde Nachwuchs. Entwicklung der Nachkriegs- literatur in West und Ost. In: Thomas Koebner (Hrsg.): Tendenzen der deutschen Literatur seit 1945. Stuttgart. (1971). S. 1-116.

TROMMLER, Frank: Realismus in der Prosa. In: Thomas Koebner (Hrsg.): Tendenzen der deutschen Literatur seit 1945. Stuttgart. (1971). S. 179-275.

WAGENBACH, Klaus (Hrsg.): Deutsche Literatur der sechziger Jahre. Lesebuch. Berlin. 1968.

WALWEI-WIEGELMANN, Hedwig (Hrsg.): Ohne Bilanz und andere Prosa aus der DDR. Frankfurt a.M. 1970.

(WALWEI-WIEGELMANN, Hedwig (Hrsg.)): Prosa aus der DDR. Paderborn. (1972).

WALWEI-WIEGELMANN, Hedwig (Hrsg.): Neuere DDR-Literatur. Texte und Materialien für den Deutschunterricht. Paderborn. (1973).

WANGENHEIM, Inge von: Die Geschichte und unsere Geschichten. Gedanken eines Schriftstellers. Halle (Saale). 1966.

WANGENHEIM, Inge von : Die Verschwörung der Musen. Gedanken eines Schriftstellers. Halle (Saale). (1970).

WIESE, Benno von (Hrsg.): Deutsche Dichter der Gegenwart. Ihr Leben und Werk. (Berlin). (1973).

WILMANS, Gerda: Christa Wolf. In: Benno von Wiese (Hrsg.): Deutsche Dichter der Gegenwart. Ihr Leben und Werk. (Berlin). (1973). S. 605-618.

WOLF, Christa: Selbstinterview. In: Christa Wolf: Lesen und Schreiben. Aufsätze und Prosastücke. (Darmstadt, Neuwied). (1972). S. 76-80.

ZIMMERMANN, Werner: Deutsche Prosadichtung unseres Jahrhunderts. Interpretationen für Lehrende und Lernende. Zweiter Band. Düssel- dorf. 1969.

B   V e r ö f f e n t l i c h u n g e n   i n   P e r i o d i k a

ANDERLE, Hans Peter: Rendevous mit sich selbst. Autorenportrait: Christa Wolf. In: Publik Nr. 24 vom 13. 6. 1969. S. 20.

ARNOLD, Heinz Ludwig: Die Staatsautorin. In: Der Monat. 21. Jg. (1969). H. 253. S. 109-113.

ARNOLD, Heinz Ludwig: DDR-Literatur und BRD-Kritik. In: Akzente. 19. Jg. (1972). S. 75-81.

ARNOLD, Heinz Ludwig: Westdeutsche Misere mit DDR-Literatur. Woran zwei Publikationen über die andere deutsche Literatur scheitern. In: FR vom 12.8.1972.

ARNOLD, Heinz Ludwig: Sozialliteraten. Ein bemerkenswertes Buch über DDR-Autoren. In: FR. vom 26. 7. 1974.

AUWERA, Gerold van der: Das politisch-literarische Credo der Anna Seghers. In: Text und Kritik. 1973. H. 38 S. 8-12.

BECKELMANN, Jürgen: Der Versuch, man selbst zu sein. Zu Christa Wolfs neuem Roman. In: SZ vom 26./ 27. Juli 1969.

BATT, Kurt: Voraussetzungen der Kritik. In: NDL. 21. Jg. (1973). H.5 S. 101-114.

BATT, Kurt: Der Dialog zwischen Anna Seghers und Georg Lukács. In: WB. 21. Jg. (1975). H. 5 S. 105-140.

BILKE, Jörg Bernhard: DDR-Literatur: Tradition und Rezeption in West-deutschland. Ein Literaturbericht. In: DU. 21. Jg. (1969). H. 5 Beilage S. 1-12.

BILKE, Jörg Bernhard: Auf den Spuren der Wirklichkeit. DDR-Literatur: Traditionen, Tendenzen, Möglichkeiten. In: DU. 21.Jg. (1969). H. 5. S. 24-60.

BILKE, Jörg Bernhard: Anna Seghers: Von der Klassenkampf- zur Staats-literatur. Zu ihrem 70. Geburtstag am 19. November. In: Dt. Stud. 8. Jg. (1970). H. 32. S. 357-375.

BILKE, Jörg Bernhard: Planziel Literaturgesellschaft oder Gibt es zwei deutsche Literaturen. In: Aus Politik und Zeitgeschichte. Beilage zur Wochenzeitung das Parlament. (Bonn). (1971). H. 51.

BILKE, Jörg Bernhard: Gesammelte Feuilletons zur DDR-Literatur. In: Basis. 3. Jg. (1972). S.269-275.

BILKE, Jörg Bernhard: Dreimal DDR-Literatur. In: Basis. 4. Jg. (1973). S. 265-272.

BILKE, Jörg, Bernhard: Zumutbare Wahrheiten. Christa Wolfs Essayband 'Lesen und Schreiben' . In: Basis 4. Jg. (1973). S. 192-200.

BILKE, Jörg Bernhard: Schriftsteller und Literaturfunktionäre. Ten-denzen der DDR-Kulturpolitik 1975. In: Dt. Stud. 13. Jg. 1975. S. 195-206.

BOCK, Sigrid: Neuer Gegenstand - neues Erzählen. In: WB. 19. Jg. (1973). H. 10. S. 93-116.

BOHM, Gunhild: Die Kunstpolitik der SED in ihrem Widerspruch. In: Dt. Stud. 9. Jg. (1971). H. 35. S. 303-311.

BONDY, Francois: Schwierigkeiten beim 'Ansichten'-Lesen. In: Der Monat. 15. Jg. (1963). H. 178. S. 67-76.

BORNSCHEUER, Lothar: Wahlverwandtes ? Zu Kants 'Aula' und Heißen-büttels 'D'Alemberts Ende'. In: Basis. 4. Jg. (1973). S. 201-234.

BOSCH, Manfred: Lauter Verrisse. In: DVZ vom 5.9.1974.

BOSSE, Heinrich: Christa Wolf: Nachdenken über Christa T. In: Litera-tur und Kritik. 1970. H. 46. S. 373-374.

BRAEMER, Edith: Problem 'Positiver Held'. Ein Diskussionsbeitrag. In: NDL. 9. Jg. (1961). H. 6. S. 41-65.

BRANDT, Sabine: Ein getrübtes Schaubild. In: Der Monat. 19. Jg. (1967). H. 224. S. 65-67.

BRANSTER, Gerhard: Der positive Held und seine Widersacher. In: NDL. 7. Jg. (1959). H. 10. S. 223-227.

BRENNER, Hildegard: Notizen zu Person und Werk. In: Alternative. 7. Jg. (1964). H. 35. S. 20-22.

B(RENNER), H(ildegard): Am 'Hundeblauen Himmel'. In: Alternative. 7. Jg. (1964). H. 35. S. 5/6.

BRUHNS, Helgard: Zwischen Realismus und Ideologie. Zum Roman der Anna Seghers. In: Text und Kritik. 1973. H. 38. S. 13-19.

BUNGE, Hans: Im politischen Drehpunkt. In: Alternative. 7. Jg. (1964). H. 35. S. 13-15.

CANITZ, Hanne-Lore von: Schreibende Arbeiter in der DDR. In: Dokumente. 28. Jg. (1972). H. 1. S. 22-26.

CHRIST, Richard: Schriftsteller, Lektor und Literatur. In: NDL. 14. Jg. (1966). H. 2. S. 165-178.

CONRADY, Karl Otto: Zur Lage der deutschen Literatur in der DDR. In: GWU. 17. Jg. (1966). S. 737-748.

COSENTINO, Christine: Eine Untersuchung des sozialistischen Realismus im Werke Christa Wolfs. In: G. Qu. 47. Jg. (1974). S. 245-261.

CWOJDRAK, Günter: Nachdenken über Prosa. Christa Wolf: Lesen und Schreiben. In: SuF. 24. Jg. (1972). H. 6. S. 1293-1299.

DEUTSCHER SCHRIFTSTELLERVERBAND: (Stellungnahme zu Peter Hacks' 'Die Sorgen und die Macht'.) In: NDL. 11. Jg. (1963). H. 3. S. 117/118.

DEUTSCHER SCHRIFTSTELLERVERBAND: Der Jahreskonferenz entgegen. Der Stand der Literatur und die Aufgaben der Schriftsteller in der Deutschen Demokratischen Republik. In: NDL. 14. Jg. (1966). H. 7. S. 186-200.

DÖLLING, Irene: Lucien Sève: Marxismus und Theorie der Persönlichkeit. In: WB. 19. Jg. (1973). H. 7. S. 176-183.

DREHER, Walter: Der positive Held historisch betrachtet. In: NDL. 10. Jg. (1962). H. 3. S. 82-91.

DREWITZ, Ingeborg: Erzähler von drüben. In: Der Monat. 17. Jg. (1965). H. 206. S. 72-74.

DREWITZ, Ingeborg: Wege der Literatur in BRD und DDR. Zur Realität der Hoffnung. In: NDH. 16. Jg. (1969). H. 123. S. 90-110.

DREWITZ, Ingeborg: Metamorphosen der DDR-Literatur. In: Dt. Stud. 7. Jg. (1969). H. 26. S. 147-158.

DREWITZ, Ingeborg: 'Sinn und Form' und 'Neue deutsche Literatur'. Notizen zu den letzten Jahrgängen zweier DDR-Zeitschriften. In: NDH. 17. Jg. (1970). H. 126. S. 101-107.

DURZAK, Manfred: Wilhelm Emrich: Polemik. In: NDH. 16. Jg. (1969).
H. 122. S. 180-182.

EGGESTEIN, Ulrich: Brigitte Reimann: Die Geschwister. In: Alternative.
7. Jg. (1964). H. 38/39. S. 146-147.

ENGEL, Willem P.: Die Schwierigkeit, "Ich" zu sagen - Christa Wolfs
neuer Roman. In: dpa-Buchbrief/Kultur vom 11. August 1970. S. 6/7.

FISCHBECK, Helmut: Ulrich Plenzdorf: Die neuen Leiden des jungen W.
Zur Literaturproduktion und -rezeption in der DDR. In: DD. 5. Jg.
(1974). H. 18. S. 338-357.

FISCHER, Ernst: Ein Segeln gegen den Wind. In: Der Spiegel. 1973.
H. 23. S. 134.

FRANKE, Konrad: Ein neuer Simplizissimus ? Erwin Strittmatter: Der
Wundertäter. In: FH. 21. Jg. (1966). H. 4.S.288-290.

FRANKE, Konrad: Mit verhängtem Blick. In: FH. 23. Jg. (1968). H. 4.
S. 283-286.

FRANKE, Konrad: Der Bürger lebt. In: FH. 24. Jg. (1969). H. 7 S. 517-
519.

FRANKE, Konrad: Jugendbücher - durchaus gemischt. In: FH. 24. Jg.
(1969). H. 11. S. 816-812.

FRIEDERICI, Hans: Werner Brettschneider: Die moderne deutsche Parabel.
In: WB. 21. Jg. (1975). H. 2. S. 182-190.

G(EHRMANN), K(arl) H(einz): Literatur und Kritik im Dienste der Kulturpolitik. Eine Einführung. In: Dt. Stud. 1. Jg. (1963). H. 2.
S. 143-147.

G(ENTE), H(ans)-P(eter): Werke von DDR-Schriftstellern, die in West-
deutschland verlegt und gegenwärtig im Handel sind. In: Alternative. 7. Jg. (1964). H. 35. S 24 ff.

GENTE, Hans-Peter: Versuch über "Bitterfeld". In: Alternative. 7. Jg.
(1964). H. 38/39. S. 126-131.

GOLDHAHN, Johannes: Zur Umsetzung wesentlicher Erkenntnisse von Marx
und Engels in der kulturell-erzieherischen Konzeption des Bitterfelder Weges. In: WB. 15. Jg. (1969). Sonderheft. S. 76-109.

GRÜN, Max von der : (Rezension zu "Spur der Steine" von Erik Neutsch).
Wiederabdruck aus der DVZ. In: NDL. 12. Jg. (1964). H. 12. S. 177-
180.

GUTNAJR, Eva: Niemandsland. In: Alternative. 7. Jg. (1964). H. 35.
S. 23-27.

HAAS, Gerhard: Veränderung und Dauer. Anna Seghers: Das siebte Kreuz.
In: DU. 20. Jg. (1968). H. 1. S. 69 ff.

HAASE, Horst: Nachdenken über ein Buch. In: NDL. 17. Jg. (1969). H. 4.
S. 174-185.

HABERMAS, Jürgen: Parteirügen an Schriftsteller - hüben und drüben.
In: Merkur. 17. Jg. (1963). H. 2. S. 210-212.

HARTUNG, Rudolf: Anna Seghers: Erzählungen. In: NRs. 75. Jg. (1964).
S. 498-502.

HASTEDT, Regina: Den laß ich nicht mehr los. In: NDL. 7. Jg. (1959). H. 6. S. 28-31.

HAUSER, Harald: (Diskussionsbeitrag). In: NDL. 10. Jg. (1962). H. 6. S. 136/137.

HEISSENBÜTTEL, Helmut: Sorgen mit einem Kritiker. In: Der Monat. 16. Jg. (1964). H. 184. S. 175-183.

HEISSENBÜTTEL, Helmut: Die Rolle des Kritikers. In: Der Monat. 20. Jg. (1968). H. 236. S. 80-83.

HEITZER, Heinz: Bürgerliche DDR-Forschung in der BRD. In: ZfG. 23. Jg. (1975). H. 2. S. 152-166.

HELDMANN, Hans Christoph / RICHTER, Karl: Der Deutsche Kulturbund. In: Dt. Stud. 2. Jg. (1964). H. 8. S. 417-427.

HENTSCHEL, Franz: Dem Volke verbunden. Nach dem VIII. Parteitag der Sozialistischen Einheitspartei Deutschlands. In: TdZ. 26. Jg. (1971). H. 10. S. 4/5.

HERTING, Helga: Zum Heldischen in der sozialistischen-realistischen Literatur. In: WB. 15. Jg. (1969). Sonderheft. S. 205-219.

HEYDEBRAND, Renate von: Überlegungen zur Schreibweise Johannes Bobrowskis. Am Beispiel des Prosastückes "Junger Herr am Fenster". In: DU. 21. Jg. (1969). H. 5. S. 100-125.

HIRDINA, Karin u.a.: Ensemble der Künste und kulturelle Entwicklung der Arbeiterklasse. Ein Diskussionsbeitrag zu aktuellen Aufgaben der marxistisch-leninistischen Ästhetik. In: WB. 18. Jg. (1972). H. 5. S. 29-60.

HITZER, Friedrich / BRÄUNIG, Werner: Briefwechsel, die neueste Literatur betreffend. In: Kürbiskern. 1. Jg. (1965). H. 1 S. 117-134.

HÖLSKEN, Hans-Georg: Zwei Romane: Christa Wolfs "Der geteilte Himmel" Hermann Kants "Die Aula". Voraussetzung und Deutung. In: DU. 21. Jg. (1969). H. 5. S. 61-99.

HORST, Karl August: Johannes Bobrowski und der epische Realismus. In: Merkur. 18. Jg. (1964). H. 10/11. S. 1080-1082.

HUYSSEN, Andreas: Auf den Spuren Ernst Blochs. Nachdenken über Christa Wolf. In : Basis. 5. Jg. (1975). S. 100-116.

JAKOBS, Karl-Heinz: Das Wort des Schriftstellers - über die Arbeiter in unserer Literatur. In: NDL. 20. Jg. (1972). H. 10. S. 152-158.

JAKOBS, Karl-Heinz: (im Gespräch mit Eva Kaufmann). In: WB. 21. Jg. (1975). H. 5. S. 57-79.

JARMATZ, Klaus: Forschungsfeld: Realismus. Zu Horst Redekers Essay "Abbild und Aktion". In: NDL. 14. Jg. (1966). H. 9. S. 174-185.

JARMATZ, Klaus: Literaturpolitische Probleme der 2. Bitterfelder Konferenz. In: WB. 14. Jg. (1968). H. 3 S. 453-472.

JOHO, Wolfgang: Dabeisein ist alles. In: NDL. 9. Jg. (1961). H. 5. S. 4-9.

JOHO, Wolfgang: Der Schriftsteller und der Gipfel. In: NDL. 10. Jg. (1962). H. 1. S. 3-11.

JOHO, Wolfgang: In eigener Sache, oder: Was für eine Literatur wir brauchen und wünschen. In: NDL. 10. Jg. (1962). H. 5. S. 3-10.

JOHO, Wolfgang: Ökonomie und Kultur. In: NDL. 10. Jg. (1962). S. 3-8.

JOHO, Wolfgang: Das hohe Ziel der gebildeten Nation und die Steine auf dem Weg der Literatur. In: NDL. 11. Jg. (1963). H. 1. S. 8-18.

JOHO, Wolfgang: Wohin der Weg führt. Die Literatur auf dem VI. Parteitag. In: NDL. 11. Jg. (1963). H. 3. S.3-10.

JOHO, Wolfgang: Macht und Verantwortung der Literatur. In: NDL. 11. Jg. (1963). H. 8. S. 5-11.

JOHO, Wolfgang: Höhere Ansprüche verlangen größere Leistungen. Randbemerkungen nach Bitterfeld. In: NDL. 12. Jg. (1964). H. 6. S. 3-6.

JOHO, Wolfgang: Notwendiges Streitgespräch. In: NDL. 13. Jg. (1965). H. 3. S. 88-112.

JOHO, Wolfgang: Belgrad, Berlin, Weimar. In: NDL. 13. Jg. (1965). H. 7. S. 6-9.

KÄHLER, Hermann: Christa Wolfs Elegie. In: SuF. 21. Jg. (1969). H. 1. S. 251-261.

Kähler, Hermann: Feuer aus Ochsenaugen. In: SuF. 24. Jg. (1972). H. 6. S. 1316-1324.

KARSUNKE, Yaak / KIRSCH, Rainer: Briefwechsel, die neueste Literatur betreffend. In: Kürbiskern. 2. Jg. (1966). H. 3. S. 108-116.

KARSUNKE, Yaak / JENTZSCH, Bernd: Briefwechsel in memoriam Johannes Bobrowskis. In: Kürbiskern. 4. Jg. (1968). H. 1. S. 8-13.

KAUFMANN, Hans: Zu Christa Wolfs poetischem Prinzip. In: WB. 20. Jg. (1974). H. 6. S. 113-125.

KERSTEN, Heinz: Poesie unter geteiltem Himmel. In: Der Monat. 16. Jg. (1964). H. 184. S. 83-92.

KERSTEN, Heinz: Christa Wolfs "Nachdenken über Christa T.". Zu einem literarischen und einem kulturpolitischen Ereignis. In: FR vom 21. 6.1969.

KLAUSENITZER, Hans-Peter: Das sterbende Ich. Christa Wolfs Diagnose über Christa T. In: Publik Nr. 40 vom 3. 10. 1969.

KOBLIGK, Helmut: Zeit und Geschichte im dichterischen Werk Johannes Bobrowskis. In: Wirk. Wort. 19. Jg. (1969). S. 193-205.

KOCH, Hans: Der schreibende Arbeiter und der Schriftsteller. In: NDL. 7. Jg. (1959). H. 12. S. 99-106.

KOCH, Hans: Gegenstand der Kunst und des ästhetischen Empfimdens. In: NDL. 9. Jg. (1961). H. 11. S. 67-86.

KOCH, Hans: Kritik und Literatur. Vorbemerkungen zu einem notwendigen Gespräch zwischen Kritikern und Schriftstellern. In: NDL. 11. Jg. (1963). H. 1. S. 100-117 und H. 2 S. 107-122.

KOCH, Hans: Der Wirklichkeit auf den Grund gehen. In: NDL. 11. Jg. (1963). H. 8. S. 12-54.

KOCH, Hans: Fünf Jahre nach Bitterfeld. In: NDL. 12. Jg. (1964).
H. 4. S. 5-21.

KOCH, Hans / HEJZLAR, Hans: Nach dem Parteitag. In: WB. 17. Jg.
(1971). H. 10. S. 5-9.

KÖNIG, Wilhelm: Sozialistische Dichterschule. In: Der Monat. 17. Jg.
(1965). H. 197. S. 94-96.

KRAFT, Hans-Jürgen / LEFEVRE, Manfred: Der Aufbauroman in der DDR.
Zu einigen Fragen sozialistisch-realistischer Literatur. In: DD.
5. Jg. (1974). S. 214-244.

KUHNT, Hannelore: Gedanken zur Kontinuität sozialistischer Kulturpolitik. In: WB. 14. Jg. (1968). Sonderheft 2. S. 189-209.

KURELLA, Alfred: Die neue Etappe unserer Kulturrevolution. In: NDL.
7. Jg. (1959). H. 6. S. 7-19.

LANGE, Marianne: (Diskussionsbeitrag). In: NDL. 15. Jg. (1967).
H. 4. S. 17.

LEHMANN, Günther K.: Die Theorie der literarischen Rezeption aus
soziologischer und psychologischer Sicht. In: WB. 20. Jg. (1974).
H. 8. S. 49-70.

LEHNECKE, Julian: Der "Bitterfelder Weg". In: Dt. Stud. 1. Jg.
(1963). H. 2. S. 161-170.

MADER, Jakob: Intelligenz und Kulturpolitik. In: Kürbiskern. 2. Jg.
(1966). H. 2. S. 4-24.

MARTIN, Werner / HERDEN, Werner: Vor neuen Aufgaben. Gedanken zur
Auswertung des VIII. Parteitages des SED. In: WB. 17. Jg. (1971).
H. 11. S. 5-13.

MAYER, Hans: (Gespräch mit Francois Bondy). In: Der Monat. 19. Jg.
(1964). H. 185. S. 49-56.

MAYER, Hans: Christa Wolf: Nachdenken über Christa T. In: NRs. 81.
Jg. (1970). H. 1. S. 80-86.

MERKELBACH, Valentin: Zur Rezeption systemkritischer Schriftsteller
in der BRD. Erzählungen der Anna Seghers als Schullektüre. In:
DD. 3. Jg. (1972). S. 389-413.

MEYER, Frauke: Zur Rezeption von Christa Wolfs "Nachdenken über
Christa T.". In: Alternative. 18. Jg. (1975). H. 100. S. 26-31.

M(ICHAELIS), R(olf): "Wir sind wer". Tadel an Reiner Kunze und Christa
Wolf in Ost-Berlin. In: FAZ vom 30. Mai 1969.

MICHAELIS, Rolf: Der doppelte Himmel. Christa Wolfs zweites Buch :
"Nachdenken über Christa T.". Der umstrittene Roman aus der 'DDR'.
In: FAZ vom 28. Mai 1969.

MÖLLER, Inge: Wölfe unter Schafen. Gesellschaftskritik in Johannes
Bobrowskis 'Levins Mühle'. In: DU. 25. Jg. (1973). H. 2. S. 40
-48.

MOHR, Heinrich: Gerechts Erinnern. Untersuchungen zu Thema und Struktur von Hermann Kants Roman "Die Aula" und einige Anmerkungen zu
bundesrepublikanischen Rezensionen. In: GRM. 21. Jg. (1971). S.
225-245.

MOHR, Heinrich: Produktive Sehnsucht. Struktur, Thematik und poetische Relevanz von Christa Wolfs "Nachdenken über Christa T.". In: Basis. 2. Jg. (1971). S. 191-233.

MYTZE, Andreas: Von der negativen Faszination. Das westdeutsche Seghers-Bild. In: Text und Kritik. 1973. H. 38. S. 21-30.

NDL: Die literarische Hauptaufgabe. In: NDL. 7. Jg. (1959). H. 6. S. 3-6.

NEUBERT, Werner: Bitterfeld als schöpferische Arbeitsform. In: NDL. 16. Jg. (1968). H. 4. S. 165-167.

NEUBERT, Werner u.a.: Zu einigen Entwicklungsproblemen der sozialistischen Epik von 1963-1968/69. In: NDL. 17. Jg. (1969). H. 9. S. 148-174.

NEURIEG, Karl: Bitterfelder Seitenwege. In: Alternative. 7. Jg. (1964). H. 38/39. S. 131-134.

PLAVIUS, Heinz: Schreibende Arbeiter - woher und wohin ? In: NDL. 10. Jg. (1962). H. 1. S. 135-141.

PREVOST, Claude: Romans à l' Quest et à l'Est, mais romans allemands. In: Alternative. 7. Jg. (1964). H. 38/39. S. 101-106.

RADDATZ, Fritz J.: Tradition und Traditionsbruch in der Literatur der DDR. In: Merkur. 19. Jg. (1965). H. 7. S. 666-681.

RADDATZ, Fritz J.: DDR-Literatur und marxistische Ästhetik. In: GR. 43. Jg. (1968). H. 1. S. 40-60.

RADDATZ, Fritz J.: Mein Name sei Tonio K. In: Der Spiegel. 1969. Nr. 23. S. 153/154.

RADDATZ, Fritz J.: Ulrich Plenzdorfs Flucht nach Innen. In: Merkur. 27. Jg. (1973). S. 1174-1178.

REBLITZ, Irma: Ein Vermächtnis Johannes Bobrowskis. In:NDH. 14. Jg. (1967). H. 114. S. 61-64.

REDEKER, Horst: Das subjektive Element oder Bitterfeld und der Praxischarakter der Kunst. In: DzfPh. 9. Jg. (1961). S. 595-606.

REDEKER, Horst: Die Dialektik und der Bitterfelder Weg. In: NDL. 11. Jg. (1963). H. 5. S. 64-80.

REICH-RANICKI, Marcel: Günter de Bruyns zwei verschiedene Schuhe. In: Merkur.27. Jg.(1973). S. 1169-1174.

REINHOLD, Ursula: Einige Bemerkungen zum Problem Tradition. In: WB. 17. Jg. (1971). H. 12. S. 104-120.

REITSCHERT, Gerhard: Die neuen Mythen. In: Alternative. 7. Jg. (1964). H. 35. S. 11-13.

RICHTER, ans Werner: Zum politischen Engagement deutscher Schriftsteller. In: NRs. 78. Jg. (1967). H. 2. S. 290-298.

RÖHNER, Eberhard: Modellstehen oder Mitentdecken ? Der Funktionär in unserer Literatur. In: NDL. 14. Jg. (1966). H. 11. S. 30-40.

ROMAIN, Lothar: Magischer Realismus. In: FH. 24. Jg. (1969). H. 10. S. 735-737.

ROTHE, Friedrich: Marxismus und Literatur. Hrsg. von Fritz J. Raddatz.
In: Basis. 1. Jg. (1970). S. 240-244.

ROTHE, Friedrich: Im Schritt der Generationen. In: Basis. 3. Jg.
(1972). S. 266-269.

SAGER, Peter: Günter Kunert. Im Namen der Hüte. In: NDH. 14. Jg.
(1967). H. 116. S. 149-152.

SAGER, Peter: Stefan Heym: Die Schmähschrift oder König gegen Defoe.
In: NDH. 17. Jg. (1970). H. 127. S. 154-156.

SAGER, Peter: Günter Kunert: Tagträume in Berlin und andernorts. In:
NDH. 19. Jg. (1972). H. 3. S. 149/150.

SAGER, Peter: Hermann Kant: Das Impressum. In: NDH. 19. Jg. (1972).
H. 3. S. 135-140.

SAKOWSKI, Helmut: Nach dem 11. Plenum. Rede vor Schriftstellern. In:
NDL. 14. Jg. (1966). H. 2. S. 11-18.

SAUER, Klaus: Verteidigung der Unmittelbarkeit. Zum Werk und zur
ästhetischen Position von Anna Seghers. In: Akzente. 20. Jg.
(1973). S. 254-272.

SCHÄFER, Hans Dieter: Johannes Bobrowskis Anfänge im 'Inneren Reich'.
In: AlTh. 4. Jg. (1970). S. 66-69.

SCHLENSTEDT, Dieter: Zu Problemen des Menschenbildes in der jüngsten
sozialistischen Romanliteratur. In: WB. 8. Jg. (1962). H. 3.
S. 509-540.

SCHLENSTEDT, Dieter und Sylvia: Modern erzählt. Zu Strukturen in
Hermann Kants Roman "Die Aula". In: NDL. 13. Jg. (1965). H. 12.
S. 5ff.

SCHLENSTEDT, Dieter: Der Leser und die Literatur. In: Einheit. 28. Jg.
(1973). H. 10. S. 1218-1224.

SCHLENSTEDT, Dieter: Funktion der Literatur - Relationen ihrer Bestimmung. In: WB. 20. Jg. (1974). H. 8. S. 23-41.

SCHMITT, Hans-Jürgen: DDR-Schriftsteller auf dem Weg zu ihrem Selbstverständnis. In: L 76. Nr. 2. S. 109-130.

SCHONAUER, Franz: Marcel Reich-Ranicki: Deutsche Literatur in West
und Ost. In: NDH. 11. Jg. (1964). H. 98. S. 158-163.

SCHONAUER, Franz: Marcel Reich-Ranicki: Literarisches Leben in
Deutschland. In: NDH. 12. Jg. (1965). H. 108. S. 161-167.

SCHONAUER, Franz: DDR auf dem Bitterfelder Weg. In: NDH. 13. Jg.
(1966). H. 109. S. 91-116.

SCHONAUER, Franz: Hermann Kant: Die Aula. In: NRs. 77. Jg. (1966).
S. 308ff.

SCHONAUER, Franz: Hans Mayer: Zur deutschen Literatur der Zeit. In:
NDH. 14. Jg. (1967). H. 116. S. 187-190.

SCHONAUER, Franz: Selbstsein und Sozialismus. Christa Wolfs "Nachdenken über Chrits T.". In: Stuttgarter Zeitung. Nr. 269. vom
22. 11. 1969.

SCHONAUER, Franz: Anna Seghers: Das Vertrauen. In: NDH. 17. Jg. (1970). H. 126. S. 130-133.

SEGHERS, Anna: Die DDR und ihre Schriftsteller. In: Einheit. 29. Jg. (1974). H. 9/10. S. 1164-1170.

SEIDLER, M.: Bereite Freundlichkeit. In: FH. 22. Jg. (1967). H. 5. S. 368.

SEIDLER, M.: Ärger mit seinem Gott. In: FH. 22. Jg. (1967). H. 2. S. 143.

SELBMANN, Fritz: Über zwei Parteitage. In: NDL. 19. Jg. (1971). H. 8. S. 7-14.

SIERING, Johann: Johannes Bobrowski: Litaische Claviere. In: NDH. 14. Jg. (1967). H. 115. S. 157-159.

SIMONS, Elisabeth: "Das Andersmachen von Grund auf". Die Literatur der DDR im Jahre 1968. In: WB. 15. Jg. (1969). Sonderheft. S. 183-204.

STARKE, Manfred: Zu den Literaturdebatten der letzten Jahre. In: SuF. 27. Jg. (1975). H. 1. S. 183-199.

STEINBECK, Rudolf: Biographie eines gescheiterten Lebens. In der DDR heftig befehdet: Christa Wolfs Buch "Nachdenken über Christa T.". In: Tagesspiegel Nr. 7403 vom 18. Januar 1970.

STICKEN, Werner: Die Kulturpolitik der SED. In: Dt. Stud. 2. Jg. (1964). H. 8. S. 393-410.

STRITTMATTER , Erwin: Gehen wir voraus! In: NDL. 7. Jg. (1959). H. 6. S. 19-28.

STRITTMATTER, Erwin: Produktivkraft Poesie. (Gespräch mit Heinz Plavius). In: NDL. 21. Jg. (1973). H. 5. S. 5-12.

S(TRUTZ), J(ürgen): "Alex 64" und "Prenzlauer Berg". In: Alternative. 7. Jg. (1964). H. 35. S. 7.

STRUTZ, Jürgen: Auf dem Weg nach Bitterfeld: Schriftsteller "aus den eigenen Reihen". In: Alternative. 7. Jg. (1964). H. 38/39. S. 122-125.

THURM, Brigitte: Vom Netzwerk ästhetischer Kategorien. Zu M. Kagans "Vorlesungen zur marxistisch-leninistischen Ästhetik". In: TdZ. 25. Jg. (1970). H. 11. S. 8-11.

TÖRNE, Volker von: Wider das Feldgeschrei. In: Alternative. 7. Jg. (1964). H. 35. S. 1/2.

TÖRNE, Volker von: Volker Braun: Provokationen für A.P. In: Alternative. 7. Jg. (1964). H. 38/39. S. 144.

TROMMLER, Frank: Der 'Nullpunkt 1945' und seine Verbindlichkeit für die Literaturgeschichte. In: Basis. 1. Jg. (1970). S. 9-25.

TROMMLER, Frank: Von Stalin zu Hölderlin. Über den Entwicklungs- roman in der DDR. In: Basis. 2. Jg. (1971). S. 141-199.

TROMMLER, Frank: DDR-Erzählung und Bitterfelder Weg. In: Basis. 3. Jg. (1972). S. 61-97.

ULBRICHT, Walter: Fragen der Entwicklung der sozialistischen Literatur und Kunst. In: NDL. 7. Jg. (1959). H. 6. Beilage Nr. 1.

VORMWEG, Heinrich: Ein weites Feld. Neuerscheinungen Herbst 1969 Frühjahr 1970. In: Jahresring. 70./71. Jg. (1970). S. 355-363.

WAGENBACH, Klaus: Johannes Bobrowski. In: Jahresring. 66./67. Jg. (1966). S. 310-313.

WALLMANN, Jürgen P.: Levins Mühle. In: NDH. 15. Jg. (1969). H. 103. S. 151-153.

WALLMANN, Jürgen P.: Stephan Hermlin: Gedichte und Prosa. In: NDH. 16. Jg. (1966). H. 110. S. 140-146.

WALLMANN, Jürgen P.: Christa Wolf: Nachdenken über Christa T. In: NDH. 16. Jg. (1969). H. 124. S. 149-155.

WALLMANN, Jürgen P.: Rolf Schneider: Der Tod des Nibelungen. In: NDH. 17. Jg. (1970). H. 127. S. 148-153.

WALLMANN, Jürgen P.: Alfred Wellm: Pause für Wanzka und die Reise nach Descansar. In: NDH. 17. Jg. (1970). H. 128. S. 154-159.

WALLMANN, Jürgen P.: Der Fall Reiner Kunze. Ein Beispiel Literaturpolitik der DDR. In: NDH. 19. Jg. (1972). H. 4. S. 93-115.

WALLMANN, Jürgen P.: Die beiden deutschen Literaturen. Zu den DDR-literaturgeschichten von Franke und Raddatz. In: NDH. 19. Jg. (1972). H. 3. S. 104-122.

WALTER, Hans-Albert: Glanz und Verfall. In: FH. 19. Jg. (1964). H. 8. S. 583-586.

WALWEI-WIEGELMANN, Hedwig: Zur Lyrik und Prosa Günter Kunerts. In: DU. 21. Jg. (1969). H. 5. S. 134-144.

WB, Über die Aufgaben der Zeitschrift für deutsche Literaturgeschichte. In: WB. 4. Jg. (1958). H. 2. S. 133-137.

WB: Aktuelle Aufgaben der Germanistik nach dem XXII. Parteitag der KPDSU und dem 14. Plenum des ZK der SED. In: WB. 8. Jg. (1962). H. 2. S. 241-263.

WB: 2. Bitterfelder Konferenz und Literaturwissenschaft. In: WB. 10. Jg. (1964). H. 4. S. 483ff.

WEIMANN, Robert: "Rezeptionsästhetik" und die Krise der Literaturgeschichte. Zur Kritik einer neuen Strömung in der bürgerlichen Literaturwissenschaft. In: WB. 19. Jg. (1973). H. 8. S. 5-33.

WERTH, Wolfgang: Nachrichten aus einem stillen Deutschland. In: Der Monat. 21. Jg. (1969). H. 253. S. 90-94.

WIEGENSTEIN, Roland H.: Zur Situation der Schriftsteller in der DDR. In: NRs. 77. Jg. (1966). H. 2. S. 330-334.

WIEGENSTEIN, Roland H.: Stimmen aus der DDR - laut und leise. Zu neuen Büchern von Volker Braun und Christa Wolf. In: Merkur. 27. Jg. (1973). S. 579-582.

WIENS, Paul: (Diskussionsbeitrag). In: NDL. 10. Jg. (1962). H. 6. S. 133.

WOHMANN, G(abriele): Die Sünden der Väter. In: FH. 20. Jg. (1965).
H. 11. S. 794.

WOHMANN, Gabriele: Frau mit Eigenschaften. Christa Wolfs vielerörterter neuer Roman. In: Christ und Welt. vom 5.12. 1969.

WOLF, Christa: (Beitrag auf der Konferenz junger Schriftsteller in
Halle). In: NDL. 10. Jg. (1962). H. 8. S. 132-135.

WOLF, Christa: (Rede auf einem internationalen Schriftstellerkollo-
quium). In: NDL. (1965). H. 3. S. 97-104.

WOLF, Christa: (Gespräch mit Hans Kaufmann). In: WB. 20. Jg. (1974).
H. 6. S. 90-112.

WÜNSCHE, Günter: Lyrisches Subjekt und poetische Verallgemeinerung.
Provokatorische Bemerkungen eines neuen Autors der Arbeitsgemein-
schaft "Alex 64". In: NDL. 12. Jg. (1964). H. 3. S. 82-93.

ZACH, Sepp: Wir haben den Schriftsteller schätzengelernt. In: NDL.
7. Jg. (1959). H. 6. S. 31-33.

ZEHM, Günter: Rückzug ins private Glück im Winkel. In: Die Welt.
vom 3. Juli 1969.

ZIMMERING, Max: Zu einigen ideologischen Problemen. Rede vor dem
Vorstand des Deutschen Schriftstellerverbandes. In: NDL. 14. Jg.
(1966). H. 2. S. 19-40.

C. Nichtveröffentlichte Manuskripte

MANDELKOW, Karl Robert: DDR-Literatur und ihre 'bürgerliche' Rezeption in der BRD. (Manuskript eines Vortrages, gehalten in
Princeton am 8. April 1974).

MANDELKOW, Karl Robert: DDR-Literatur und ihre 'bürgerliche' Rezeption. Erweiterte Fassung des Vortrages. o.O. o. J.

ATHENÄUM
HAIN
SCRIPTOR

Postfach 1348
D - 6242 Kronberg

Literaturwissenschaft im Verlag Anton Hain

Deutsche Studien
Begründet von Willi Flemming und Kurt Wagner
Herausgegeben von Willi Flemming und Walter Johannes Schröder

Willi Flemming
Bausteine zur systematischen Literaturwissenschaft
1965. VI, 175 S., br. 29,– DM. ISBN 3-445-00454-4

Wolfgang Lockemann
Die Entstehung des Erzählerproblems
Untersuchungen zur deutschen Dichtungstheorie im 17. und 18. Jahrhundert.
1963. VI, 212 S., br. 28,50 DM. ISBN 3-445-00390-4

Gerhard Wolf Fieguth
Jean Paul als Aphoristiker
1969. XIV, 189 S., br. 29,50 DM. ISBN 3-445-00686-5

Wolfgang Müller
Rainer Maria Rilkes „Neue Gedichte"
Vielfältigkeit eines Gedichttypus
1971. X, 225 S., br. 41,50 DM. ISBN 3-445-00790-X

Edda Kühlken
Die Klassiker-Inszenierung von Gustav Gründgens
1972. 239 S., br. 47,50 DM. ISBN 3-445-00861-2

Dieter Welz
Selbstsymbolik des alten Goethe
1972. 88 S., 1 Faltt., br. 22,– DM. ISBN 3-445-00887-6

Bernhard Nessler
Die beiden Theatermodelle in Nietzsches „Geburt der Tragödie"
1972. 88 S., br. 19,50 DM. ISBN 3-445-00965-1

Michael Sennewald
Hanns Heinz Ewers — Phantastik und Jugendstil
1973. 232 S., br. 46,50 DM. ISBN 3-445-01022-6.

ATHENÄUM
HAIN
SCRIPTOR

Postfach 1348
D - 6242 Kronberg

Literaturwissenschaft im Verlag Anton Hain

Deutsche Studien
Begründet von Willi Flemming und Kurt Wagner
Herausgegeben von Willi Flemming und Walter Johannes Schröder

Thomas Huber
Studien zur Theorie des Übersetzens im Zeitalter der deutschen Aufklärung 1730—1770
1968. VI, 134 Seiten, broschiert 20,50 DM. ISBN 3-445-00611-3

Ulrich Böhme
Fassungen bei Ernst Jünger
1972. X, 159 Seiten, broschiert 33,— DM. ISBN 3-445-00902-3

Karl-Herbert Blessing
Die Problematik des modernen Epos im Frühwerk Alfred Döblins
1972. VI, 252 Seiten, broschiert 29,— DM. ISBN 3-445-00879-5

Jürgen Wilke
Das Zeitgedicht
Seine Herkunft und frühe Ausbildung
1974. 384 Seiten, broschiert 76,— DM. ISBN 3-445-01066-8

Theodor Scheufele
Die theatralische Physiognomie der Dramen Kleists
Untersuchungen zum Problem des Theatralischen im Drama
1975. 253 Seiten, broschiert 56,— DM. ISBN 3-445-01174-5

Erwin Wäsche
Die verrätselte Welt
Ursprung der Parabel — Lessing — Dostojewskij — Kafka
1976. 85 Seiten, broschiert 22,— DM. ISBN 3-445-01319-5

Günther J. Holst
Das Bild des Menschen in den Romanen Karl Immermanns
1976. 128 Seiten, broschiert 30,— DM. ISBN 3-445-01317-9

Dieter Kessler
Untersuchungen zur konkreten Dichtung
Vorformen — Theorien — Texte
1976. 418 Seiten, broschiert 56,— DM. ISBN 3-445-01321-7